61가지 주제로 알아보는
센고쿠 전쟁 이야기

戦国 戦の作法

감수
오와다 데쓰오
小和田哲男

SENGOKU IKUSA NO SAHOU
supervised by Tetsuo Owada

Copyright ⓒ 2018 G.B.Co., Ltd
All rights reserved.
Original Japanese edition published by G.B.Co., Ltd

This Korean language edition is published by arrangement with
G.B.Co., Ltd., Tokyo c/o Tuttle-Mori Agency, Inc., Tokyo,
through Korea Copyright Center Inc., Seoul.

이 책은 (주)한국저작권센터(KCC)를 통한 저작권자와의 독점계약으로 마나북스에서 출간되었습니다.
저작권법에 의해 한국 내에서 보호를 받는 저작물이므로 무단전재와 복제를 금합니다.

시작하며

'무기'와 '전투'로 가득한 센고쿠 시대의 '법도'는?

지금으로부터 약 500년 전. '센고쿠戰国'라 불리던 당시의 일본은 전국 각지에서 '하극상'이 빈발하는 험난한 약육강식의 시대였다. 각 지방의 무장들이 자신의 무력이나 경제력, 그리고 온갖 권모술수를 구사해 영토를 확장해나가던 호쾌한 모습은 여전히 수많은 역사 팬을 매료시키고 있다.

하지만 이 책은 그런 쟁쟁한 센고쿠 무장들의 활약을 소개하는 통사通史도, 그들의 됨됨이를 탐구하려는 책도 아니다.

왜냐하면 당시를 살아갔던 이들은 센고쿠 무장들뿐만이 아니기 때문이다. 이름 없는 무사나 서민들 역시 살아남기 위해 필사적으로 싸웠다.

이 책에서는 이름 없는 무사나 서민에게 초점을 맞춰, 전투가 벌어졌을 때 그들의 '실태'와 '행동' 등을 일러스트를 이용해 상세히 풀어내고 있다. 그들은 실제로 어떠한 무기를 쥐었으며 그 무기를 어떻게 활용해 전투에 임했을까? 또한 진중에서는 무엇을 먹었고 어떻게 잠이 들었으며 어떤 오락을 즐겼을까?

미시적 시점에서 난세를 바라보면 대하드라마나 역사소설, 혹은 게임 등에서는 다 묘사되지 못했던 '센고쿠의 실상'을 엿볼 수 있으리라.

- 오와다 데쓰오

속성으로 익히는 센고쿠 Ⅰ

대표적인 센고쿠 다이묘와 전투

이 책의 무대인 센고쿠 시대에서는 각 지방의 다이묘들이 영지를 지키고 때로는 확장하며 지배력을 다지기 위해 군사력과 정치력을 총동원해 싸움을 벌였다. 그중에서도 유명한 18인의 무장과 역사의 분기점이 된 12개의 사건을 소개하고자 한다.

① 1553~1564년 가와나카지마 전투
기타시나노(北信濃)의 패권을 둘러싸고 다케다 신겐과 우에스기 겐신이 5차례에 걸쳐서 전투를 벌였다.

② 1560년 오케하자마 전투
서진하는 이마가와 요시모토를 오다 노부나가가 오케하자마에서 격퇴하며 천하통일의 의지를 표명한다.

③ 1566년 제2차 갓산토다성 전투
농성하는 아마고 요시히사를 모리 모토나리가 공격, 아마고 가문은 멸망하게 된다. 모토나리는 주고쿠(中國) 8개국의 지배권을 확립했다.

④ 1568년 노부나가의 수도 입성
오다 노부나가가 아시카가 요시아키와 함께 수도인 교토에 입성. 요시아키를 쇼군으로 옹립하고 교토 주변을 평정했다.

⑤ 1570년 아네가와 전투
오다 노부나가·도쿠가와 이에야스 연합군이 아사이 나가마사·아사쿠라 요시카게 연합군을 공격, 이후로 두 가문은 멸망하게 된다.

⑥ 1575년 나가시노·시타라가하라 전투
오다·도쿠가와 연합군이 다케다 신겐의 아들인 가쓰요리 군을 격파하면서 다케다 가문은 멸망으로 향하게 된다.

⑦ 1578년 미미가와 전투
시마즈 요시히사가 오토모 소린을 격파, 시마즈 가문은 규슈(九州) 북부까지 세력을 확대하게 된다.

⑧ 1585년 시코쿠 공격
하시바 히데요시(이후의 도요토미 히데요시)가 11만의 대군을 이끌고 시코쿠(四國)를 공격, 조소카베 모토치카는 항복하고 히데요시의 세력으로 들어간다.

⑨ 1586~1587년 규슈 평정
히데요시를 따르지 않겠는 뜻을 표명한 시마즈 요시히사에 대해 히데요시는 대군을 이끌고 규슈를 공격해 항복을 받아낸다.

4

**10 1600년
세키가하라 전투**

이시다 미쓰나리와 도쿠가와 이에야스의 군대가 세키가하라에서 격돌. 전투는 이에야스의 승리로 끝났고, 이후로 이에야스의 천하통일이 확고해졌다.

**11 1603년
에도 막부 개막**

도쿠가와 이에야스가 정이대장군(征夷代将軍)의 자리에 오르며 천하를 통일했다. 에도(江戸)에 막부(幕府)*를 열며 에도 시대가 시작된다.

* 1192년부터 1868년까지 실질적으로 일본을 통치한 사무라이 정권

**12 1614~1615년
오사카 겨울의 진·여름의 진**

도쿠가와 이에야스와 히데요시의 아들 히데요리의 대립. 두 차례의 전투를 거치며 도요토미 가문은 멸망하게 된다. 이렇게 센고쿠 시대가 막을 내렸다.

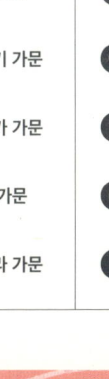

A	호조 가문		J	다테 가문
B	이마가와 가문		K	모가미 가문
C	오다 가문		L	오우치 가문
D	도쿠가와 가문		M	모리 가문
E	다케다 가문		N	아마고 가문
F	우에스기 가문		O	조소카베 가문
G	마쓰나가 가문		P	오토모 가문
H	아사이 가문		Q	시마즈 가문
I	아사쿠라 가문		R	류조지 가문

속성으로 익히는 센고쿠 Ⅱ

센고쿠 시대의 군대 조직도

센고쿠 시대의 군대는 그 이전 시대의 양상과는 뚜렷한 차이를 보였다.
군의 규모가 커짐에 따라 부대를 통솔하기 위해 체계화가 진행된 것이다.
이 당시 병사들은 어떤 식으로 편성되었을까.

지휘부 편성

총대장
최종적인 권한을 지닌 군의 최고지휘관. 평소에는 다이묘 본인이 맡지만 부재중일 때는 가신이 대신했다.
예: 도쿠가와 이에야스(도쿠가와 군)

부장
총대장의 보좌.
친족 등 신뢰할 수 있는 사람을 임명하는 경우가 많았다.
예: 도요토미 히데나가(도요토미 군)

이쿠사부교(軍奉行)
총대장을 대신해 실제로 전장에 서서 병사들을 지휘한다.
예: 오타니 요시쓰구(도요토미 군)

우마마와리슈(馬廻衆)
대장의 주위에서 경호나 전령 역할을 수행한다. 직속 가신의 정예부대.
예: 마에다 도시이에(오다 군)

이쿠사메쓰케(軍目付)
군 전체의 움직임을 감시하며 병사들의 공적을 증명하는 담당자들.
예: 이시다 미쓰나리(도요토미 군)

고니다부교(小荷駄奉行)
전투에 필요한 군량의 운반을 감독한다.

하타부교(旗奉行)
본진 주변에서 총대장의 경호를 맡는다.

유미부교(弓奉行)
활을 장비한 부대를 지휘한다.

야리부교(槍奉行)
창을 장비한 부대를 지휘한다.

병력 편성

사무라이 대장
하나의 군을 지휘하는 지휘관.
아시가루(足軽), 창병, 궁병, 철포병, 기마병 등의
병사로 편성된 수백~수천의 군을 통솔한다.

― 하급 무사나 서민으로 구성된 병사 ―

창병 대장 ─ **창병**
장창을 장비한 병사들로
구성된 부대를 지휘한다.
호령을 이용해 육박전의
타이밍을 가늠한다.

철포병 대장 ─ **철포병**
철포를 다루는 병사들로
구성된 부대를 지휘한다.
일제사격의 호령도
담당한다

궁병 대장 ─ **궁병**
활을 다루는 병사들로
구성된 부대를 지휘한다.
야아와세(矢合わせ) 등은
대장의 지휘력에 달렸다.

아시가루* 대장 ─ **아시가루**
아시가루로 편성된 부대의 대장.
그 안에서는 철포·창·활 등
사용하는 무기에 따라 또다시
부대가 나뉘었다.

* 무사의 신분이 아닌 고용된 병사. 비정규부대로, 전투뿐만 아니라
약탈 및 방화 등 더러운 임무도 도맡았다.

시대가 흐름에 따라 전투의 규모와 동원되는 병력의 수는 늘어갔다.

무로마치室町 시대까지는 봉토를 받는 대신 무사로서 주군을 섬기는 지방영주와 그 신하들이 전투에 징병되었다.

그런데 센고쿠 시대로 접어들면서 무사가 아닌 농민 등에서 하급 병사(이른바 아시가루)가 동원되기 시작했다. 수만 명이 넘는 병력을 지휘하기 위해 센고쿠 시대에는 군대의 조직이 세분화되었고, 각 역할마다 대장이 배치되었다. 다이묘가 전투에 몸소 나설 때는 총대장으로, 부재 중일 때는 다이묘의 일족이나 신뢰가 두터운 중신 중에서 대행陣代(진다이)이 선발되었다. 총대장의 지시는 상명하달의 형태로 우마마와리슈를 통해 각 군의 사무라이 대장에게까지 전달된다.

사무라이 대장이 이끄는 군은 창병, 철포병, 기마병, 궁병 등 병종에 따라 부대가 나뉘어져 있었다. 또한 이와는 별개로 센고쿠 시대 특유의, 비정규직에 가까운 아시가루만으로 구성된 부대도 배치되었다. 센고쿠 시대의 전투에서는 이전까지의 봉건제도에 따른 전통적인 군 체제와, 아시가루를 동원하는 새로운 체제가 융합된 새로운 형태의 군대가 생겨난 것이다.

속성으로 익히는 센고쿠 Ⅲ

전투 방식의 변천

센고쿠 시대를 다룬 드라마나 만화에서 가장 치열하게 묘사되는 장면은 박력 넘치는 전투 장면이 아닐까. 사실 전투 방식은 시대의 흐름에 따라 변모했다. 우리에게 친숙한, 대군이 격돌하는 전투 방식이 확립된 것은 센고쿠 시대로 접어든 이후의 일이다.

헤이안(平安)~가마쿠라(鎌倉) 시대까지는 말 위에서 서로에게 활을 쏘는 '기마 사격전'이 일반적이었다.

**헤이안 시대
(794~1185년)**

**가마쿠라 시대
(1185~1333년)**

무사가 처음으로 등장한 헤이안 시대, 무사가 정권의 중심에 선 가마쿠라 시대, 동란의 시대였던 남북조·무로마치 시대를 거쳐 군웅들이 할거하는 센고쿠 시대로 접어들면서 전투 방식은 시대에 맞게 변화해왔다.

헤이안 시대까지 전투의 특징은 1대1의 '기마 사격전'이었다. 처음에 대장이 상대방을 향해 욕설을 내뱉거나 자신의 병사들을 격려해 적을 위협한다. 이에 적이 격분하면 전투가 벌어지는데, '가부라야' 와 '야아와세'에 이어서 1대1의 접전이 펼쳐진다. 단기접전은 말 위에서 활을 쏘는 기사전騎射戰 방식으로, 말을 탄 채 갑옷의 빈틈을 노려서 서로에게 활을 쏜다. 결코 말을 쏴서는 안 되고 주변에서 끼어들어서도 안 되며, 여기서 결판이 나야 비로소 난전으로 이행된다는 '법도'가 존재했다.

한편 앞으로 이 책에서 소개할 전투는 어찌 보면 훈훈했던 이전까지의 전투와는 다른 센고쿠 시기의 전투다. 전투 형태는 단기접전에서 근접전투인 도보전·

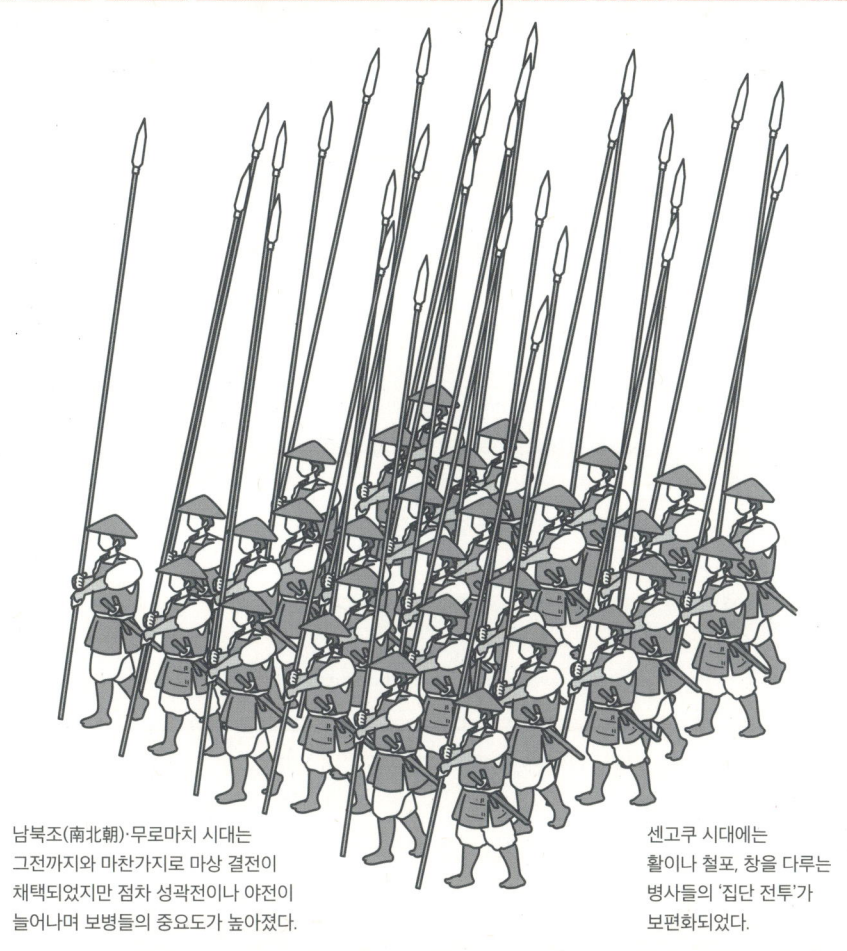

남북조(南北朝)·무로마치 시대는 그전까지와 마찬가지로 마상 결전이 채택되었지만 점차 성곽전이나 야전이 늘어나며 보병들의 중요도가 높아졌다.

센고쿠 시대에는 활이나 철포, 창을 다루는 병사들의 '집단 전투'가 보편화되었다.

남북조·무로마치 시대 (1333~1467년) → **센고쿠 시대 (1467~)**

참격전, 나아가 활이나 철포를 사용한 원거리전으로 변화했으며 전투의 주역은 기마전을 수행하는 상급 무사에서 집단 전투를 수행하는 아시가루로 이행되었다. 또한 새로운 풍조로 성이나 요새가 무대인 성곽전도 늘어났다.

변화해가는 군대와 전장에 맞게 창이나 칼 역시 형태가 바뀌고, 철포와 같은 신무기가 전래되면서 군대의 편제·전투방식·전술 등은 상호보완적으로 변화했다.

이후로 분쟁의 씨앗이 남아 있던 에도 시대 초기까지는 센고쿠 시대의 전투 방식이 여전히 살아 있었지만 시대가 흐르고 태평성대가 도래하며 전투 역시 서서히 줄어들어갔다. 그와 더불어 막부 말기에는 서양의 신기술도 전래되었다. 최신식 총이나 대포, 군함 등의 무기나 서양식 군대 편제 등의 기술을 도입하면서 전투 방식은 새로운 변화를 맞이하게 된다.

차례

2 • 시작하며

4 • 속성으로 익히는 센고쿠 ① 대표적인 센고쿠 다이묘와 전투
6 • 속성으로 익히는 센고쿠 ② 센고쿠 시대의 군대 조직도
8 • 속성으로 익히는 센고쿠 ③ 전투 방식의 변천

1장 전투의 법도

흐름과 전법

16 • 센고쿠 시대의 전투에는 규칙과 순서가 있었다
　　　전투의 진행 방식

18 • 진형에 따라 승패가 결정된다
　　　기본적인 8가지 진형

20 • 지휘관의 명령은 어떻게 전달될까?
　　　신호 도구

22 • 기습 공격을 가하면 적은 병력으로도 이길 수 있다!?
　　　두 가지 기습 패턴

24 • 패배한 척하고 상대방을 섬멸하는 '유인작전'
　　　시마즈의 '쓰리노부세'

26 • 소강상태에 빠졌을 때는 상대를 도발한다
　　　도발행위

28 • 소금·허세·말 — 승부를 결정짓기 위한 기발한 비책
　　　세 가지 기책

30 • '에이 에이', '오!'로 공격 개시
　　　함성·북

32 • 싸움은 남자들의 전유물이 아니다! 센고쿠 시대의 여성 무장
　　　여성 무장의 장비

근접전 무기

34 • 아시가루들의 필수 장비·창
　　　창의 부분별 명칭·종류 | 사용법 | 창날의 종류

38 • 숫자로 상대를 압도한다! 장창을 이용한 집단전법
　　　장창의 사용법

40 • 장창은 빨랫줄도 되고 사다리도 된다!?
　　　장창의 사용법 응용편

42 • 무사의 긍지·칼은 아시가루도 사용했다
　　　칼의 부분별 명칭 | 사용법 | 다치와 우치가타나

	46	· 사방의 적을 무찌르는 필살의 도검술! **칼을 뽑는 법**
	48	· 침입·도청·도강— 닌자도구의 폭넓은 용도 **닌구의 종류**
원거리 무기	50	· 400m의 비거리를 자랑하는 활 **활과 화살의 부분별 명칭 ǀ 자세 ǀ 활쏘기 도구**
	54	· 철포는 아마추어를 어엿한 병사로 만들어준다 **화승총의 구조 ǀ 쏘는 법 ǀ 철포 아시가루의 장비**
	58	· 철포·활·장창으로 구성된 무적의 부대 **전선의 포진**
	60	· 신무기와 구식무기를 상황에 맞게 사용해 원거리전을 제압 **상황에 따른 철포와 활의 성능 비교**
	62	· 센고쿠 최강의 전투병기·대포 **구조와 종류**
	64	· 칼에 맞아 죽은 병사보다 돌에 맞아 죽은 병사가 더 많았다!? **투석 방법**
	66	· 화약을 사용한 최신식 무기 **화기**
방어구	68	· 투구는 방어 성능뿐만 아니라 멋도 중요했다 **투구의 종류**
	70	· 방어성을 추구함에 따라 얼굴은 점점 가려졌다 **면구의 종류**
	72	· 갑옷은 2000년에 걸쳐 실전성을 손에 넣었다 **도세이구소쿠의 부분별 명칭 ǀ 몸통 갑옷의 종류 ǀ 갑옷의 변천**
	76	· 방패로 활과 철포를 막을 수 있을까? **방패의 사용법**
	78	· 적을 해치울 때 노려야 할 급소 **도세이구소쿠의 약점**
	80	· 완전무장한 상대를 격파하기 위한 전법 **갑옷을 입은 상대를 공격하는 방법**

말

82 • 기마무사는 돈이 많아야만 될 수 있었다
  장비와 말의 크기

84 • 기마무사와 보병의 차이, 마상격투법
  마상격투법

86 • 군마는 사람 못지않게 중무장을 하고 싸웠다
  마구의 종류

표식

88 • 대장의 위치를 알려면 '우마지루시'와 '하타지루시'를 찾아라!
  두 개의 표식

90 • 전장에서 자신을 돋보이게 해주는 필수품
  사시모노의 종류와 장비 방법

92 • 아군을 공격하지 않기 위한 방법! 피아를 구별하기 위한 표식
  병사가 소지한 표식

상황에 따른 전투

94 • 벌판·강·성 ― 전장으로 선택되기 쉬운 장소
  전장의 특징

96 • 배를 파괴해서 적을 바다에 빠뜨려라!
  해상전용 무기

98 • 호화로운 덴슈카쿠를 자랑하는 성은 센고쿠 중기부터 등장
  성의 종류

100 • 불태우고 침수시켜라 ― 성을 함락시키기 위해서라면
  무슨 짓이라도 가능
  공성전 ① | 공성전 ② | 공성전 ③ | 공성병기 ① | 공성병기 ②

106 • 성을 지키기 위한 만반의 준비
  성의 전모 | 고구치 | 해자와 토루 | 문 | 다리 | 수성전 ① | 수성전 ②

114 • **칼럼 ①** 막대한 피해를 끼치는 '낙성'은 좀처럼 보기 드물었다!?

2장　출진·진군의 법도

군대의 움직임

116 • 전투가 벌어지기 전에는 종소리나 고함소리가 빗발친다
　　　이쿠사효조 | 동원령 | 동원과 편성

120 • 출진 전에는 점괘를 보는 것이 센고쿠 시대의 풍습이었다
　　　미신과 금기

122 • 숨은 주역인 '군사'가 전투의 길흉을 점쳤다
　　　군사의 역할

124 • 센고쿠 시대의 행군은 총대장을 중심으로 편성되었다
　　　'소나에'와 행군

126 • 병사의 물자를 운반하는 센고쿠 시대의 명품 조연
　　　고니다 부대

종군 시의 여러 문제

128 • 의외로 종군 중에는 배불리 먹을 수 있었다!?
　　　휴대식량 | 배급식량 | 비상식량

132 • 먹을 것보다 마실 것을 확보하기가 더 힘들었다
　　　수분 보충

134 • 벗지 않고도 볼일을 볼 수 있는 센고쿠 시대의 속옷
　　　배설

136 • 종군 중의 병사들은 어떻게 잠을 잤을까
　　　수면 방법

138 • 센고쿠 시대의 과격한 치료법
　　　치료 방법

140 • 아시가루들의 무기나 방어구는 렌탈 혹은 각자 부담이었다
　　　오카시구소쿠 | 직접 준비한 무기 | 진가사

144 • 도박에 돈을 잃고 의복을 빼앗기는 경우도 있었다!?
　　　심심풀이

146 • 칼럼 ② 베인 상처에는 온천이 최고! 다케다 신겐이 사랑한 비밀 온천

3장   비밀공작·전후처리의 법도

정보전략

- 148 • 센고쿠 시대의 외교 전략은 지독하리만치 잔혹했다
  동맹 | 정략결혼 | 인질
- 152 • 가능한 모든 수단을 총동원하라 ― 센고쿠 시대의 첩보 활동
  간첩
- 154 • 적을 기만하고 나락에 떨어뜨리는 센고쿠 시대의 정치공작
  계략
- 156 • 재래식이지만 의외로 빠르다! ― 마음을 전하는 봉화 릴레이
  정보 전달

전후처리

- 158 • 시체 따윈 아무데나 버려라!? 무척 난잡했던 시체 처리
  시체 처리
- 160 • 패배의 대가는 영지 몰수에서 그치지 않았다
  패배 | 전장에서의 죽음 | 낙오무사 사냥
- 164 • 패배한 센고쿠 무장을 기다리는 할복이란 이름의 서글픈 운명
  할복의 법도
- 166 • 공을 세운 병사들의 전공은 어떻게 확인했을까
  구비짓켄 | 수급의 취급 방식 | 수급의 처리
- 170 • 용감한 자가 칭송받았던 전투 이후의 시상식
  이치반 | 퇴각시의 공훈 | 포상
- 174 • 전승국의 병사들은 약탈행위가 용인되었다
  란도리

- 176 • 칼럼 ③   적이었던 도쿠가와 이에야스도 찬사를 보낸
                기무라 시게나리의 아름다운 죽음

- 177 • 센고쿠 시대를 살아간 사람들과 생활상
- 186 • 센고쿠 시대 연표
- 190 • 참고문헌

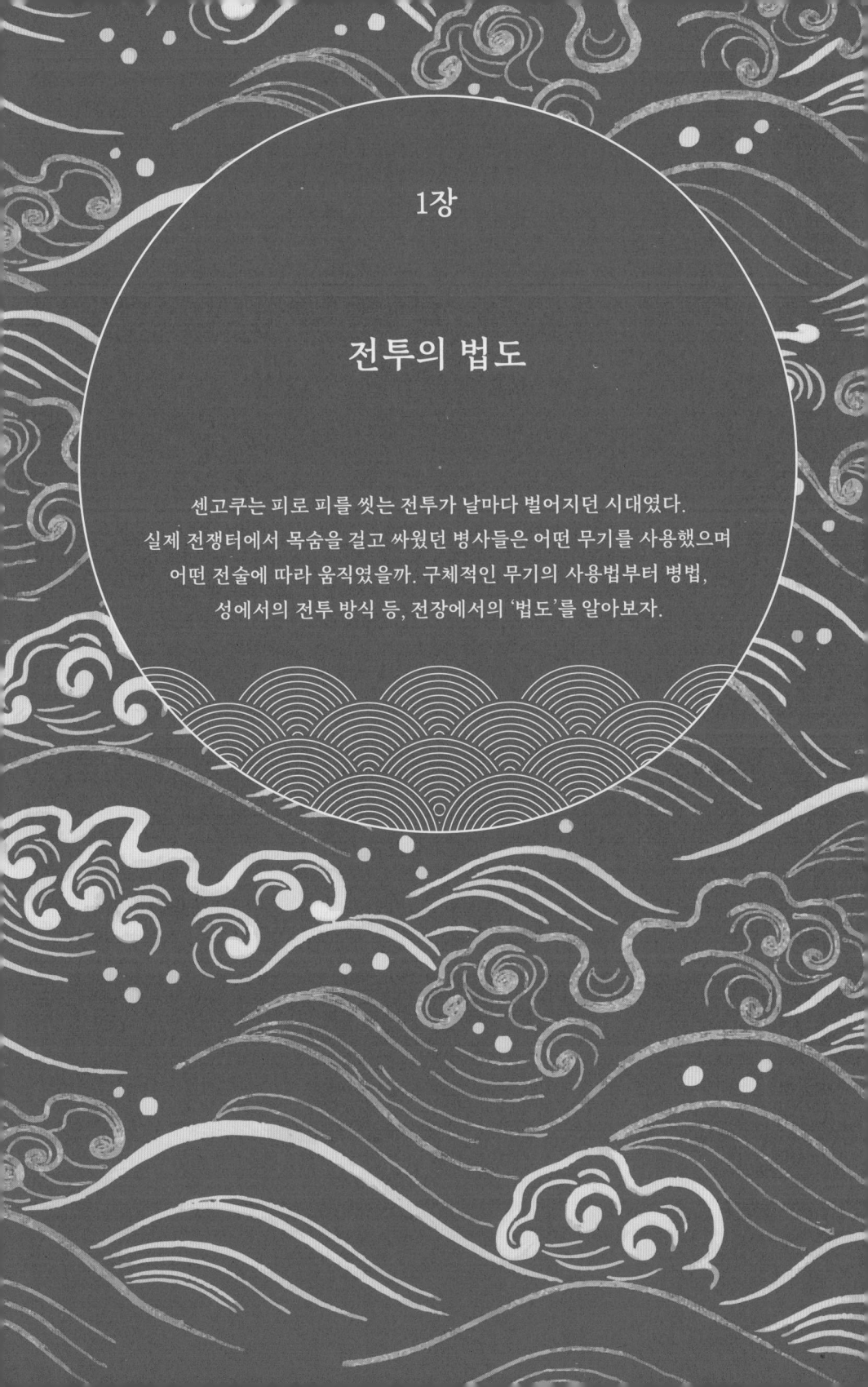

1장

전투의 법도

센고쿠는 피로 피를 씻는 전투가 날마다 벌어지던 시대였다.
실제 전쟁터에서 목숨을 걸고 싸웠던 병사들은 어떤 무기를 사용했으며
어떤 전술에 따라 움직였을까. 구체적인 무기의 사용법부터 병법,
성에서의 전투 방식 등, 전장에서의 '법도'를 알아보자.

센고쿠 시대의 전투에는 규칙과 순서가 있었다

해당 인물					해당 시대				
다이묘	무사	아시가루	용병	농민	무로마치 후기	센고쿠 초기	센고쿠 중기	센고쿠 후기	에도 초기

❖ **화살 다음은 창,
전투에도 지켜야 할 순서가 있다**

　양군이 포진을 마치면 전장에는 큰 북이나 호라가이法螺貝**1** 소리가 울려 퍼진다. 군의 사기를 높이기 위해 "에이, 에이, 오~!" 하고 함성소리가 날아들면 비로소 전투가 시작된다. 이때 첫 번째 단계는 바로 '야아와세矢合わせ'다. 이는 소리를 내는 화살인 '가부라야鏑矢'**2**를 신호로 궁병대가 일제히 활시위를 당겨 적진에 화살을 퍼붓는 것을 말한다. 그 목적은 백병전이 벌어지기 전에 조금이라도 적의 숫자를 줄이기 위함이기도 하다. 활과 화살은 빠른 사격이 가능했기에 전쟁터에서 중히 여겨졌지만 철포(조총)가 보급된 뒤로는 활 대신 철포가 사용되는 경우도 있었다.

　이어서 양군에서는 전위부대인 창병대가 앞으로 나와 육박전에 들어간다. 이때 50~100간(약 90~180m)이었던 양군의 거리는 단숨에 12~13간(약 22~24m)으로 좁혀지며 근접 전투가 시작된다. 그 목적은 적의 태세를 무너뜨리기 위함이다. 적진에 빈틈이 생겨 기마병이 투입되면 전투는 본격적인 난전으로 접어들게 된다.

　전황이 불리해졌을 경우, 피치 못할 이유가 있어서 반드시 적의 진군을 막아야만 하는 상황이 아닌 이상 가문의 명예를 지키기 위해 퇴각이라는 선택지를 택해야만 한다. 부대가 전투를 멈추고 후퇴로 돌아서는 것을 '퇴진'이라고 하는데, 전군이 일제히 퇴진할 경우에는 최고의 난관으로 통하는 퇴각전이 시작된다.

　승리를 거머쥐고 사기가 최고조에 달한 적군을 등지고 퇴각하기란 여의치 않은 일이다. 패군의 후미를 맡는 '후위'는 아군이 도망칠 수 있게끔 그야말로 목숨을 걸고 추격을 막아야 했다. 1570년, 오다 노부나가가 싸웠던 가네가사키 전투에서는 동맹이었던 아사이 가문의 배신으로 오다 군은 궁지에 몰리고 말았다. 이때 후위를 맡았던 인물이 바로 기노시타 도키치로라는 이름을 쓰던 도요토미 히데요시였다.

1 고둥으로 만든 피리의 일종
2 p.51 참조

전투의 진행 방식

전투의 흐름과 따라야 할 순서

군웅들이 난립하던 어지러운 센고쿠 시대에도 난전을 시작하기 전에 반드시 밟아야 할 절차가 있었다. 물론 다음 장에서 소개할 기습과 같은 여러 예외도 존재한다. 이 같은 특별작전이 아닌 이상 지켜졌던, 센고쿠 시대의 상식이 존재했으리라.

일련의 흐름

야아와세에서 시작해 창병대의 근접전을 거쳐 최종적으로는 난전으로.

① 진군
군대를 이끌고 적진 근처까지 전진한다. 적진 역시 마찬가지로 전진해온다.

② 야아와세
가부라야를 쏘면 전투가 시작된다. 궁병이 일제히 화살을 쏘는 '야아와세'로 적진에는 화살비가 쏟아진다.

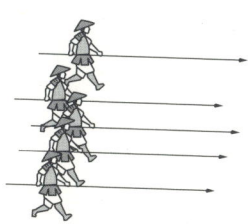

③ 창병의 근접전
장창을 장비한 병사들이 군의 전열에 나서면서 처절한 근접전이 펼쳐진다. 적진을 무너뜨리는 데 성공했다면 그대로 쳐들어간다.

④ 기마대 돌격
장창에 무너진 적군으로 돌진해 기동력과 위압감을 살려서 적진을 한층 더 무너뜨린다.

⑤ 본격적인 전투
서로의 진이 조금씩 흐트러지다 최종적으로 난전이 펼쳐지게 된다. 둘 중 하나가 패배를 깨닫고 퇴각하거나 총대장이 쓰러질 때까지 전투가 이어진다.

센고쿠 FILE

퇴각이 곧 패배는 아니다!
앞서 소개한 '가네가사키의 전투'에서 아사이, 아사쿠라 가문에게 일격을 맞은 오다 노부나가였지만 이때 신속하게 퇴각한 덕분에 병사를 헛되이 잃지 않을 수 있었다. 그리고 같은 해 벌어진 '아네가와 전투'에서 보복하듯 두 가문을 멸망시켰으니 결국은 노부나가의 퇴각이 승리로 이어졌다고 볼 수 있으리라.

갑작스러운 퇴진

마에다 도시이에의 일화(1583년)
시바타 가쓰이에와 하시바 히데요시가 싸웠던 시즈가타케 전투에서 시바타 가쓰이에 군이었던 마에다 도시이에는 갑자기 진을 거두고 전선에서 이탈했다. 여기에는 히데요시와 내통하고 있었다는 설도 있는데, 이로 인해 결국 가쓰이에는 패배하고 말았다.

1장

진형에 따라 승패가 결정된다

해당 인물					해당 시대				
다이묘	무사	아시가루	용병	농민	무로마치 후기	센고쿠 초기	센고쿠 중기	센고쿠 후기	에도 초기

❖ 제갈량이 고안한 기본적인 진형 '팔진'

전장에서 적군을 상대할 때, 총대장은 그때그때 상황에 맞게 부대를 배치하고 편성한다. 이렇게 완성되는 군세의 배치가 바로 '진형'이다.

그중에서도 가장 대중적인 진형은 중국에서 전해진 '팔진'으로, 제갈량이 고안했다고 알려져 있다. '어린', '학익', '안행', '장사', '언월', '봉시', '형액', '방원'의 여덟 종류로 이루어져 있으며, 저마다 특징이 있다.

어린, 봉시는 적진을 돌파하는 데 적합한 공세용 진형이다. 물고기魚의 비늘鱗을 닮은 어린은 돌파력을 높이기 위해 중앙을 두텁게 돌출시킨 진형이다. 봉시는 소수 병력이기에 가능한 정면 돌파에 특화된 진형이다. 하지만 측면이나 후방이 취약하기 때문에 방어에는 불리하다.

학익, 형액, 방원은 모두 상대방의 공격에 맞춘 포위전을 고려한 진형이다. V자처럼 생긴 학익은 치고 들어온 적을 좌우로 펼친 날개를 이용해 포위하기에 적합하다. 형액은 정면 돌파형인 어린이나 봉시에 효과적이다. 진을 2열종대로 편성해 적을 밀어붙이는 진형으로, 산악전에서 자주 사용되었다고 한다. 방원은 어디에서 공격을 해오든 대처할 수 있도록 병력을 원형으로 배치한 진형이다. 기습에 대비할 때에도 이 진형을 사용한다.

그 외의 진형 중에서 장사진은 산간지역 등의 특수한 상황에 적합했다. 전후좌우 모든 방향에서 응전할 수 있지만 지휘계통이 분단되기 쉽다는 단점도 있었다. 하늘을 나는 기러기雁 떼를 본뜬 안행은 다른 진형으로의 변화가 용이하므로 공수의 밸런스가 좋다. 마지막으로 반달을 의미하는 언월은 봉시진으로 밀고 들어온 상대를 중앙(우측 페이지의 ▲ 부분)에서 받아낸 후 양 달개를 닫아서 적을 포위, 섬멸했다.

<u>전투는 상대방의 전력이나 아군의 사기, 그때그때의 국면, 날씨와 지형 등, 다양한 요소에 따라 좌우된다. 이를 모두 고려한 뒤 총대장은 임기응변으로 수많은 진형을 나눠서 사용해야 했다.</u>

기본적인 8가지 진형

진형의 기본과 상성

전황에 맞춘 형태로 진형을 배치하면 한층 효과적인 공격·방어가 가능했다. 그 기본으로 알려진 8가지 형태의 개별적 특징과 상성을 파악해두는 것 역시 전투를 승리로 이끌 중요한 요소 중 하나였다.

어린진(魚鱗陣)

진형의 기본. 적진의 중앙을 돌파하는 데 효과적이다. 특히 적이 학익진일 경우, 중앙이 허술하기 때문에 돌파하기 쉽다.

언월진(偃月陣)

초승달처럼 구부러진 부분으로 돌격해온 적을 포위한다. 전열과 후열의 거리가 가까워서 연계를 취하기 쉽다.

봉시진(鋒矢陣)

소수의 병력으로 대군을 돌파할 때 이용한다. 측면이나 후방 공격, 포위 공격에 취약하다.

형액진(衡軛陣)

공격해온 적을 받아치기에 적합하지만 전방 이외의 다른 방향에서의 공격에 취약하다는 약점이 있다.

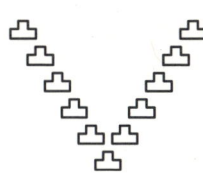

학익진(鶴翼陣)

학이 좌우로 날개를 펼친 듯한 진형. 중앙을 돌파하려는 적을 포위한다. 소수의 적에 효과적이다.

장사진(長蛇陣)

전체적으로 길게 늘어선 진형. 상황에 따라 좌우로 빠르게 전개하거나 연계를 취할 수 있다.

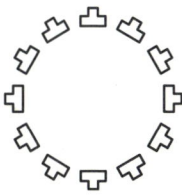

방원진(方円陣)

각 부대가 원형으로 배치되어 있기 때문에 어디에서 공격해오든 대응할 수 있다. 기습 등에 대비하기에도 효과적이다.

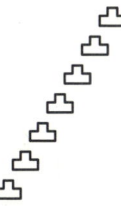

안행진(雁行陣)

하늘을 나는 기러기 떼처럼 상황에 따라 다양한 형태로 변할 수 있다. 공수의 밸런스가 뛰어나다.

3 지휘관의 명령은 어떻게 전달될까?

해당 인물 | 다이묘 | 무사 | 아시가루 | 용병 | 농민

해당 시대 | 무로마치 후기 | 센고쿠 초기 | 센고쿠 중기 | 센고쿠 후기 | 에도 초기

❖ **북이나 호라가이 소리로 넓은 전장에서 대군을 지휘한다**

센고쿠 무장의 초상화를 보면 손에 '군바이[1]'를 들고 있는데, 이는 출진에 앞서 길흉을 점치거나 천문을 읽어서 진영을 적절히 배치하던 사실에서 유래한다. 부채처럼 생긴 부분은 화살이나 총탄을 막아준다는 의미도 있었다. 자루 끝에 종이로 만든 술이나 야크의 털을 달아놓은 지휘채인 '사이하이采配' 역시 지휘용 도구로 자주 사용되었다. 본래는 더위를 쫓기 위한 부채도 시간이 흐르며 무장의 상징 중 하나로 자리를 잡았다. 이 '군센軍扇'에는 해나 달을 그려놓은 것이 많은데, 빨간 바탕에 금박으로 해를, 은박으로 달을 그리는 등 한눈에 알아볼 수 있는 화려한 디자인이 선호되었다.

이들 지휘 도구를 이용한 명령 전달은 어디까지나 근거리에서만 유효했다. 따라서 적군과 아군이 뒤섞인 전장에서 명령을 멀리까지 신속하게 전달하기 위해 다양한 도구가 고안되었다. '진가네陣鐘'나 '진다이코陣太鼓', '호라가이法螺貝' 등 청각에 의존하는 도구는 전장에 요란한 소리를 내서 지휘관의 뜻을 전달했다. 심지어 단순히 울리기만 할 뿐이 아니라 음의 장단, 박자, 횟수 등, 사용 방식을 달리하여 다양한 명령을 전달할 수 있었다. 진가네를 한 번 치면 식사, 두 번 치면 무장, 세 번 치면 대열을 조직하라는 신호다. 진군 및 후퇴 지시를 내리거나 사기를 고무할 목적으로 울리는 북인 진다이코는 크기가 다양했는데, 큰 것은 수레로 옮겼다. 중간 정도의 크기는 목봉에 걸어서 두 사람이 들쳐 멨고, 작은 것은 한 사람이 짊어지기도 했다.

수험자[2]들이 소지하고 다니는 호라가이 역시 웅장한 이미지 때문인지 전장에서는 즐겨 사용되었다. 진군과 퇴각 신호에도 사용되었으며 퇴각 시에 부는 것은 '아게가이揚貝'라고 불렸다.

대표적인 시각적 전달방법으로는 역시나 '봉화'가 있으리라. 불을 피워 연기를 내 이를 신호로 삼는 방법이다. 이 또한 색깔 등을 조합해 복잡한 명령을 전달할 수 있었다. 릴레이처럼 봉화를 피워서 제법 먼 곳까지 명령을 내릴 수도 있었다고 한다.

1 = 軍配団扇, 군바이우치와
2 일본 고유의 산악신앙을 바탕으로 불교와 음양도 등이 융합되어 형성된 종교인 수험도의 수행자

신호 도구

전황을 유리하게 이끌기 위한 도구들

광범위한 전장에서 수많은 병사에게 지시를 전달하려면 시각이나 청각으로 인식하게 해야 했다. 영화나 드라마의 전투 장면을 보면 웅장한 호라가이 소리가 인상적인데, 이 또한 지휘관의 신호 중 하나였다.

지휘 신호 도구

근거리 지휘는 시각에, 장거리 지휘는 청각에 의존했다. 그보다 먼 거리일 경우는 깃발이나 연기를 사용했다.

근거리

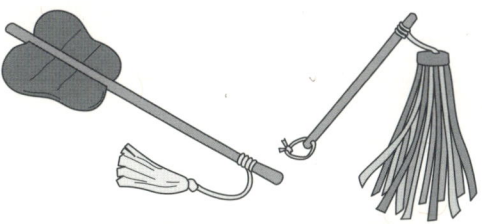

군센(軍扇)
가마쿠라 시대부터 군대를 지휘하는 대장이 이용했던 부채.

군바이우치와(軍配団扇)
지휘를 위한 도구. 적의 화살이나 총탄을 막아주는 방패로도 사용되었다.

사이하이(采配)
신사에서 사용하는 의식용 도구인 고헤이(御幣)가 원형이다. 끝부분에 달린 술에는 단시(檀紙)라는 전통 종이가 사용되었다.

진가네(陣鐘)
다이묘마다 치는 방식을 달리해 독자적인 사인을 전달했다.

진다이코(陣太鼓)
큰 것은 수레에 싣고 다녔다. 병사의 사기를 돋우는 데에도 사용되었다.

호라가이(法螺貝)
헤이안 시대 말기부터 군대에서 사용되기 시작한 지휘 도구.

원거리

군기
멀리서도 알아볼 수 있도록 화려한 디자인이 사용되었다.

봉화
화약으로 연기를 물들이거나 태우는 소재로 연기의 양을 조절했다.

4 기습 공격을 가하면 적은 병력으로도 이길 수 있다!?

해당 인물: 다이묘 | 무사 | 아시가루 | 용병 | 농민
해당 시대: 무로마치 후기 | 센고쿠 초기 | 센고쿠 중기 | 센고쿠 후기 | 에도 초기

◆ **노부나가와 요시쓰네는 기습공격을 통해 적은 병력으로 대군을 물리쳐 이름을 떨쳤다**

수적 열세인 쪽이 기사회생을 꾀하기 위한 전술로 '기습'이 있다. 적이 예상치 못한 허점을 찌르는 이 전술에서는 적에게 발각되지 않는 것, 적을 가능한 한 방심시키는 것이 무엇보다 중요하다. '야습, 새벽 급습', '후방, 측면 공격'은 이러한 기습 전술의 전형적 패턴으로 알려져 있다.

야습은 이름에서 알 수 있듯이 밤에 습격하는 전술이다. 새벽 급습 역시 거의 같은 의미로, 아직 동이 트지 않은 이른 아침에 공격하는 전술이다. 전기가 없어서 달이나 별빛에만 의존하던 시대였으니 어두컴컴한 밤에 교전할 경우에는 잘못하여 아군을 공격할 위험성을 먼저 고려해야만 한다. 따라서 당시에는 야간 전투를 선호하지 않았다. 그 사실을 알면서도 오히려 소수 병력으로 공격을 감행한다는 점에서 야습은 효과적인 전술이었다.

이처럼 기습은 야음을 틈타는 편이 더 유리하므로 대낮의 기습은 이례적인 일이지만 역사에 이름을 남긴 유명한 기습전인 오케하자마 전투와 이치노타니 전투는 모두 대낮에 펼쳐졌다.

약소 다이묘였던 오다 노부나가가 10배의 병력을 보유한 이마가와 요시모토를 꺾으며 이름을 날리게 된 오케하자마 전투는 기습공격의 전형적 사례이기도 하다. 이마가와 요시모토의 본진이 오케하자마산에서 휴식을 취하고 있음을 알게 된 노부나가는 성에서 나와 몰래 오케하자마산으로 접근해 산기슭에서 기습공격을 감행, 산 위에 진을 치고 있던 이마가와 군을 격파해서 천하에 이름을 떨쳤다.

그리고 오케하자마 전투에서 400년을 거슬러 올라가, 헤이안 시대의 겐페이 전쟁 중 하나인 '이치노타니 전투'에서 미나모토노 요시쓰네는 히요도리고에 절벽에서 기습공격을 가한 것으로 유명하다. 이치노타니라는 골짜기에 진을 친 다이라 군을 공격할 방도가 없어 쩔쩔매고 있을 때, 요시쓰네가 이끄는 70기의 병력이 말을 타고 배후의 히요도리고에 절벽에서 내려와 급습을 가하자 다이라 군은 패배할 수밖에 없었다. 여러 설이 있지만 적진을 배후에서 급습하는 후방공격의 전형적 사례라고 볼 수 있으리라.

두 가지 기습 패턴

'기습'은 크게 두 가지로 나뉜다

기습공격은 적의 의표를 찔러 전투를 유리하게 이끌기 위한 전술이다. 간단히 '기습'으로 통일해서 부르지만 여기에는 여러 패턴이 있다. 대표적인 패턴으로는 '방향'과 '시간'이 있다.

야습·새벽 급습

한밤에 병사를 숨겨두고 동이 틀 때 공격을 개시하는 전법이다.

이쓰쿠시마 전투

모리 모토나리 4,000명 VS
스에 하루카타 20,000명

모토나리는 이쓰쿠시마섬에서 스에 가문의 대군을 유인한다. 진을 치는 스에 군을 밤중에 몰래 포위한 뒤, 이른 아침에 일제히 공격을 가했다. 완벽하게 허를 찔린 스에 군은 완패, 모토나리는 5배의 적을 상대로 승리를 거머쥐었다.

밤에는 달빛에 의존할 수밖에 없으므로 새벽녘의 전투는 보통 적군과 아군을 불문하고 모두 기피했다. 그 허점을 찌르는 것이다.

후방·측면 공격

예상치 못한 방향에서 공격을 가해 상대방을 혼란케 하는 전법이다.

군대는 정면으로 쳐들어오는 적에게는 강하지만 옆쪽·뒤쪽 등의 방향에서 들어오는 공격에는 취약하다.

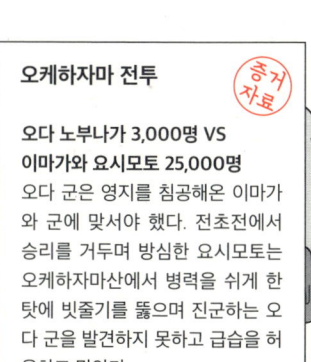

오케하자마 전투

오다 노부나가 3,000명 VS
이마가와 요시모토 25,000명

오다 군은 영지를 침공해온 이마가와 군에 맞서야 했다. 전초전에서 승리를 거두며 방심한 요시모토는 오케하자마산에서 병력을 쉬게 한 탓에 빗줄기를 뚫며 진군하는 오다 군을 발견하지 못하고 급습을 허용하고 말았다.

5 패배한 척하고 상대방을 섬멸하는 '유인작전'

해당 인물					해당 시대			
다이묘	무사	아시가루	용병	농민	무로마치 후기	센고쿠 초기	센고쿠 중기	센고쿠 후기	에도 초기

◆ '쓰리노부세'로 규슈를 제압한 시마즈 요시히사

전쟁터가 될 것으로 예상되는 장소에 미리 병사를 배치해두는 전법을 '복병'이라고 한다. 동시에 그처럼 매복한 병사를 가리키는 용어이기도 하다. 복병은 기습전법[1] 중 하나로, 제대로 성공한다면 전투의 승패를 좌우하는 결과를 이끌어내기도 했다.

규슈의 센고쿠 다이묘인 시마즈 요시히사는 복병을 효과적으로 이용한 전법인 '쓰리노부세釣り野伏せ'를 고안해냈다. 쓰리노부세를 실시하려면 우선 군을 본대와 복병부대로 나눠야 한다. 그리고 전투 상태로 접어들면 타이밍을 잘 노려서 후퇴하는 척 복병이 배치된 곳까지 추격해오는 적을 끌어들여서 포위, 섬멸한다.

이때 핵심은 적이 의문을 느끼지 않게끔 교묘하게 후퇴하는 것이다. 또한 소중한 병력을 분산시켜야 하므로 후퇴하기 전까지 초반에는 적은 병력으로 적을 상대해야만 한다. 큰 위험이 따르는 고난이도 전법이지만 상대가 병사를 매복시켜둔 지점까지 쫓아와주기만 한다면 그 뒤로 승리는 따 놓은 당상이다. 허를 찌르는 복병의 공격뿐 아니라 후퇴를 가장하고 있던 미끼 부대까지 공세로 전환하면서 양군의 입장은 순식간에 뒤바뀐다.

1578년, 규슈의 유력 다이묘였던 오토모 가문을 격파한 미미가와 전투에서도 시마즈 요시히사는 이 전술을 사용해 전투를 승리로 이끌었다. 결과적으로 시마즈 가문은 규슈 정벌에 나선 도요토미 히데요시에게 패배했지만 전초전이었던 헤쓰기가와 전투에서도 쓰리노부세를 이용해 승리를 거뒀다. 이후 도요토미 정권에 가담해 조선·명 연합군과 싸웠던 정유재란 당시의 사천성 전투에서도 시마즈 군은 복병을 교묘하게 이용해 연합군을 격파했다. 복병이 시마즈 가문만의 전매특허는 아니지만 전장에서 효과적으로 이용했던 점에서 보자면 요시히사와 견줄 이는 없지 않을까.

[1] p.22 참조

시마즈의 '쓰리노부세'

다수의 적을 함정에 빠뜨린 시마즈의 '쓰리노부세'

복병은 기습과 함께 대표적인 기책奇策 중 하나이다. 여기서는 그러한 복병을 사용한 사례 중에서도 가장 유명한 시마즈 가문의 '쓰리노부세'에 대해 설명하겠다.

쓰리노부세 미끼와 복병을 사용해 자신들이 우세하다고 착각한 적을 끌어들이는 전법.

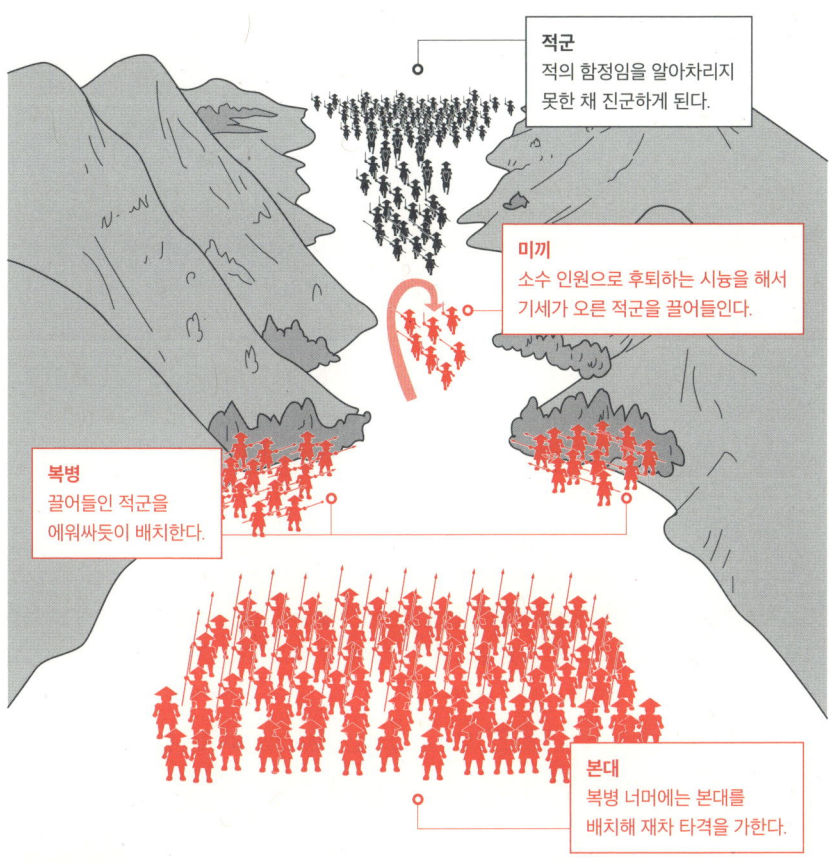

적군 적의 함정임을 알아차리지 못한 채 진군하게 된다.

미끼 소수 인원으로 후퇴하는 시늉을 해서 기세가 오른 적군을 끌어들인다.

복병 끌어들인 적군을 에워싸듯이 배치한다.

본대 복병 너머에는 본대를 배치해 재차 타격을 가한다.

센고쿠 FILE

가문의 단결력을 보여준 '시마즈의 퇴각법'

마찬가지로 시마즈 가문의 기책으로 유명한 전법으로, 1600년 세키가하라 전투에서 시마즈 군이 펼친 퇴각 전법인 '스테가마리(捨てがまり)'가 있다. 동군에게 포위된 시마즈 군은 아무도 예상치 못한 적진 중앙 돌파를 감행한다. 후위를 맡은 자가 죽을 때까지 싸우고, 또다시 따라잡히면 그때 후위를 맡은 자가 다시 죽을 때까지 싸우기를 반복했다. 이는 대장을 살리는 데 특화된 '스테가마리'라 불리는 전법으로, 대장인 시마즈 요시히로는 많은 희생을 치렀지만 살아남는 데 성공했다. '주군의 생존이 무엇보다 중요하다'는 센고쿠의 풍조가 짙게 깔린 일화다.

6 소강상태에 빠졌을 때는 상대를 도발한다

해당 인물					해당 시대				
다이묘	무사	아시가루	용병	농민	무로마치 후기	센고쿠 초기	센고쿠 중기	센고쿠 후기	에도 초기

❖ **약탈과 방화로 식량을 줄이고 투석과 욕설을 퍼부어 상대를 도발해라!**

전장에서 양군이 진을 친다고 곧바로 전투가 시작되지는 않는다. 서로가 자웅을 겨룰 각오가 되어 있다면 또 모를까, 둘 사이에 심적인 온도차가 있는 경우도 많다.

예를 들어 공격 측과 방어 측이라는 입장의 차이를 생각해보자. 이 경우, 보통은 공격하는 쪽이 전력 면에서 우위에 놓여 있기 마련이다. 상대방의 노림수에 걸려들고 싶지 않은 수비 측은 당연히 좀처럼 움직이려 하지 않을 터. 따라서 양군이 서로 노려보기만 하는 교착상태가 발생하게 된다. <u>싸움이 길어지면 가만히 있어도 식량이나 물자가 소모된다.</u> 이래서는 공격 측이 손해다. 때는 센고쿠 시대, 사방이 적으로 가득한 실정을 감안한다면 하나의 전장에만 매달렸다간 막심한 피해를 보게 된다. 여기서 필요한 것은 소극적인 적을 전장으로 끌어들이기 위한 방법, 바로 도발 행위다.

목적은 움직이지 않는 적을 끌어내는 것이니 움직일 수밖에 없는 상황을 만들면 된다. 상대방의 영지 내에서 수확 전의 벼나 보리를 베어내는 '가리타로제 키刈田狼藉'는 대표적인 도발 행위다. '아오타가리青田刈り' 역시 마찬가지로, 아오타青田는 수확 전의 푸른 논밭을 의미한다. 어느 시대에서든 식량은 전선을 유지하기 위한 생명선이므로 식량을 빼앗겼다면 더는 잠자코 있을 수 없게 된다. 논밭이나 가옥에 불을 지르는 '방화', 백성의 재산을 약탈하는 행위인 '란도리乱取り' 역시 벼 베기와 마찬가지로 상대방을 끌어내는 데 효과적이었다.

그 외에도 '투석', '악구悪口' 등의 방법도 있었다. 투석은 문자 그대로 상대방에게 돌을 던지는 방식이고, 악구는 온갖 욕설을 퍼부어 상대방의 화를 돋우는 방식이다. 악구는 '말싸움'이라고도 불렸는데, 상대방이 악구에 호응하면서 폭언과 욕설이 빗발치는 모습에서 유래한다. 어떤 방법으로든 상대방을 화나게 했거든 성공이다. <u>상관의 명령을 어기고 공격해 오는 자가 있다면 이때부터 고대하던 전투가 펼쳐지게 된다.</u>

도발행위

교착상태를 타개하기 위한 센고쿠 시대의 전법

진을 치고 드디어 전투가 시작되나 싶다가도 상대방이 어떻게 나올지 몰라 양군이 서로를 노려보기만 하는 교착상태가 오랫동안 이어지는 경우도 있었다. 이러한 상태를 타개하기 위한 전술이 바로 '도발'이다.

도발행위의 종류

적이 도발에 응하게끔 상대방의 신경을 자극하는 행위를 취했다.

벼 베기
적의 영지에 병사를 풀어 벼나 보리 등의 농작물을 베어냈다. 수확시기가 가까울수록 효과적이었다.

방화
적 영지 내의 촌락 혹은 논밭에 불을 질러서 태워버리는 행위. 방화를 통해 적의 식량을 줄이는 효과도 있었다.

약탈
적 영지 내의 집에 쳐들어가 가재도구나 식량을 훔쳤다. 또한 여성이나 아이를 납치하기도 했다.

욕설
적진에 한심하다는 등 매도하는 말을 퍼부었다. 상대방이 똑같이 응수하는 경우도 있었다.

column

쉽게 도발에 넘어가는 것이야말로 상대방이 원하는 바

용맹한 장수였던 사카키바라 야스마사는 고마키·나가쿠테 전투에서 히데요시를 도발하는 데 성공했다고 한다. "하시바 히데요시는 사람의 자식도 아니다, 어디서 굴러먹다 온 말 뼈다귀인지 모를 놈이다"라는 식으로 출신 성분을 들먹이는 욕설에 히데요시는 격분했다. 이성을 잃은 채 병사를 움직인 탓에 히데요시는 냉정하게 병사를 지휘하지 못했고, 국지전에서 패배하고 말았다.

7 소금·허세·말 — 승부를 결정짓기 위한 기발한 비책

해당 인물: 다이묘 / 무사 / 아시가루 / 용병 / 농민
해당 시대: 무로마치 후기 / 센고쿠 초기 / 센고쿠 중기 / 센고쿠 후기 / 에도 초기

❖ **크고 작은 계략을 써서
전략 차를 메꾸는 센고쿠의 지혜**

센고쿠 시대에는 적을 제압하기 위해 크고 작은 다양한 계략을 사용했다. 그중에서도 규모가 큰 계략으로는 상대 진영의 소금을 차단하는 전법이 있었다.

가이甲斐의 다케다 신겐, 사가미相模의 호조 우지야스, 스루가駿河의 이마가와 요시모토, 이 세 사람은 전략상의 필요성 때문에 '고소슨甲相駿 삼국동맹'이라는 평화조약을 체결하고 있었다. 그때 오케하자마 전투가 벌어지고, 이마가와 요시모토가 사망하게 된다. 이를 계기로 주변의 정세가 변화하면서 동맹은 깨지고 만다. 이러한 와중에 요시모토의 뒤를 이은 이마가와 우지자네가 호조 우지야스와 결탁해 소금의 수출을 막아버린다. 다케다 가문의 영지인 가이와 시나노信濃는 소금을 구할 방도가 없는 내륙 지방이었기에 수입에 의존하고 있었다. 그 유통망을 끊어버린 셈이다.

사람은 소금 없이 살 수 없다. 이는 센고쿠 최고의 무력을 자랑하는 다케다 가문이라 하더라도 마찬가지였다. 그런 궁지에 손을 내밀어준(실제로는 자신의 영지에서 상업을 활성화시키기 위해서였다고도 전해진다) 인물이 신겐의 숙명의 라이벌 우에스기 겐신이었다. 이것이 바로 그 유명한 '적에게 소금을 보낸' 에피소드다. 겐신이 소금을 보내지 않았다면 이마가와 호조는 다케다와의 싸움을 유리하게 이끌 수 있었으리라.

각각의 전투에서 전술 단위로 실시되는 계략도 있다. '허세' 역시 그중 하나다. 거짓 병력을 내세워서 마치 대군을 거느린 것처럼 혼동케 하는 계략이다. 농민 등의 비전투원에게 낡은 장비를 입히고 급조한 깃발이나 죽창을 들려줘서 병사처럼 위장하는 계략은 실제로도 자주 실시된 바 있다.

또한 당시의 군마는 모두 수말이었다는 점을 이용한 기발한 계책도 있다. 하시바 히데요시가 오고성을 공격했을 당시, 허를 찔린 성주 오고 사다노리는 영지 내에서 50마리가 넘는 암말을 모아서 적군을 향해 풀어놓았다. 그러자 하시바 군의 수말이 흥분해 날뛰기 시작했고, 병사들 사이에서는 혼란이 발생했다. 이를 놓치지 않고 오고의 군대가 돌격하자 하시바 군은 패주할 수밖에 없었다고 한다. 거세라는 관습이 없었기 때문에 성립될 수 있었던 기발한 계략이다.

세 가지 기책

적을 위협하는 기상천외한 전술
개중에는 갖은 꾀를 쥐어짜낸 전술이나 생각지도 못했던 기묘한 전술도 존재했다. 정공법이라고 보기는 어려우나, 패배하면 가문이 멸족되는 극한의 상황이었던 만큼 신묘한 계책이 태어날 수 있었는지도 모른다.

기책의 종류
엉뚱한 전술이나 철저하게 계획된 전술로 적을 농락해 승부를 걸었다.

허세
농민이나 마을 주민을 동원해 마치 대군인 것처럼 꾸몄다.

소금의 차단
소금은 인체에 필수적인 영양소다. 소금이 나지 않는 산간지방에서는 유통 루트가 차단되면 대항할 방도가 없었다.

센고쿠 FILE
소를 이용한 기상천외한 전술
허세와 유사한 전술로 '화우지계(火牛之計)'가 있다. 이는 소의 뿔에 햇불을 달아서 대군처럼 꾸미는 전술이다. 간토(関東)의 센고쿠 다이묘인 호조 소운의 특기였지만 진위 여부는 확실하지 않다.

역사적 사례
이마가와 우지자네의 소금 차단(1568년)
스루가만을 통해 소금을 구하던 다케다 가문에 맞서 이마가와 우지자네는 소금 상인에게 소금을 팔지 못하게끔 지시를 내렸다.

암말 풀기
기마대를 향해 암말을 풀어놓으면 군마를 제어하지 못하게 된다. 적의 전력을 저하시키는 데 한몫했다.

8 '에이 에이', '오!'로 공격 개시

해당 인물: 다이묘 / 무사 / 아시가루 / 용병 / 농민

해당 시대: 무로마치 후기 / 센고쿠 초기 / 센고쿠 중기 / 센고쿠 후기 / 에도 초기

◆ '에이 에이', '오!'라는 함성은 공세의 타이밍을 알려주는 신호

전장에서는 거리를 불문하고 다수의 병력에게 전달되는 '소리'가 중요했다. 그중에서도 '함성'이 가장 대표적이었다. 대장이 '에이, 에이'라고 소리치면 휘하의 병사들은 '오!'라고 일제히 대답한다. '에이'의 한자 표기로는 '曳' 혹은 '銳' 등의 표기법이 존재했지만 '오'는 일반적으로 '応'[1]라는 한자로 표기했다. 승리의 개가凱歌 역시나 '에이, 에이', '오!' 였다. 전장의 함성은 지휘관인 대장의 지시에 따라 외치는 것이 통례였다.

예를 들어 처음에 활이나 철포 등의 원거리 무기를 발사한 후 상대방이 동요한 틈을 노려 기마무사가 함성을 외치며 돌격하거나, 전열이 함성을 내질러 적병의 기세를 꺾었을 때 이때를 기다렸다는 듯 후열을 출격시키기도 했다. 이처럼 함성에는 공세를 취할 때 사기를 올리거나 상대방을 압도하려는 목적이 있었다.

한편 수세로 돌아섰을 때는 대장이 먼저 자신의 주변에 고함을 지른 후 휘하 병력으로 하여금 호응케 했다. 그러면 적의 침공에 당황하는 아군의 동요를 억누르는 효과가 있었다.

반대로 전선에서 벗어났음에도 불구하고 크게 함성을 내지르거나 활과 철포를 마구 쏘는 장수는 상대방으로부터 업신여겨지기도 했다. 함성은 적의 능력을 가늠케 해주는 힌트이기도 했던 셈이다.

전투 중에 병사의 사기를 북돋우고자 함성 외에 북이나 호라가이를 사용하기도 했다. 공세를 취할 때나 난전이 벌어졌을 때 등, 상황에 따라 각기 다른 북소리가 울려 퍼졌다. 홍수처럼 격렬하게 몰아치는 소리는 사람을 흥분시키는 법이다. 이는 전장에서 양군이 마주했을 경우, 서로에게 함성을 지르며 전투를 시작한다는 통례에서도 자명한 사실이다.

1 '응하다'라는 뜻

함성·북

'함성'이나 북소리로 전의를 돋우고 지시를 내린다

전장에서는 소리마저도 효과적인 전쟁 도구였다. 그중에서도 전의를 북돋우고 적의 기세를 꺾는 데 사용되었던 '함성'이 대표적이리라. 그 외에도 지시가 전해지기 어려운 전장에서는 소리가 간단한 사인으로 사용되었다.

'와'
돌격할 때 기세를 돋우는 말.

'에이, 에이'
'요이카(よいか, 잘 되어 있는가)'라는 물음에서 유래한다. 이는 '목숨이 오고가는 전장에서 싸울 각오는 충분히 되어 있느냐'라는 아군을 향한 물음이기도 했다.

'에이, 에이' '오'
대장이 '싸울 의지는 충분하느냐'는 의미로 '에이, 에이'를 외치면 병사들은 그에 대한 답으로 '오!'라고 외친다.

함성
사기를 높이기 위해서 가장 자주 사용된 방법.

센고쿠 FILE
기독교도의 함성
기독교가 일으킨 일본 최대의 반란, 1647년에 벌어진 '시마바라의 난'에서는 기독교도들이 '산차고(サンチャゴ)!'라는 독특한 함성을 외쳤다는 기록이 남아 있다. 산차고란 에스파냐(지금의 스페인)에서 수호성인으로 통하는 산티아고를 가리키는 말로 생각된다.

세오이다이코(背負太鼓)
연락용으로 쓰일 뿐 아니라 사기를 높여주는 효과도 있었다.

진추다이코(陣中太鼓)
큰 북은 여럿이서 옮기기도 했다.

호라가이(法螺貝)
호라가이를 부는 병사는 가이야쿠(貝役)라는 중요한 역할을 맡는다.

1장

전투의 법도

9 싸움은 남자들의 전유물이 아니다! 센고쿠 시대의 여성 무장

해당 인물 다이묘 | 무사 | 아시가루 | 용병 | 농민
해당 시대 무로마치 후기 | 센고쿠 초기 | 센고쿠 중기 | 센고쿠 후기 | 에도 초기

❖ **남자 못지않은 활약을 보여준 센고쿠 시대의 여걸들**

태평양 전쟁까지 일본에서는 '여성은 전선에서 떨어진 비전투 지역을 지켜야 한다'는 불문율이 존재했다. 하지만 역사상으로는 남자와 함께 싸웠을 뿐만 아니라 남자 못지않게 활약한 여성들도 존재했다. 예스럽게 말하자면 여무사쯤 되겠다. 가장 먼저 떠오르는 인물이라면 역시 『헤이케모노가타리平家物語』에 등장하는 기소 요시나카의 애첩 도모에 고젠이 아닐까. 용모가 수려했던 도모에 고젠은 요시나카의 수발을 들던 '시녀'였다고도 하는데, 무엇보다 나기나타와 활을 잘 쓰는 일기당천의 무사로 유명하다.

이름을 남긴 여무사들은 이처럼 히로인의 면모를 지닌 경우가 많다. '세토우치의 잔다르크'라는 별명이 있는 쓰루히메도 그중 하나다. 세토 내해에 떠 있는 오미섬의 오야마즈미 신사에는 수많은 국보와 문화재가 보존되어 있다. 이러한 문화재 중에는 드물게도 여성용으로 보이는 도마루胴丸가 있다. 도마루란 몸통 주변을 가려주는 갑옷의 일종으로, 오른쪽 옆구리에 물림쇠가 달려 있다. 신사를 모시는 오호리 가문에서 내려오는 역사서 『오호리케키大祝家記』의 기록으로 추측건대 쓰루히메라는 이름의 여성이 이 도마루의 주인으로 추정된다. 오야마즈미 신사의 신직神職[1]의 딸로 태어난 쓰루히메는 센고쿠 다이묘[2]인 오우치 가문의 침공에 맞서 스스로 갑옷을 걸치고 나기나타薙刀를 휘두르며 적에게 맞서 싸웠다. 당시 쓰루히메의 나이는 16세였다. 쓰루히메는 오우치 가문를 여러 차례 물리쳤지만 연인을 잃고 스스로 물에 뛰어들어 목숨을 끊었다고 한다.

그 외에도 남편이 죽은 후 성을 지키며 도쿠가와 이에야스와 싸운 히쿠마 성주의 아내 오타즈가 있다. 역사 소설인 『노보우의 성のぼうの城』에서 묘사된 오시성 공방전에서 이시다 미쓰나리가 이끄는 도요토미 군으로부터 성을 지켜낸 가이히메 역시 역사에 이름을 남긴 여무사다. 안타까운 점은 센고쿠 시대에는 여성에게 전공을 치하하는 '감사장'을 내리는 관습이 없었다는 사실이다. 이러한 문헌이 남아 있었다면 훨씬 많은 여무사가 후세에 이름을 남겼을지도 모른다.

1 신사에서 기도나 액막이 등을 주관하는 봉사자의 총칭.
2 센고쿠 시대 당시, 막부를 따르지 않고 자신만의 세력을 구축한 다이묘.

여성 무장의 장비

여무사로 이름 높은 도모에 고젠과 쓰루히메

용맹하게 싸웠던 여자 무사 중에서도 여기서는 도모에 고젠과 쓰루히메를 소개하겠다. 전자는 헤이안 시대의 여성이지만 여성 무장을 논할 때면 빼놓을 수 없는 인물이다. 쓰루히메는 센고쿠 전기에 활약한 여성으로, 당시 존재했다는 기록이 남아 있는 보기 드문 여성 무장이다.

도모에 고젠의 장비

용감한 무사의 모습으로 요시나카를 따랐던 도모에 고젠의 장비.

덴칸(天冠)
각종 행사 때 소년들이 착용한 장신구로, 도모에 고젠 역시 투구 대신 썼으리라 생각된다.

복장
갑옷 밑에는 어린 사내아이들의 춤인 '지고마이(稚児舞)'에 쓰이는 의상을 착용해 스스로를 남자처럼 꾸몄다.

쓰루히메의 장비

바다 위에서 싸웠기 때문에 특수한 장비를 갖춘 것이 특징이다.

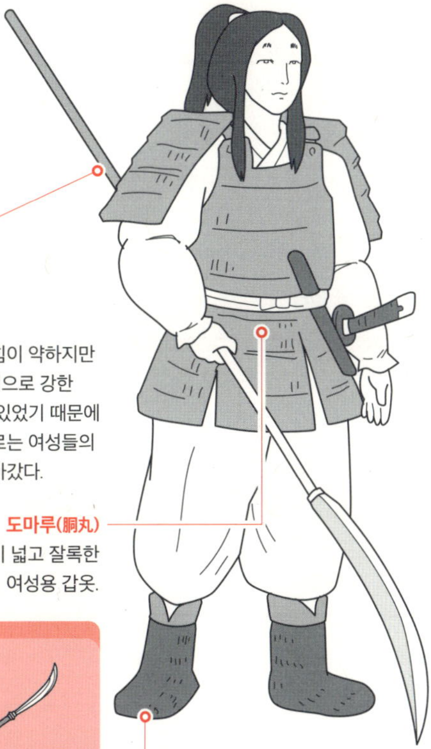

나기나타(薙刀)
여성은 남성보다 힘이 약하지만 나기나타는 원심력으로 강한 위력을 발휘할 수 있었기 때문에 센고쿠 시대 이후로는 여성들의 무기로 자리를 잡아갔다.

도마루(胴丸)
가슴 부분이 넓고 잘록한 여성용 갑옷.

게구쓰(毛沓)
여성은 몸이 차가워지기 쉬우므로 바다 위에서는 게구쓰라는 털신을 신어서 추위를 막았다.

센고쿠 FILE

'도모에'라는 이름을 하사받은 나기나타
나기나타 중에서도 칼날이 넓고 크게 휘어진 것을 '도모에가타나기나타(巴型薙刀)'라고 부르는데, 나기나타를 들고 용감하게 싸웠던 도모에 고젠에서 유래한 이름이다.

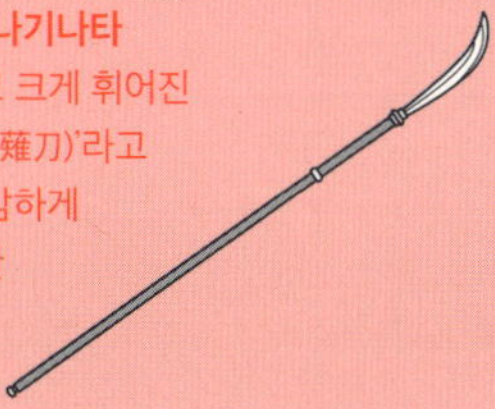

아시가루들의 필수 장비·창

10 전투의 법도

해당 인물	
다이묘	무사	아시가루	용병	농민

해당 시대	
무로마치 후기	센고쿠 초기	센고쿠 중기	센고쿠 후기	에도 초기

❖ **센고쿠 시대 전투의 주역인 창은 '찌르는 것'이 아니라 '내미는 것'**

아케치 미쓰히데의 가신으로 혼노지에서 공훈을 세운 야스다 사쿠베라는 무장이 있었다. 그는 "창은 찌르는 것이 아니다, 몸이 아닌 자루만 움직여서 창끝을 내밀 듯이 사용하는 것이다"라는 사용법을 언급한 바 있다.

창처럼 자루가 긴 무기는 필연적으로 상대방과의 거리가 벌어지므로 적에게 선제공격을 가할 수 있다. 특히 칼로는 공격하기 힘든 기마무사에게 효과적인 무기였다. 남북조 시대까지의 병사는 활로 기마무사에게 맞섰지만 사실 활을 다루려면 나름의 기술이 필요했다. 이러한 상황에서 <u>아시가루도 쉽게 다룰 수 있는 무기로 별다른 기술이 필요치 않은 창이 큰 환영을 받았다.</u>

장병기인 창은 두 손으로 찌른다는 이미지가 있다. 하지만 실제로는 수평으로 훑는다는 표현이 더 적합하다. 상대방과 가까운 쪽의 손을 자루에 붙이고, 이 시즈키石突[1] 근처를 쥔 나머지 손을 앞뒤로 빠르게 밀거나 잡아당겨서 창끝을 움직이는 것이다. 창의 명인이었던 미노美濃의 센고쿠 다이묘 사이토 도산은 창끝

에 바늘을 달고, 매달아놓은 엽전 구멍에 이 바늘을 넣는 훈련으로 실력을 쌓았다고 한다.

길이에 대해 말하자면 센고쿠 시대의 <u>아시가루들이 사용한 나가에야리長柄槍는 2~3간(약 3.6~5.4m)이 일반적이었다.</u> 하지만 개중에는 오다 가문에서 사용한 3간 반(약 6.4m)짜리 창 같은 사례도 있으므로 각 군마다 개성이 있었던 모양이다. 창날의 종류 역시 다양했다. 단면의 형태나 날의 생김새에 따라 적합한 공격법이 따로 있었으며, 상황에 따라 나누어서 사용하면 더욱 효과적이었다.

자루에는 나무로 된 심 주변을 반으로 쪼갠 대나무로 감싼 복합재를 사용했으며, 바깥 부분은 마 등으로 단단히 동여맨 후 옻칠로 굳혔다. 이렇게 만들어진 창은 잘 휘었기 때문에 위에서 내려치는 장병기의 기본 전법[2]에 큰 도움이 되었다.

---

1 물미, 지면에 꽂는 창의 꽁무니 부분
2 p.38 참조

창의 부분별 명칭·종류

햇병아리 병사부터 베테랑 무사까지 애용한 무기

흔히 '창'이라는 이름으로 통일해서 부르지만 아시가루가 사용하는 창과 상급무사가 사용하는 창은 엄연히 달랐다. 우선 공통적인 기본 구조와 길이의 차이를 비교해보았다.

기본적인 창

사용자가 다루기 쉽게끔 피가 흘러내리는 것을 막아주는 부품을 달기도 했다.

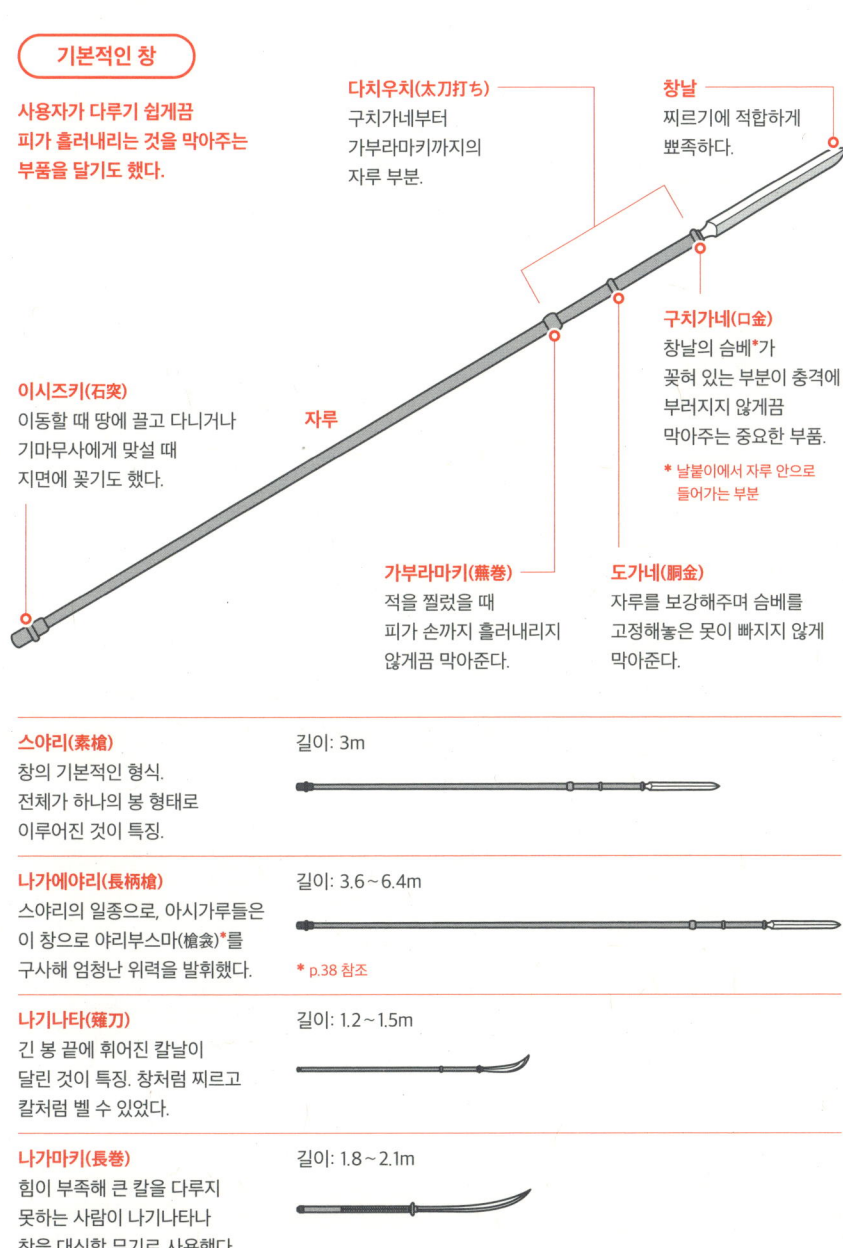

다치우치(太刀打ち)
구치가네부터 가부라마키까지의 자루 부분.

창날
찌르기에 적합하게 뾰족하다.

구치가네(口金)
창날의 슴베*가 꽂혀 있는 부분이 충격에 부러지지 않게끔 막아주는 중요한 부품.

* 날붙이에서 자루 안으로 들어가는 부분

이시즈키(石突)
이동할 때 땅에 끌고 다니거나 기마무사에게 맞설 때 지면에 꽂기도 했다.

자루

가부라마키(蕪巻)
적을 찔렀을 때 피가 손까지 흘러내리지 않게끔 막아준다.

도가네(胴金)
자루를 보강해주며 슴베를 고정해놓은 못이 빠지지 않게 막아준다.

스야리(素槍)
창의 기본적인 형식. 전체가 하나의 봉 형태로 이루어진 것이 특징.

길이: 3m

나가에야리(長柄槍)
스야리의 일종으로, 아시가루들은 이 창으로 야리부스마(槍衾)*를 구사해 엄청난 위력을 발휘했다.

길이: 3.6~6.4m

* p.38 참조

나기나타(薙刀)
긴 봉 끝에 휘어진 칼날이 달린 것이 특징. 창처럼 찌르고 칼처럼 벨 수 있었다.

길이: 1.2~1.5m

나가마키(長巻)
힘이 부족해 큰 칼을 다루지 못하는 사람이 나기나타나 창을 대신할 무기로 사용했다.

길이: 1.8~2.1m

사용법

자세나 쥐는 법도 정해져 있었다

적과 넓게 거리를 둘 수 있는 실전적 무기인 창은 센고쿠 시대에 애용되었다. 칼만큼 수련이 필요하지는 않았다는데, 과연 병사들은 창을 어떻게 다뤘을까.

자세

왼손을 앞에 두고 오른손을 뒤에 놓는 자세가 일반적이었다.
다만 창의 사용법을 제대로 익히지 않은 병사는 때리거나 휘두르기도 했다.

다치미(立身)
똑바로 서서 창을 쥔다.

마에카케(前掛け)
오른다리에 체중을 싣고 두 팔을 들어서 창을 쥔다.

니오고시(仁王腰)
오른다리를 안쪽으로 굽혀서 중심을 낮춘 자세.

쥐는 법

왼손으로 창을 쥐는 방법으로는
기본적으로 세 가지 패턴이 있었다.

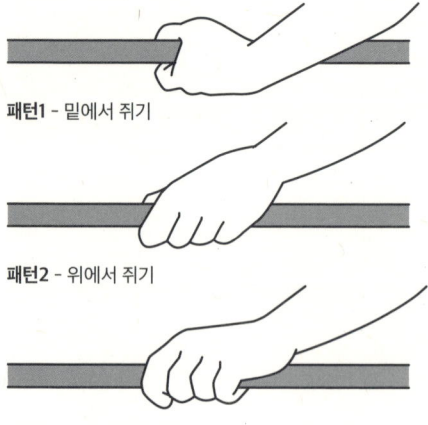

패턴1 - 밑에서 쥐기

패턴2 - 위에서 쥐기

패턴3 - 위에서 감싸 쥐기

왼손을 앞에 둔 자세일 경우,
창은 위의 그림 중 하나의 방식으로 쥐게 된다.
다만 창의 길이가 2.5m를 넘어가면
창을 내밀기 어려워지기 때문에
임기응변으로 싸우게 된다.

재빠른 창술에 숨겨진 비밀

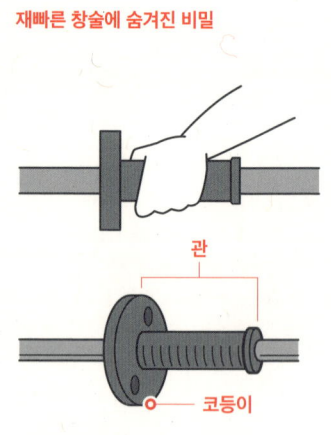

구다야리(管槍)
손으로 잡는 부분에 코등이가 달린 관이 끼워져 있는 창. 이 관이 손잡이의 역할을 해주기 때문에 한층 빠른 동작이 가능했다.

창날의 종류

창날에도 저마다 개성과 특징이 있었다

단면이나 길이, 생김새에 따라 관통력이나 공격력 등에 큰 차이가 났으며 전투용이나 호신용 등으로 용도도 갈렸다. 여기에서는 그중에서도 특히 실전적인 일곱 종류의 창날을 소개하겠다.

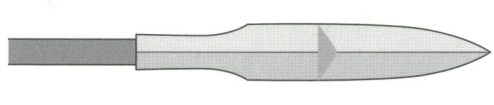

정삼각형 창날
단면 - 정삼각형
찌르기용. 세 면이 균등한 형태를 이루고 있기 때문에 견고하며 잘 부러지지 않아 관통력이 강하다.

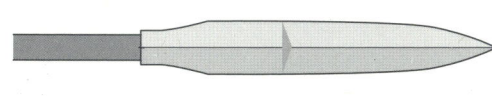

평삼각형 창날
단면 - 이등변삼각형
범용. 일반적으로 전장에서 사용된 형태. 잘 부러지지 않으며 찌르기, 베기 모두 가능하다.

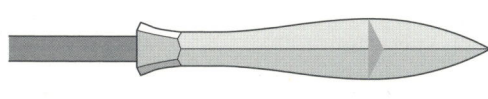

조릿대잎형 창날
단면 - 이등변삼각형
찌르기·베기용. 평삼각형 창날의 일종이지만 중심부가 넓기 때문에 더 큰 상처를 입힐수 있다.

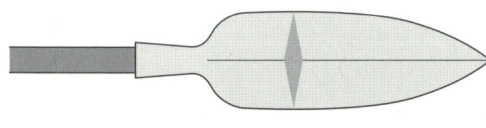

은행잎형 창날
단면 - 마름모꼴
찌르기·베기용. 구다야리(管槍)*에서 많이 사용된 형태다.

* p.36 참조

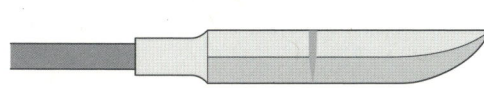

칼몸형 창날
단면 - 쐐기형
베기용. 창날이 짧고 가볍기 때문에 휘둘러서 공격하기에 적합하다.

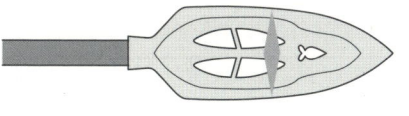

매 깃털형 창날
단면 - 마름모꼴
찌르기용. 다른 창날보다 비교적 짧고 작기 때문에 주로 호신용으로 들고 다녔다.

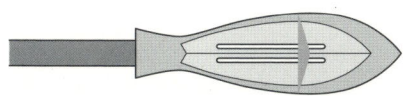

화살촉형 창날
단면 - 이등변삼각형
충격형. 앞부분이 넓기 때문에 찔렀을 때 큰 충격을 줄 수 있으며 상처도 크게 남는다.

11 숫자로 상대를 압도한다! 장창을 이용한 집단전법

해당 인물 | 다이묘 | 무사 | 아시가루 | 용병 | 농민

해당 시대 | 무로마치 후기 | 센고쿠 초기 | 센고쿠 중기 | 센고쿠 후기 | 에도 초기

❖ **창끝을 치켜들어서 쉴 새 없이 상대를 후려친다!**

　전투가 시작되었을 때의 야아와세矢合わせ는 의례적인 성격이 강했다. 실제로는 창을 장비한 아시가루들이 격돌하면서 비로소 전투가 시작된다. 창이라 하면 찌르는 무기라는 이미지가 강하지만 집단전법에서는 창을 적에게 내리치거나 다리를 거는 것이 기본적인 전투방식이었다. 그러다 상대가 넘어졌을 때 비로소 창으로 찌르는 것이다. 기마무사를 상대할 때는 우선 말의 다리를 노려서 낙마시킨 후 여럿이서 찔러 죽였다.
　창을 이용한 집단전법으로는 '야리부스마槍衾'가 유명하다. 창의 이시즈키石突 부분을 단단히 쥔 아시가루들이 3단 정도의 대열로 자리를 잡은 후, 밀집된 창끝을 상대방에게 겨눈 채 진군하는 전법이다. 수풀처럼 빽빽한 창은 상대방에게 눈앞을 가로막는 거대한 이불衾처럼 보였으리라. 그리고 상대방 역시 이 전법으로 나온다면 두 창병대 사이에서는 격렬한 육박전이 펼쳐지게 된다. 상대방이 창을 들어 올릴 여유를 주지 않기 위해 무작정 마구 때리는 전술이지만 이로 인해 혼란이 발생했다면 지체 없이 파고들어 단숨에 적을 찌르고 적진을 무너뜨렸다. 전투 초반에 벌어지는 아시가루 창병대의 전투는 때때로 승부를 결정지을 정도로 중요했다.
　이러한 집단전법이 널리 퍼진 데에는 센고쿠 시대 특유의 이유가 있었다. 센고쿠 시대로 접어들면서 전장이 전국으로 확대되자 더 이상 무사들만으로는 병력을 충당할 수가 없었다. 그래서 농민 등 무사 이외의 인원을 징병해 아시가루로서 전장에 투입했는데, 애당초 무사가 아니었던 이들은 싸우는 방법을 알지 못했다. 그런 아시가루조차 다룰 수 있는 무기가 바로 창이었다. 본래 아시가루는 무사의 보조에 불과했지만 시간이 흐름에 따라 전투를 좌우하는 중요한 존재로 거듭나게 되었다.
　센고쿠 다이묘인 아사쿠라 다카카게는 "금 1만 냥의 칼도 100푼어치 창 100자루를 이기지는 못한다. 100푼의 창을 100명의 잡병에게 들려주는 것이 자신을 지키는 길이다"라는 말로 창의 중요성을 설파했다.

장창의 사용법

장창을 사용한 처절한 전투
센고쿠 시대 전투의 가장 큰 특징은 바로 '장창을 이용한 집단전법'이리라. 창은 상대방보다 공격 범위가 넓을수록 우위에 설 수 있었기에 점점 길어졌고, 전장에서는 압도적인 존재감을 과시하기 시작했다.

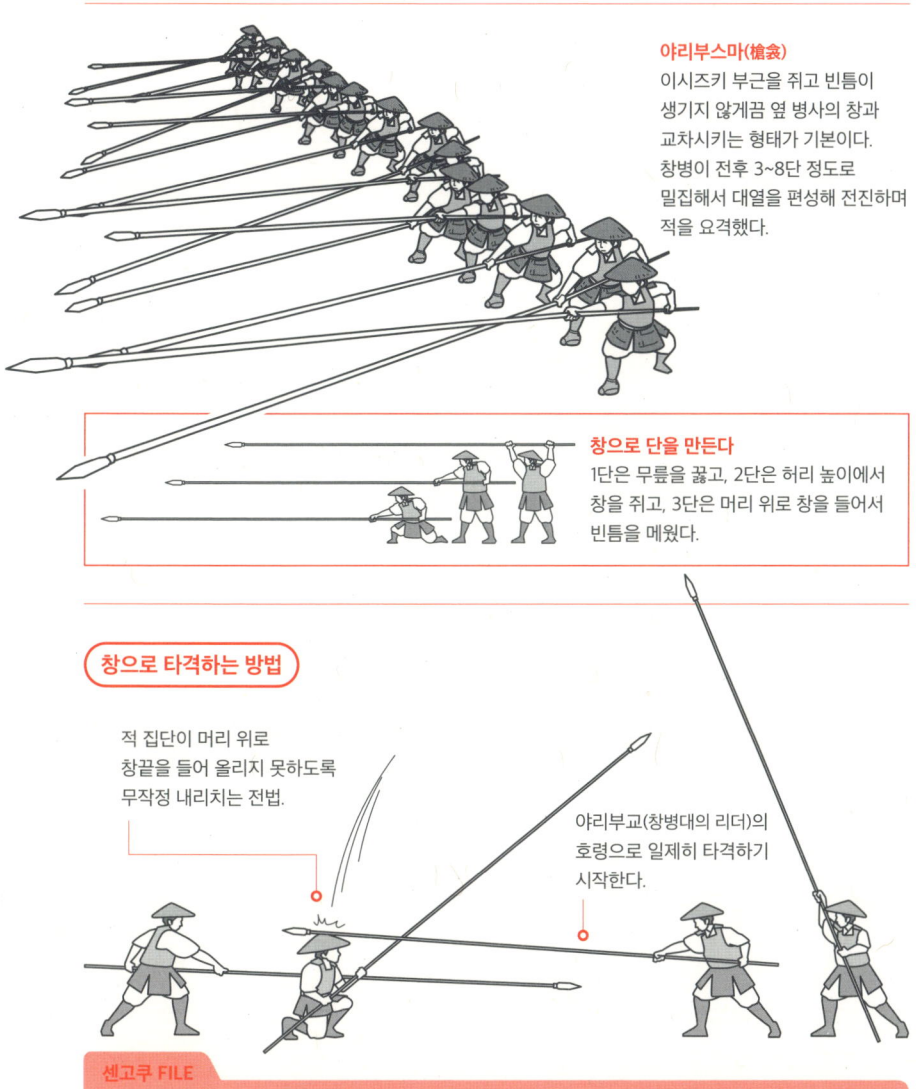

야리부스마(槍衾)
이시즈키 부근을 쥐고 빈틈이 생기지 않게끔 옆 병사의 창과 교차시키는 형태가 기본이다. 창병이 전후 3~8단 정도로 밀집해서 대열을 편성해 전진하며 적을 요격했다.

창으로 단을 만든다
1단은 무릎을 꿇고, 2단은 허리 높이에서 창을 쥐고, 3단은 머리 위로 창을 들어서 빈틈을 메웠다.

창으로 타격하는 방법

적 집단이 머리 위로 창끝을 들어 올리지 못하도록 무작정 내리치는 전법.

야리부교(창병대의 리더)의 호령으로 일제히 타격하기 시작한다.

센고쿠 FILE

아시가루 창병대에게 패배하는 것은 치욕적인 죽음이었다
긴 창대는 탄력성이 뛰어나므로 일렬로 서서 지면에 이시즈키 부분을 꽂아놓은 채 돌격해오는 기마병을 요격하면 병사를 말 위에서 떨어뜨릴 수 있다. 병사를 낙마시켰다면 창병들이 몰려들어 찔러 죽였다. 이러한 경우는 단체전에서 거둔 승리이므로 어느 개인의 공훈으로 이어지지도 않는다. 죽음으로 이름을 떨치는 것이 명예처럼 여겨졌던 이 시대에서는 무척이나 치욕적인 죽음이었던 셈이다.

장창은 빨랫줄도 되고 사다리도 된다!?

해당 인물: 다이묘 | 무사 | 아시가루 | 용병 | 농민
해당 시대: 무로마치 후기 | 센고쿠 초기 | 센고쿠 중기 | 센고쿠 후기 | 에도 초기

❖ 창을 긴 봉이라고 생각하면 빨랫줄로도, 사다리로도 사용할 수 있다

오다 가문이 사용한 2간(약 3.6m)의 장창이 나가에야리의 시초로 여겨진다. 다만 꼭 이 길이여야만 한다는 일정한 기준은 없었다. 전장에서는 적과의 간격이 넓을수록 유리해지기 때문에 창의 길이는 점차 길어졌고, 결국 6m를 넘는 창까지 등장했다. '나가에長柄'는 기존의 나기나타나 미늘창 등을 모두 포함한 명칭이었지만 이러한 상황 속에서 아시가루가 장비하는 긴 창의 총칭으로 자리를 잡았다.

창이 이렇게까지 길어진 탓에 평소 행군 중에는 끄트머리만 잡고 질질 끌고 다니는 경우가 많았다고 한다. 따라서 지면에 닿는 이시즈키는 튼튼하게 만들어졌다. 물론 계속 끌고 다니지는 않았는데, 적 영지 내를 이동할 때나 적이 가까이 있을 때는 어깨에 멨고, 격식을 차려야 할 때는 하늘을 찌르듯 세워서 들기도 했다.

이 나가에야리의 가장 대중적인 사용법은 역시나 내려치기였다. 하지만 난전이 벌어지면 상대방의 다리를 후리거나, 찌르거나, 베거나, 때로는 던지기도 하는 등, 아시가루 나름의 병사다운 사용법도 물론 존재했다.

한편으로 창을 자루가 긴 봉으로 본다면 무기와는 동떨어진 방식으로 사용할 수도 있다. 즉, 일상생활용 도구로 사용하는 방식이다. 예를 들어 장대높이뛰기의 요령으로 강이나 호를 뛰어넘는 데 사용하거나, 물건을 매달아 짐을 옮기는 데 사용하거나, 두 자루의 창을 지주로 삼고 사이에 봉을 엮어서 사다리처럼 만들기도 했다.

평소 행군 중에는 끄트머리만 잡고 질질 끌고 다니는 경우가 많았다고 한다.

장창의 사용법 응용편

창은 찌르는 무기이면서 편리한 도구이기도 했다

창은 전장에서는 무기로 활약하는 한편 전투가 없을 때에도 두루 쓰였다. 말하자면 창은 '긴 봉'이었다. 전투 이외의 용도로도 사용할 수 있는 편리한 도구였던 셈이다.

투척

상대방에게 창을 던져서 허점을 유도한 후 칼을 뽑아 돌진한다. 무사로서는 비겁한 수법이었지만 전장에서는 흔히 사용되었다.

① 창을 상대방을 향해 던진다.

② 놀란 적에게 단숨에 달려들어 칼로 공격.

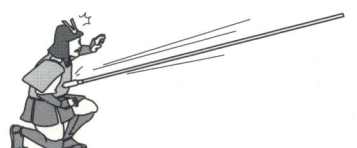

빨랫줄

나무와 나무 사이에 창을 걸어놓으면 빨랫줄처럼 빨랫감을 널어놓을 수도 있었다.

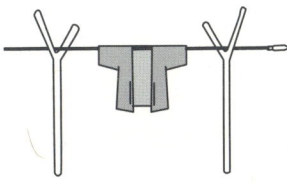

운반

두 자루의 창 사이에 천을 고정시켜놓으면 간이 들것처럼 사용할 수 있었다.

도강

창을 강바닥에 꽂아서 수심을 재거나 그대로 꽂아서 뛰어넘을 수도 있었다.

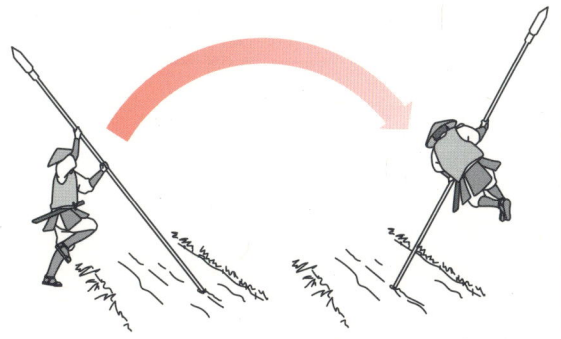

사다리

두 자루의 창 사이에 봉을 엮어서 사다리를 만들 수 있었다.

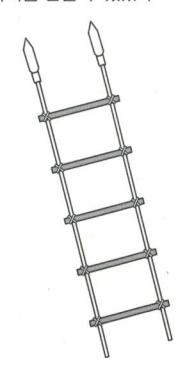

13 무사의 긍지 · 칼은 아시가루도 사용했다

해당 인물					해당 시대				
다이묘	무사	아시가루	용병	농민	무로마치 후기	센고쿠 초기	센고쿠 중기	센고쿠 후기	에도 초기

◆ **아시가루들은 쓰기 쉬운 우치가타나를 허리에 꽂은 채 전장을 누볐다**

일반적으로 날이 양쪽에 달린 도검은 '검劍', 한쪽에만 달린 도검은 '도刀'라고 부른다. 또한 그중에서도 칼몸이 곧은 도는 '직도直刀', 휘어진 도는 '만도彎刀'라고 불러서 구분했다. 이 '만도'가 이른바 일본도다. 나라奈良 시대까지는 도라고 하면 직도를 가리키는 말이었지만 헤이안 시대로 접어들면서 만도가 등장했고, 현재까지 내려오는 일본도의 기본형이 완성되었다.

찌르기에 유리한 직도에 비해 만도는 베기에 유리했다. 헤이안 시대는 말 위에서 칼을 휘두르는 경우가 많았기에 말의 속도를 이용해서 적을 베었다. 따라서 휘어진 편이 더 효과적이었다.

또한 일본도는 칼몸의 길이를 기준으로 '다치太刀', '우치가타나打刀', '와키자시脇差', '단도' 등으로 분류된다. 다치와 우치가타나는 길이가 2척(약 60cm)이 넘어가는 칼이다. 단도는 1척(약 30cm) 미만의 칼이다. 그 중간이 바로 와키자시다.

다치와 우치가타나는 소지하는 방식에 따라 구별된다. 다치는 칼날을 밑으로 해서 끈에 매달지만 우치가타나는 칼날을 위로 해서 허리띠에 꽂는다.

센고쿠 시대로 접어들면서 아시가루들의 집단전투가 전장의 핵심으로 자리를 잡았다. 그때 이들이 사용했던 칼은 가벼우면서도 칼몸이 짧은 우치가타나였다. 일본에서 좁은 의미의 칼刀은 이 우치가타나를 가리킨다. 칼몸의 만듦새는 다치와 거의 동일하지만 다치와는 다르게 날을 위로 향해서 몸에 꽂아두기 때문에 한 번의 동작으로 빠르게 칼을 뽑을 수 있었다. 그리고 칼집에서 뽑기 쉽게끔 칼끝으로 갈수록 휘어져 있었다. 상대를 벨 때는 손목의 스냅을 이용해서 이 휨새를 최대한 살렸다.

짧고 다루기 쉬운 우치가타나는 주로 아시가루 부대가 이용한 무기였다. 하지만 야전용 방어구인 도세이구소쿠當世具足1가 보급되자 다치를 차고 다니던 무장들도 우치가타나를 사용하기 시작했다. 이렇게 칼의 수요가 늘어나면 질보다는 양을 중요시해 대량생산되기 마련이다. 이러한 칼들은 '가즈우치모노數打物', '다바가타나束刀'라고 불렸다.

1 p.72 참조

칼의 부분별 명칭

미술품으로 남은 일본도의 무기로서의 모습

무사라 하면 가장 먼저 떠오르는 무기는 바로 일본도가 아닐까. 무사의 긍지로 여겨지며 지금까지도 몇몇이 미술품으로 남아 있는데, 실제 전장에서는 어떤 활약을 보였을까.

우치가타나의 구성

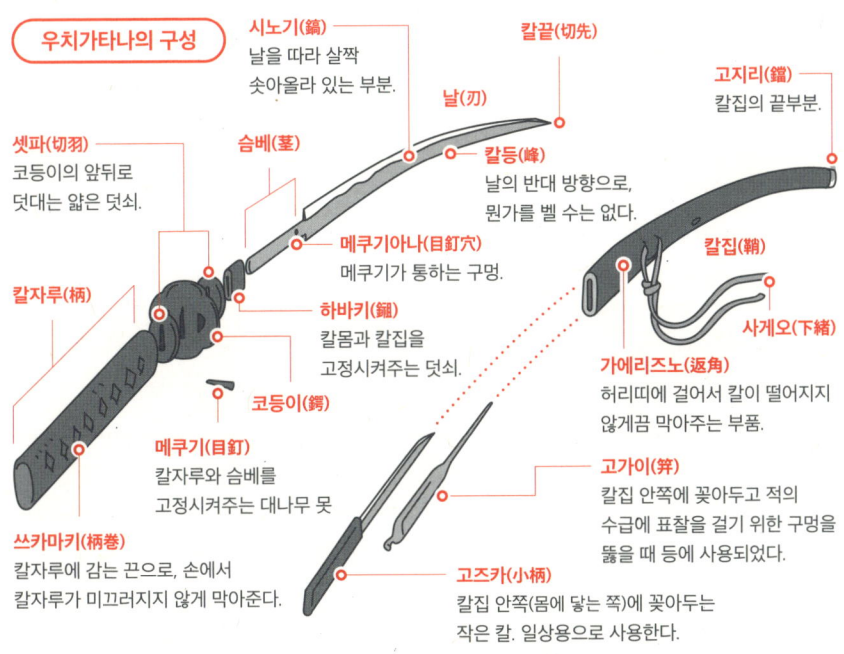

시노기(鎬) — 날을 따라 살짝 솟아올라 있는 부분.

칼끝(切先)

날(刃)

고지리(鐺) — 칼집의 끝부분.

셋파(切羽) — 코등이의 앞뒤로 덧대는 얇은 덧쇠.

슴베(茎)

칼등(峰) — 날의 반대 방향으로, 뭔가를 벨 수는 없다.

칼자루(柄)

메쿠기아나(目釘穴) — 메쿠기가 통하는 구멍.

칼집(鞘)

하바키(鎺) — 칼몸과 칼집을 고정시켜주는 덧쇠.

사게오(下緒)

코등이(鍔)

가에리즈노(返角) — 허리띠에 걸어서 칼이 떨어지지 않게끔 막아주는 부품.

메쿠기(目釘) — 칼자루와 슴베를 고정시켜주는 대나무 못

고가이(笄) — 칼집 안쪽에 꽂아두고 적의 수급에 표찰을 걸기 위한 구멍을 뚫을 때 등에 사용되었다.

쓰카마키(柄巻) — 칼자루에 감는 끈으로, 손에서 칼자루가 미끄러지지 않게 막아준다.

고즈카(小柄) — 칼집 안쪽(몸에 닿는 쪽)에 꽂아두는 작은 칼. 일상용으로 사용한다.

칼의 종류

일본도에는 크게 다섯 종류가 있다.

A - 다치(太刀)
2척(약 60cm) 이상으로, 크게 휘어져 있다. 말 위에서 적을 벨 때 효과적이다.

B - 오다치(大太刀)
3척(약 90cm) 이상의 다치. 제사용으로 봉납되는 경우도 많다.

C - 단도
1척 미만으로 휘어지지 않은 것이 대부분. 호신용이나 암기 등, 주로 보조적으로 사용되었다.

D - 우치가타나(打刀)
2척 이상으로 휨새는 크지 않다. 적당히 짧아서 빠르게 휘두를 수 있다.

E - 와키자시(脇差)
1척(약 30cm) 이상, 2척 이하로, 양식은 우치가타나와 동일하다. 무로마치 시대 이후로는 우치가타나와 한 쌍을 이루는 관습이 자리를 잡았다.

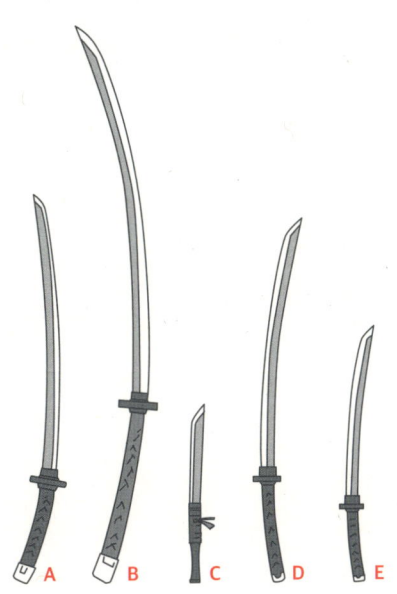

사용법

칼은 어떻게 사용되었을까

실제 전장에서 병사들은 어떻게 칼을 써서 싸웠을까. 상대를 베어서 쓰러뜨리는 무척 단순한 동작이지만 다른 무기로는 대체할 수 없는 칼만의 전투 방식이 존재했다.

타격
피나 기름 때문에 날이 무뎌졌을 경우, 둔기처럼 직접 때려서 타격한다.

마지막 일격
최종적으로 수급을 취할 때 칼로 숨통을 끊는다.

틈새 공격
갑옷의 보호를 받지 못하는 틈새를 노리고 베어서 출혈을 이끌어낸다.

실수로 놓치지 않기 위한 아이디어
만약 피나 땀 때문에 실수로 칼을 떨어뜨리고 말았다면 바로 목이 달아날지도 모른다. 이러한 상황을 방지하기 위해 다누키오(手貫緒)라는 끈으로 손목과 코등이를 고정시켰다.

코등이에 뚫린 구멍에 끈을 꿴다.

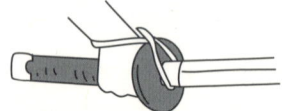

구멍이 없을 때는 하바키 주변을 한 바퀴 감는다.

센고쿠 FILE

고도와 신도

도검에는 몇 가지 분류법이 존재한다. 그중 하나가 바로 1588년, 도요토미 히데요시가 실시한 정책인 '가타나가리(刀狩)*'를 기준으로 옛것을 '고도(古刀)', 새것을 '신도(新刀)'로 구별하는 방식이다. 이를 계기로 전쟁 중에 대량으로 생산된 칼인 가즈우치모노에 대한 재검토가 시작되었다.

* 서민계층이 칼을 소지하지 못하도록 모두 몰수하는 정책

다치와 우치가타나

허리에 '차는' 우치가타나와 '매다는' 다치

앞 페이지에서 설명한 우치가타나와 다치의 차이를 더욱 자세히 알아보자. 시대와 전투 방식이 변할 때마다 칼은 항상 변화를 거쳤다. 그 차이는 단순한 형태나 길이뿐 아니라 사용법이나 효과 면에서도 드러났다.

칼의 소지법

우치가타나와 다치는
허리에 착용하는 방식에 따라 구분할 수 있다.

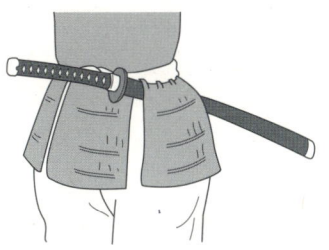 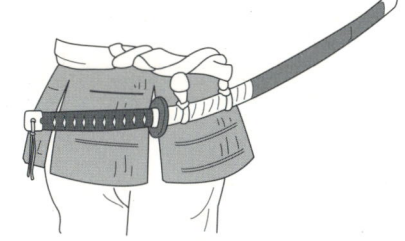

우치가타나
날을 위로 하고 허리띠에
칼집의 가에리즈노를 걸어서 찬다.

다치
날을 아래로 하고
칼집에 끈을 묶어서 허리에 매단다.

칼을 뽑는 법

칼을 차는 법에 따라
칼을 뽑는 단계에서도 변화가 드러난다.

우치가타나

① 날이 왼쪽을 향하게끔 왼손으로 칼집을 비틀고 오른손을 꺾어서 칼을 뽑는다.

② 뽑자마자 칼날이 상대방을 향하므로 한 동작 만에 공격으로 전환할 수 있다.

다치

① 날이 아래를 향해 있으므로 칼을 뽑고 나서 다시 자세를 잡아야 한다.

② 우치가타나보다 한 템포 늦어진다는 문제가 발생한다.

> **column**
>
> **일본도의 예리함에 숨겨진 비밀**
>
> 시노기 ─
>
> 일본도의 가장 큰 특징 중 하나는 바로 '시노기즈쿠리(鎬造)'라 불리는 일본의 독자적인 형태다. 시노기즈쿠리란 칼날의 양면에 시노기(鎬)라 불리는 능선을 만드는 방식으로, 칼날을 한층 날카롭게 만들어준다. 이는 쇠를 수차례나 반복해서 단련하는 기법, 칼날을 담금질해 경도를 높이는 공법, 다른 종류의 쇠를 칼 한 자루에 나누어 쓰는 단련 방법 등의 여러 기술과 조합했을 때 비로소 그 진가를 드러낸다.

사방의 적을 무찌르는 필살의 도검술!

해당 인물: 다이묘 / 무사 / 아시가루 / 용병 / 농민
해당 시대: 무로마치 후기 / 센고쿠 초기 / 센고쿠 중기 / 센고쿠 후기 / 에도 초기

❖ **칼을 사용해 전후좌우에서 공격해오는 적을 받아친다**

적의 옆구리 등, 갑옷이나 투구로 보호받지 못하는 빈틈을 찌른다. 이는 전투에 임했을 때 칼의 기본적인 사용법이다. 고간을 베어 올리는 것 역시 효과적이었으며, 돌격할 때만의 전투 방식도 존재했다.

적에게 다가갔을 경우, 한 손으로 칼을 기세 좋게 뽑은 후 곧바로 오른쪽으로 비스듬히 베어서 정면의 적을 쓰러뜨린다. 그리고 주먹을 비틀어서 칼을 왼쪽 어깨 쪽으로 걸머멘 후 오른쪽의 적을 벤다. 이어서 그대로 칼을 오른쪽에서부터 휘둘러서 왼쪽의 적에게 맞선다. 이러한 연속동작으로 적을 베어나가는 방식이다. 게다가 한 동작 만에 공격으로 전환이 가능한 우치가타나는 여러 방향에서 공격해오는 적에게 곧바로 대응할 수 있다. 이는 난전이 펼쳐지는 전장에서는 큰 이점이었다.

칼뿐만 아니라 날붙이로 상대를 베려면 칼날을 당겨야 한다. 그리고 이때는 베려는 방향과 날의 각도가 정확히 일치해야 한다. 익숙지 않은 사람에게는 쉽지 않겠으나 이를 똑바로 수행하지 못하면 상대방을 제대로 베지 못할 뿐 아니라 소중한 칼날이 상해 쓰지 못하게 되고 만다.

병법에서 말하는 맨살은 흔히 드러난 살갗이 아니라 단순히 갑옷을 걸치지 않은 부분을 가리킨다. 칼은 날붙이 중에서도 특히 상대방을 살상할 목적으로 만들어진 무기이므로 한 번 공격을 받으면 넓은 범위에 상처가 생겨서 잘 아물지 않는다. 가능하다면 직접 살갗에 닿는 경우는 피해야 한다. 그래서 전장에 임할 때 투구가 없다면 수건으로라도 머리를 동여매고 팔에는 최소한 토시라도 착용하는 것이다. 이렇게 장비를 갖춘 적을 상대하려면 베려는 방향과 날의 각도를 정확히 맞출 줄 알아야 했다.

센고쿠 시대에 우치가타나가 보급되면서 무예의 소양이 없는 아시가루가 칼을 들고 싸우는 경우도 비일비재해졌다. 그렇다고는 하나 아무런 기술도 없이는 거듭된 전투에서 살아남기 어려웠으리라.

칼을 뽑는 법

어느 방향에서 공격해오더라도 대응이 가능

적이 반드시 앞에만 있으리라는 보장은 없다. 뒤를 잡힐지도 모르고, 왼쪽이나 오른쪽, 다양한 각도에서의 공격을 예측해야만 한다. 한 동작 만에 공격을 가할 수 있는 우치가타나는 어떠한 상황에서든 알맞게 대응할 수 있다.

앞쪽
칼을 뽑아 밑에서부터 적의 오른손을 베어 올리고, 곧이어 위에서 아래로 벤다.

왼쪽
적이 칼집 방향에 있으므로 우선 한 번 찌른다. 그 다음에 위에서 베어 내린다.

오른쪽
정확히 칼을 뽑는 방향에 적이 있으므로 뽑자마자 그대로 밑에서 베어 올린 후, 곧바로 위에서 아래로 베어 내린다.

뒤쪽
몸을 돌리면서 칼을 뽑아 위에서 베어 내리고, 그대로 다시 위에서 벤다.

센고쿠 FILE

위험하지만 칼을 뽑은 채 달리기도!

전장에서는 한 순간이라도 뒤쳐졌다간 목이 달아나기 마련이다. 우치가타나가 아무리 속도 면에서 뛰어나다 한들 칼집에서 칼을 뽑는 사이에 목숨을 잃는 경우도 있다. 따라서 병사는 한 번 뽑은 칼을 칼집에 집어넣지 않고 어깨에 멘 채 그대로 이동하기도 했다. 이때는 실수로 자신의 목을 베어버리지 않게끔 날을 위쪽으로 올리고 살짝 바깥쪽으로 향하게 했다고 한다.

15 침입·도청·도강—
닌자도구의 폭넓은 용도

해당 인물: 다이묘 | 무사 | 아시가루 | **용병** | 농민

해당 시대: 무로마치 후기 | 센고쿠 초기 | 센고쿠 중기 | 센고쿠 후기 | 에도 초기

❖ **상황에 따라 특수한 도구를 적절히 사용해 첩보·파괴 활동을 수행하는 닌자**

센고쿠 시대의 닌자忍者는 첩보 활동이나 파괴 활동, 암살 등의 특수한 임무를 수행했다. 닌구忍具는 이러한 임무를 수행할 때 사용된 닌자 특유의 도구였다. 이가 닌자의 종가인 후지바야시 나가토노가미의 자손, 후지바야시 사무지야스타케가 저술한 『반센슈카이万川集海』등의 인술서에는 닌구를 용도에 따라 '등기登器(도키)', '수기水器(스이키)', '개기開器(가이키)', '괴기壞器(가이키)', '화기火器(가키)'로 분류하고 있다.

등기(도키)는 높은 곳에 오르기 위한 도구로, 가기나鉤縄 등이 있다. 영화에서 닌자가 벽을 오를 때 자주 사용하는 도구다. 그 외에 사다리가 있는데, 두 개의 봉에 가로목이나 끈을 엮은 사다리가 기본적이었다.

수기(스이키)는 강이나 호를 건너기 위한 도구다. 줄사다리처럼 새끼줄로 만든 사다리를 강의 양 끝단에 걸쳐놓고 갈고리로 고정하는 우키하시浮橋라는 도구가 있다. 또한 닌자의 트레이드마크로 물 위를 걷게 해준다는 미즈구모水蜘蛛라는

도구가 있는데, 물 위를 걷는다는 것은 현실적이지 못하므로 실제로는 넓은 나무판을 간이 보트 삼아서 강물을 건넜으리라.

저택이나 창고의 문을 열기 위한 도구가 바로 개기(가이키)다. 가느다란 쇠붙이의 끝부분이 둘로 나뉘어 있는 자물쇠 따개나 빗장을 부수는 데 사용하는 강철제 하마가리刃曲 등이 있다.

괴기(가이키)는 뭔가를 부수거나 무기로 사용하기 위한 도구다. 닌자도나 수리검, 구나이苦無 등이 그 전형으로, 넓게 보면 첩보용 도구도 여기에 포함된다.

화공이나 살상 등 파괴 목적 외에 봉화나 조명에도 사용되는 도구가 화기(가키)다. 그 대표주자는 역시나 불화살이 아닐까. 작열탄은 호로쿠비야焙烙火矢[1]와 거의 동일한 것으로, 공격이나 위협용 외에도 몸을 숨기기 위한 연막탄으로 사용했다.

그 외에도 다채로운 닌구가 존재한다. 모두 닌자의 본분인 첩보 활동에 지장이 없게끔 휴대성이나 편의성을 추구하고 있다는 점이 가장 큰 특징이다.

[1] p.66 참조

닌구의 종류

실용성 넘치는 다양한 닌구들
등기, 수기, 개기, 괴기, 화기의 다섯 가지로 분류되는 닌구 중에서도 대표적인 닌구를 소개하겠다. 영화나 애니메이션 등에서 자주 등장하는 도구부터 잘 알려지지 않은 도구까지, 실로 다양한 닌구가 존재한다.

대표적인 닌구
은밀한 행동에 특화된 도구들을 이용해 닌자는 임무를 성공시켰다.

가기나와(鉤繩)
등기(登器)의 일종. 높은 벽처럼 고저차가 있는 장소를 이동할 때 사용한다. 휴대하기도 편리하며 적을 묶기도 하고, 혹은 휘둘러서 무기로 사용할 수도 있었다.

닌자도
괴기(壞器)의 일종. 칼몸의 길이는 50cm 전후로, 휴대하기 쉽도록 짧게 만들어져 있다. 또한 담장을 오를 때 칼을 세워두고 코등이를 밟아서 뛰어오를 수도 있다.

코등이

하마가리(刃曲)
개기(開器)의 일종. 빗장을 부수거나 억지로 열기 위한 도구다. 얇은 강철판을 연결한 접이식 구조로 길이를 조절할 수 있다.

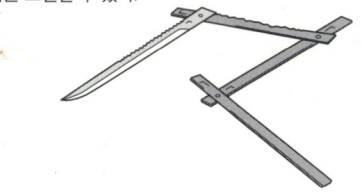

기키가네(聞金)
괴기(壞器)의 일종. 저택 등에 숨어들었을 때 각종 소리나 대화를 엿듣기 위한 도구다. 길이 10cm, 폭 3cm의 금속판을 가느다란 실에 매달아놓은 것으로, 귀를 갖다 대면 소리가 크게 들린다.

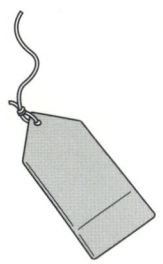

우키하시(浮橋)
수기(水器)의 일종. 강의 양쪽 기슭에 끄트머리를 고정시켜서 다리를 놓는 도구다. 강가에 서식하는 부들 등의 식물과 통나무로 만들기도 했다.

센고쿠 FILE

시노비로쿠구(忍び六具)
닌자의 필수 도구로, 다섯 가지 분류에 따라 알맞게 배치되어 있다. 삿갓(얼굴을 가리기 위한 도구), 가기나와(위쪽 참조), 석필(石筆, 암호 따위를 기록하기 위한 도구), 약(해독이나 화상 치료를 위한 구급약), 3척 수건(끈 대신 사용하거나 얼굴을 가리기 위한 도구), 우치타케(打竹, 불씨를 보존하기 위한 대나무 통)의 여섯 가지 도구다.

16 400m의 비거리를 자랑하는 활

해당 인물: 다이묘 | 무사 | 아시가루 | 용병 | 농민
해당 시대: 무로마치 후기 | 센고쿠 초기 | 센고쿠 중기 | 센고쿠 후기 | 에도 초기

◆ 지금까지 전해지는 전통 무기 중 하나

가마쿠라 시대의 무사들은 날마다 활쏘기 훈련을 게을리하지 않았고, 지금도 야부사메流鏑馬1에서 볼 수 있는 기마궁술에 능했다. 그러다 센고쿠 시대로 접어들면서 활은 보병인 아시가루가 집단으로 사용하는 방식이 주류로 자리를 잡았다. 철포와 연계해 장전할 시간을 벌어주는 것 역시 아시가루 궁병들에게 주어진 막중한 임무였다.

하지만 활은 균형을 잡기가 어려우므로 잘 다루려면 숙련된 기술이 필요하다. 전장의 주무기가 쓰기 쉬운 창으로 이행된 이유는 바로 그 때문이었다.

중세 이전에는 나무를 통째로 깎아서 만든 '마루키유미丸木弓'가 가장 대중적인 활이었다. 이것이 발전해 나무와 대나무를 조합해서 성능을 강화시킨 '합성궁'이 탄생하게 된다. 헤이안 시대 이후로 이 합성궁이 주류를 이루며 일본 특유의 장궁인 와큐和弓로 발전해나갔다. 센고쿠 시대에 많이 사용된 '시호치쿠유미四方竹弓'와 '히고유미弓胎弓' 역시 합성궁이다.

시호치쿠유미는 네모난 나무 심을 대나무로 감싼 활로, 아시가루들이 장비했다. 시호치쿠유미의 발전형인 히고유미는 현대 일본의 궁도에서도 사용된다. 대나무를 쪼갠 히고弓胎를 심으로 삼아 소바키側木 사이에 끼우고, 위아래로 도다케外竹(바깥쪽)와 우치다케內竹(안쪽)를 덧대 탄력성을 강화하면서 사거리가 한층 길어졌다. 길이는 7척 5촌(약 2.27m)이 일반적이었다.

활을 비교할 때 가장 중요한 기준은 바로 유효 사정거리다. 마루키유미가 90~100m인데 비해 합성궁은 180~200m, 히고유미는 200~250m다. 마루키유미의 최대 사정거리가 약 300m인 반면 히고유미는 400m 이상. 이를 보면 히고유미의 우수함을 알 수 있다.

화살은 대나무의 일종인 조릿대나 이대에 깃과 촉을 달아서 만든다. 촉의 종류는 예리하고 뾰족한 '소야征矢', Y자형인 '가리마타雁股', 신분이 높은 장수를 쏘기 위한 '도가리야尖矢' 등 다양했다. 용도에 따라 다른 화살이 사용되었는데, 전장에서 병사들이 가장 많이 사용한 화살은 살상력이 뛰어난 소야였다.

1 달리는 말 위에서 활을 쏘아 과녁을 맞히는 무예

활과 화살의 부분별 명칭

오랫동안 전장에서 활약해온 친숙한 무기

뭔가를 '던진다'는 단순한 동작에서 진화한 활은 인류가 발명한 최초의 원거리 무기라 불린다. 센고쿠 시대에는 부품과 구조 모두 복잡해지면서 다루기 어려워졌지만 여전히 전장의 주요 무기로 활약했다.

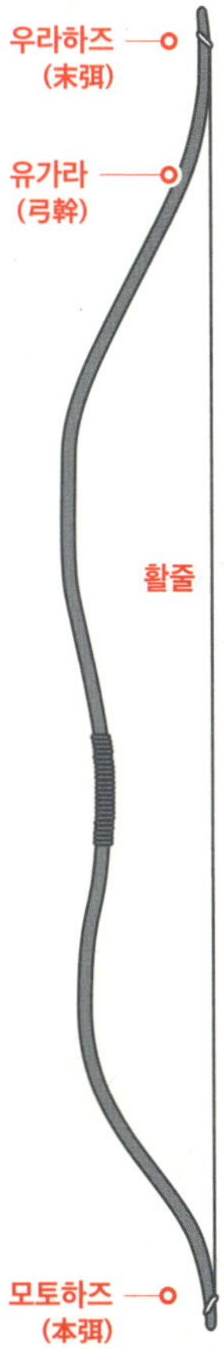

활과 화살의 부분별 명칭

우라하즈(末弭)가 위, 모토하즈(本弭)가 아래로 오도록 든다. 화살의 형태는 지금까지 큰 변화가 없다.

- 우라하즈 (末弭)
- 유가라 (弓幹)
- 활줄
- 모토하즈 (本弭)

- 화살촉
- 화살대
- 살깃
- 오늬

화살촉의 종류

전투시나 야아와세 등, 상황에 따라 다른 화살촉을 사용했다.

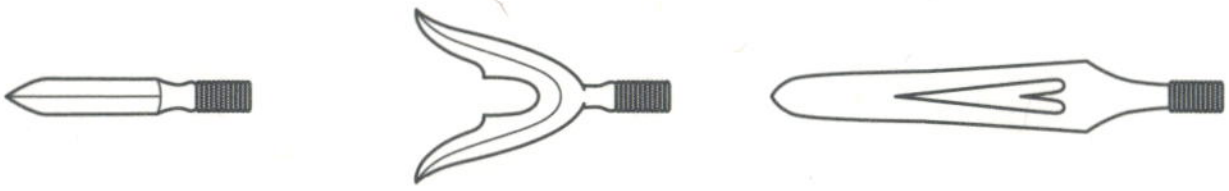

소야(征矢)
가늘고 뾰족해서 깊게 박힌다. 가장 널리 사용되었다.

가리마타(雁股)
Y자형으로 주로 사냥용이었다. 전장에서는 '가부라야'의 역할을 맡기도 했다.

도가리야(尖矢)
전장에서 신분이 높은 무장을 쏘기 위한 특제 화살촉. 화살촉에 자신의 이름을 새기는 것이 통례였다.

가부라야(鏑矢)란?

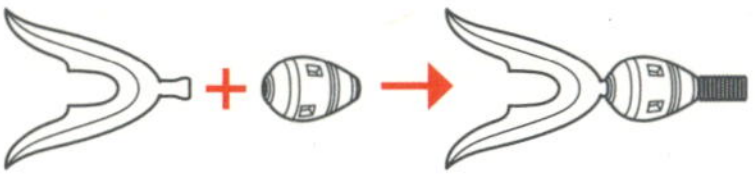

가리마타에 가부라(鏑)*를 부착한 화살로, 가부라의 측면에 뚫린 구멍으로 바람이 들어와 '부웅'하는 날카로운 소리가 난다. 전투 개시를 알리는 신호인 '야아와세'에서 이 가부라야를 사용해 소리로 적군에게 위압감을 주기도 했다.

* 동물의 뿔이나 나무의 속을 파서 둥근 순무를 본 뜬 형태로 가공한 것

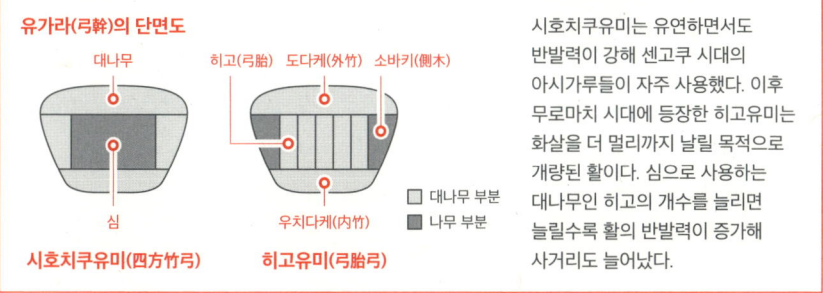

유가라(弓幹)의 단면도

시호치쿠유미(四方竹弓)
- 대나무
- 심

히고유미(弓胎弓)
- 히고(弓胎)
- 도다케(外竹)
- 소바키(側木)
- 우치다케(內竹)

□ 대나무 부분
■ 나무 부분

시호치쿠유미는 유연하면서도 반발력이 강해 센고쿠 시대의 아시가루들이 자주 사용했다. 이후 무로마치 시대에 등장한 히고유미는 화살을 더 멀리까지 날릴 목적으로 개량된 활이다. 심으로 사용하는 대나무인 히고의 개수를 늘리면 늘릴수록 활의 반발력이 증가해 사거리도 늘어났다.

자세

활쏘기 자세는 하나뿐이 아니다!

활쏘기에 자세가 얼마나 중요한가 싶겠지만 전장에서는 상황에 따라 그 자세를 달리해야 했다. 지금의 궁도에서는 서서 쏘기가 기본이지만 센고쿠 시대에서는 한층 유연한, 실용적인 자세가 추구되었다.

자세 ① - 와리히자(割膝)
전장에서의 기본자세. 왼손을 몸에 붙여서 어깨나 옆구리를 보호한 채 화살을 메기고 적에게 다가간다. 사거리에 적이 들어오면 이 와리히자 자세로 적에게 화살을 발사한다.

자세 ② - 야구라(矢倉)
자신이나 적이 천장이 낮은 위치에 있을 때의 자세. 활이 걸리지 않게끔 자세를 낮춘다.

자세 ③ - 도야마에(遠矢前)
야부미(矢文)*를 쏠 때의 자세. 다리를 모으고 화살촉을 위로 향해서 되도록 멀리까지 날아가게끔 했다.

* 화살에 문서나 편지를 묶어서 멀리 떨어진 사람에게 보내는 것

자세 ④ - 기자(跪座)
세워놓은 한쪽 무릎에 5~6대의 화살을 얹어놓고 계속해서 화살을 쏘기 위한 자세. 신속하게 반응할 수 있는 효율적인 자세다.

활쏘기 도구

전장에서 싸우는 궁병들의 필수품

활로 화살을 쏘려면 다양한 장비가 필요했다. 허리에 차거나, 등에 메는 방식으로 항시 예비용 화살을 휴대해 언제든 화살을 쏠 수 있게끔 준비하고 있어야 했다.

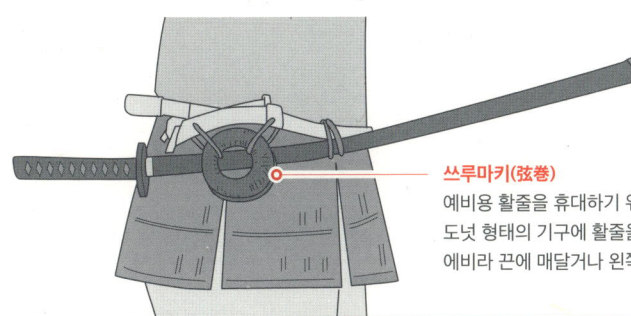

쓰루마키(弦巻)
예비용 활줄을 휴대하기 위한 도구.
도넛 형태의 기구에 활줄을 감아서 아래 그림의 에비라 끈에 매달거나 왼쪽 허리에 휴대했다.

우쓰보(空穂)
등이나 허리에 차는 화살통으로, 구멍(일러스트 왼쪽 부분) 부분에 활을 수납한다. 센고쿠 시대에서는 보통 가부라야 2대, 소야 22대, 도가리야 1대, 도합 25대가 한 세트였다.

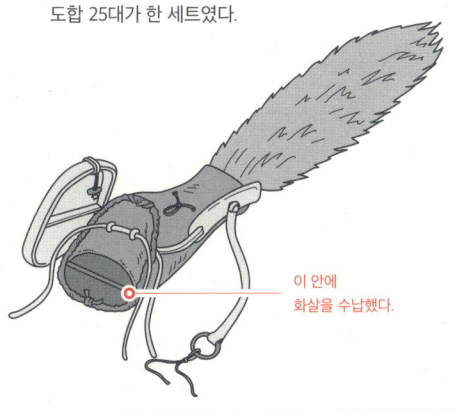

이 안에 화살을 수납했다.

에비라(箙)
화살을 휴대하기 위한 도구의 일종. 가마쿠라 시대부터 사용되기 시작한 것으로, 상자 안에 일렬로 박아놓은 대나무 사이에 화살을 꽂아서 운반했다. 휴대하는 화살의 개수는 16대, 20대, 36대로 정해져 있었다.

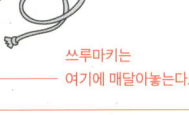

쓰루마키는 여기에 매달아놓는다.

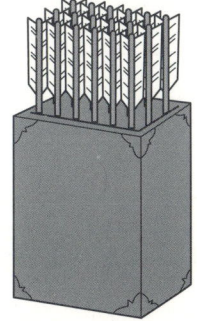

야바코(矢箱)
화살을 넣어서 운반하기 위한 상자. 들고 옮길 수 있으며 지면에 내려놓아도 안정적이다.

> **센고쿠 FILE**
>
> **에비라와 우쓰보, 어느 쪽이 더 좋을까?**
> 우쓰보는 화살이 상하지 않는다는 장점이 있는 반면 에비라만큼 많은 화살을 수납할 수는 없었다. 또한 에비라는 화살이 그대로 노출되어 있기 때문에 화살을 뽑기도 쉬웠다. 이러한 실용적인 면 덕분에 에비라를 더 자주 사용했다고 한다.

17 철포는 아마추어를 어엿한 병사로 만들어준다

해당 인물: 다이묘 | 무사 | 아시가루 | 용병 | 농민
해당 시대: 무로마치 후기 | 센고쿠 초기 | 센고쿠 중기 | 센고쿠 후기 | 에도 초기

❖ **위력뿐만 아니라 다루기 쉽다는 점 또한 대량으로 보급될 수 있었던 이유**

철포가 일본으로 들어온 때는 1543년이었다. 중국의 배를 타고 다네가섬으로 표류해온 포르투갈인을 통해 일본으로 전래되었다. 전장식 화승점화식 총이었기에 '화승총' 혹은 지명에서 유래한 '다네가시마種子島'라는 이름으로 불렸다. 1549년에 벌어진 구로카와사키 전투에서 사쓰마薩摩 지방의 시마즈 가문이 처음으로 실전에 투입했다고 한다.

도검 제조에 종사하던 도공 등의 기술자들이 자신의 기술을 철포 제작에 응용하면서 철포는 빠르게 보급되기 시작했다. 화약은 초석, 황, 숯가루를 조합해서 만들어냈고, 탄환은 녹인 납을 틀에 부어서 주조했다.

강한 위력은 물론, 숙련된 기술이나 타고난 체력 없이도 사용할 수 있다는 점이야말로 기존의 칼이나 활과 다른 철포만의 장점이었다. 무예의 소양이 없는 아시가루도 다룰 수 있다는 이점 덕분에 철포는 널리 보급될 수 있었고, 1600년의 세키가하라 전투 당시 도호쿠 지방의 다이묘 다테 마사무네의 군대는 50% 이상이 철포를 장비했다고 한다. 처음 전래된 지 불과 반세기 만에 멀리 떨어진 북쪽 지방까지 보급된 사실에 철포의 유용성이 고스란히 드러나 있다.

당시 철포의 최대 사정거리는 700m였지만 유효 사정거리는 100m 이내였다. 이 거리에서는 두께 3cm의 판을 관통할 수 있었으며, 50m 이내에서는 갑옷을 관통할 정도로 위력적이었다. 이 거리라면 숙련된 사수가 8~9할의 확률로 목표에 명중시킬 수 있었다. 난전이 펼쳐졌을 때도 2~3할의 명중률이 유지되었으므로 철포에 대한 대책으로 두꺼운 철판을 이용한 도세이구소쿠[1]가 보급되었다.

하지만 절대적인 위력을 지닌 철포에도 약점은 있다. 첫 발사에서 다음 발사로 이어지기까지 약 30초, 익숙해지더라도 20초가 고작이었다는 점이다. 이 약점을 보완하기 위해 철포를 장비한 병사가 앞뒤로 번갈아가며 발사하는 전법이 이용되었다.

[1] p.72 참조

화승총의 구조

화약과 기계장치를 이용한 센고쿠 시대의 최첨단 무기

센고쿠 시대의 철포라 하면 가장 먼저 '화승총'이 떠오르지 않을까. 센고쿠 시대의 전투 방식을 완전히 바꿔놓은 철포는 쇠를 다루는 데 능한 일본 도공들의 손을 거치며 대량으로 생산되기 시작했다.

화승총의 부분별 명칭

가늠쇠와 가늠자는 조준기를 가리키는 말이다. 총신을 받치고 가늠자와 가늠쇠를 이용해 조준점을 맞췄다.

- **시바히키(芝引)**: 개머리판 끝부분의 금속
- **가늠자(元目当)**
- **총신(筒)**
- **가늠쇠(先目当)**
- **방아쇠(引き金)**
- **히모토시(紐通し)**: 끈을 넣는 구멍
- **총대(銃床)**
- **고정못 구멍(目釘穴)**
- **꽂을대(かるか)**

점화장치

불이 붙은 심지(화승)를 화약접시에 떨어뜨려서 접시 안의 화약을 총신의 화약으로 인화시키는 장치.

- **화승(火縄)**
- **용두(火挟)**
- **화약접시(火皿)**
- **하지키가네(弾金)**: 스프링
- **화약뚜껑(火蓋)**
- **가니메(カニ目)**: 스토퍼, 용두를 고정시켜주는 부품

크기 비교

제조 기술을 배운 장인들의 손을 거치며 계속해서 새로운 무기가 개발되었다.

표준형
표준적인 화승총의 크기는 130cm 정도였다.

사마즈쓰(狭間筒)
총신이 길어서 성이나 배 안에서 쏠 때 사용되었다.

바조즈쓰(馬上筒)
말을 탄 채 한 손으로 쏘기 위한 근접전용 총.

단즈쓰(短筒)
품에 숨길 수 있는 소형 바조즈쓰.

대구경총
들고 쏘는 것과 포대에 얹어서 쏘는 것이 있었다.

센고쿠 FILE

철포의 주요 생산지

철포가 가장 많이 생산되던 지역으로는 무역도시인 사카이(堺), 철포 장인이자 용병이었던 집단을 거느렸던 사이카(雑賀), 네고로(根来), 구니토모(国友) 등이 있었다.

- 사카이
- 구니토모
- 네고로
- 사이카

쏘는 법

강한 영향력을 끼칠 수 있었던 비결은 간편한 사용법

화승총은 전쟁터를 뒤흔들 정도의 영향력을 뽐냈다. 사용법이 간단해서 초보자라도 그럭저럭 빠르고 정확하게 적을 맞출 수 있다는 점 때문이었다. 물론 숙달되면 숙달될수록 정밀도는 높아졌다.

사격 자세

기본적으로는 서서 뺨에 대고 쏘지만
그 외에도 안정적인 자세로 사격을 실시했다.

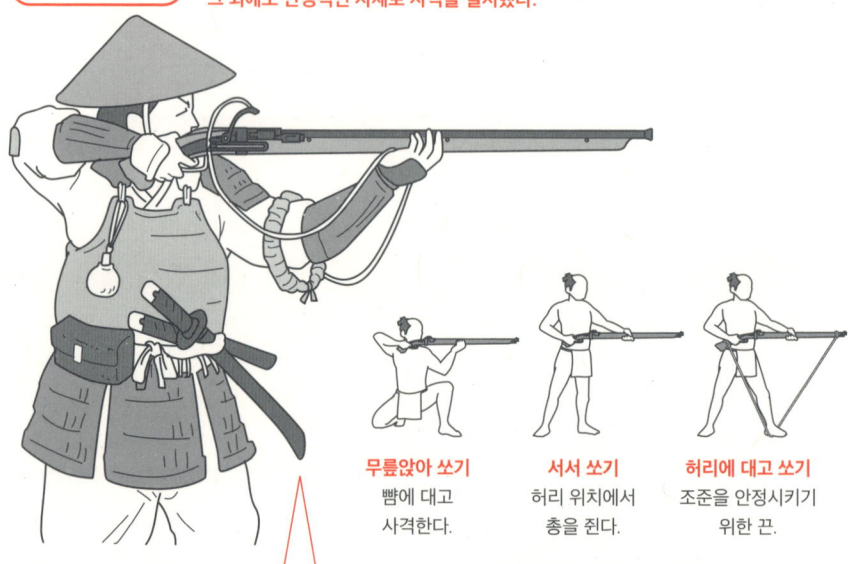

무릎앉아 쏘기
뺨에 대고 사격한다.

서서 쏘기
허리 위치에서 총을 쥔다.

허리에 대고 쏘기
조준을 안정시키기 위한 끈.

발사 방식

① 미리 화승에 불을 붙이고 총구에 우와구스리(上藥)*를 넣는다.
* 발사를 위한 과립형 화약

④ 화약뚜껑을 열어 화약접시에 구치구스리(口藥)*를 넣는다.
* 불이 붙기 쉬운 분말형 화약

⑤ 화약뚜껑을 닫고 불이 붙은 화승 끄트머리를 용두에 고정시킨 후, 조준하고 화약뚜껑을 연다.

② 탄환이 든 주머니에서 꺼낸 탄환 1발을 총구에 넣는다.

③ 꽂을대를 이용해 화약과 탄을 총구 안쪽까지 꾹 밀어 넣는다.

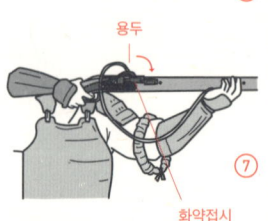
용두
화약접시

⑥ 방아쇠를 당기면 스토퍼가 안으로 들어가면서 용두가 누르고 있던 스프링이 원래대로 돌아가며 용두 끝부분이 밑으로 떨어진다.

⑦ 화승이 화약접시를 때리며 구치구스리에 불이 붙고, 이어서 총신에 넣어둔 우와구스리로 인화되면서 탄환이 발사된다.

철포 아시가루의 장비

철포를 다루는 병사들의 소지품

철포는 다른 무기에 비해 기계장치가 많은 만큼 소지해야 할 도구도 많았다. 하지만 사용법 자체는 하나같이 간단하기 때문에 한 번 익혀두면 무척이나 편리했다.

필요한 도구

철포용 화승이나 화약 등의 장비는 습기가 차면 금세 못 쓰게 되어버리므로 취급에는 세심한 주의가 필요했다.

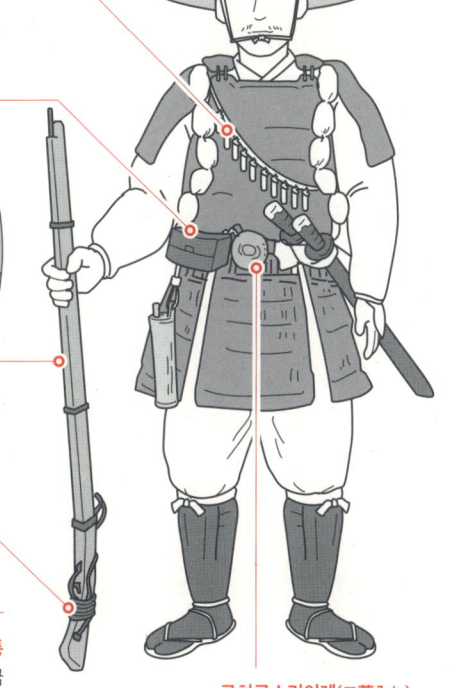

다스키하야고(たすき早合)
하야고를 대량으로 휴대하기 위해 사선으로 매어놓은 끈에 걸어놓는 방식.

하야고이리도란(早合入り胴乱)
하야고를 넣어두는 휴대용 주머니

하야고(早合)
우와구스리와 탄환을 대나무와 종이로 된 통에 채워 넣은 것. 왼쪽 페이지의 ①~③을 동시에 진행시킬 수 있으므로 발사 단계가 생략된다.

총
운반할 때는 예비 꽂을대와 함께 자루에 넣어 다녔다.

화승
화승은 젖으면 사용할 수 없으므로 항상 예비용 화승을 휴대했다.

구치구스리이레(口薬入れ)
분말형 구치구스리를 보관해두는 용기.

그밖에 필요한 도구

화약통
화약이 젖지 않게끔 보관하기 위한 용기.

다마이레(玉入)
탄환을 보관하기 위한 용기. 입구는 탄환 1개분의 크기다.

점화도구
화승에 불을 붙이기 위한 도구

가라스구치(烏口)
다마이레에 끝부분을 밀어 넣어서 탄환을 한 발씩 꺼내는 데 쓰인다.

센고쿠 FILE

화약은 똥으로 만들었다!?
흑색화약에 필요한 재료 중 하나는 바로 '초석'이라는 물질이다. 처음에는 수입에 의존했지만 시간이 흐르며 놀라운 방식으로 생산되기 시작했다. 바로 사람이나 가축의 변에 잡초를 섞은 것에 소변을 눈 후, 구덩이 안에서 수차례 섞어주는 방식이었다. 5년이 지나면 박테리아가 암모니아를 분해해 초석이 생겨나므로 당시는 인분도 중요한 자원이었던 셈이다.

1장

18 철포·활·장창으로 구성된 무적의 부대

해당 인물: 다이묘 | 무사 | 아시가루 | 용병 | 농민

해당 시대: 무로마치 후기 | 센고쿠 초기 | **센고쿠 중기** | **센고쿠 후기** | **에도 초기**

◆ 강한 위력의 철포와 속사가 가능한 활의 연계로 전투를 유리하게 이끌었다

철포가 전래된 초창기만 하더라도 철포대라 해봤자 수십여 명 정도의 소규모 부대에 불과했다. 이들은 실제 전투력보다 발사음으로 적을 위협하기 위해 운용되는 경우가 많았다. 하지만 일본에서 만든 철포가 점차 대량으로 생산되면서 전장에서도 중요한 전력으로 자리를 잡기 시작했다. 특히나 공성전에서 수비 측이 사용할 때 강한 위력을 발휘했다.

종전의 전투는 야아와세[1]에서 시작해 진형이 흐트러졌을 때 총력을 투입해 백병전을 펼치는 것이 통례였다. 시간이 흐르며 여기에 철포대가 더해지면서 사격전이 펼쳐지게 되었다.

전투시에는 궁병대, 창병대, 기마무사대 등, 필요한 병종을 하나의 부대로 모아서 편성한다. 이를 '소나에備'라고 한다. 철포대는 이 소나에의 전방에 서서 전투가 시작되면 궁병대와 함께 적진에 총탄과 화살비를 퍼부었다. 여기서 문제시되는 부분은 탄환을 장전하는 데 필요한 시간이다. 철포는 한 번 쏘고 나면 다음 발사까지 상당한 시간이 걸린다. 따라서 발사 직후 장전을 위해 후퇴하는 방식을 취했다.

이처럼 한 발의 위력은 뛰어나지만 연사가 불가능하다는 점이 철포의 약점이었다. 이러한 상황에서 연사력이 뛰어난 활은 긴요한 존재였다. 철포대가 탄환을 장전하는 동안 궁병대가 지체 없이 적진에 화살을 쏘며 시간을 번다. 그러면 준비를 마친 철포대가 바로 다음 사격에 들어간다. 이것이 당시 자주 사용되었던 '모로야가카리兩矢懸かり'라는 전법이다.

철포와 활에는 저마다 장단점이 있다.[2] 이들을 동시에 운용하면서 둘의 장점이 배가되는 한편으로 단점은 보완되었다. 이렇게 철포와 활의 연계 공격은 센고쿠 시대의 전장에서 주류로 자리매김해갔다.

1 p.16 참조
2 p.60 참조

전선의 포진

활과 철포는 '소나에(備)' 안에서 서로를 보완해주며 한층 강한 위력을 발휘했다

철포, 활, 장창이 서로를 보완하면 한층 효과적인 위력을 발휘할 수 있었다. 이것이 바로 '소나에'다. 원거리 무기인 철포와 활은 서로의 장점을 살려주며 전투를 이끌어나갔다.

'소나에'의 진형

센고쿠 중기로 접어들어 철포가 전력의 핵심을 맡게 되자 철포대는 '소나에'에서 최전선에 포진하게 되었다.

철포대
철포는 탄을 발사하기까지 시간이 걸리기 때문에 궁병대가 이를 보완한다.

궁병대
머리 위로 화살을 발사해 화살비를 퍼부어 적의 진군을 막는다.

창병대
철포가 전선에 가담하기 이전에는 창병대와 궁병대가 서로를 보완했다.

모로야가카리(両矢懸かり)
철포와 화살을 동시에 퍼부어 상대방의 발을 묶은 후 창병대를 투입했다.

센고쿠 FILE

'구루마우치'와 '3단 사격'
화승총은 다음 탄환을 발사하기까지 약 20~30초의 시간이 소모된다. 따라서 장전을 마친 사수부터 앞으로 나오는 '구루마우치(車擊ち)'나, 사격을 마친 사수가 뒤로 물러나 준비를 마친 사수와 교대하는 '3단 사격'이라는 전술로 효율화를 도모했다.

19 신무기와 구식무기를 상황에 맞게 사용해 원거리전을 제압

해당 인물: 다이묘 | 무사 | 아시가루 | 용병 | 농민
해당 시대: 무로마치 후기 | 센고쿠 초기 | 센고쿠 중기 | 센고쿠 후기 | 에도 초기

◆ **철포가 급속도로 보급되는 한편으로 활이 더 효율적인 상황도 존재했다**

실용성만 따진다면 철포가 활보다 압도적으로 뛰어난 무기처럼 보인다. 하지만 철포가 <u>전래된 지 얼마 되지 않은 센고쿠 시대에서 활과 철포는 서로의 장점을 살리며 전장에서 동등한 활약을 펼쳤다.</u>

철포의 장점은 역시나 사정거리와 뛰어난 관통력이다. 당시의 철포에는 지금처럼 탄도를 안정시켜주고 사정거리를 늘리기 위한 강선腔綫1이 새겨져 있지 않았다. 마찰 저항이 없는 만큼 속도는 빨랐고, 당시의 목제 방패로는 화살은 막아도 탄환까지는 막아낼 수 없었다. 게다가 전장에서 울려 퍼지는 철포의 굉음은 상대방의 전의를 무너뜨리고 말을 놀라게 해 기마무사의 기동력을 빼앗는 데에도 효과적이었다.

한편으로 활의 장점은 면 단위의 공격이 가능하다는 사실에 있다. 포물선 궤도를 그리며 날아가는 대량의 화살은 전투 초반에서 자주 볼 수 있는 광경으로, 이는 직선으로 날아가는 무기인 철포로는 불가능하다. 장궁은 발사하기까지의 사이클이 짧아서 연속으로 공격을 가할 수 있다는 점 역시 장점 중 하나다. 철포 사격에 뒤따르는 화약 냄새나 발사음이 없기 때문에 은밀성이나 정숙성에서 앞선다는 점 역시 짚고 넘어가야 할 장점이다. 또한 본래의 사용법 외에도 편지 등을 묶어서 쏘거나 불을 붙여 쏘는 등, 보조적인 용도로도 쓸 수 있었다.

이처럼 일장일단이 있는 활과 철포지만 철포가 급속도로 보급된 이유를 생각할 때 잊어서는 안 될 사실은 바로 사용하기 쉽다는 점이다.

<u>활을 효과적으로 당기려면 상당한 힘과 어느 정도의 숙련도가 요구된다. 하지만 철포는 누가 쏘더라도 일정 수준의 전술적 효과를 기대할 수 있었다.</u> 탄도는 불안정했지만 가령 접근해오는 기마무사를 노려서 쏴야 할 상황이라면 전혀 문제 될 부분이 없다. 평범한 아시가루를 어엿한 병사로 바꿔주는 셈이니 한 지방의 영주라면 철포를 채택하지 않을 이유가 있을까. 이런 까닭에 철포는 센고쿠 시대에 급속도로 퍼져나가게 되었다.

---

1 포신이나 총신 내부에 나선형으로 파인 골

상황에 따른 철포와 활의 성능 비교

서로의 단점과 장점을 보완해가며 사용되었다

센고쿠 시대에는 철포가 비약적으로 보급되었지만 구식 원거리 도구인 활을 완벽히 대체한 것은 아니었기에 전투는 둘이 서로를 보완하는 형태로 전개되었다. 각각의 단점과 장점을 살펴보자.

활 / 철포

공격 범위

- 활: 범위가 넓다. 포물선을 그리듯 날아가므로 면 단위로 제압이 가능하다.
- 철포: 범위가 좁다. 한 점에 집중되므로 관통력이 뛰어나다. 위압감을 가하는 효과도 있다.

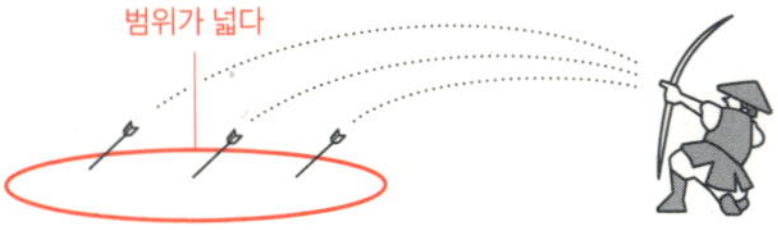

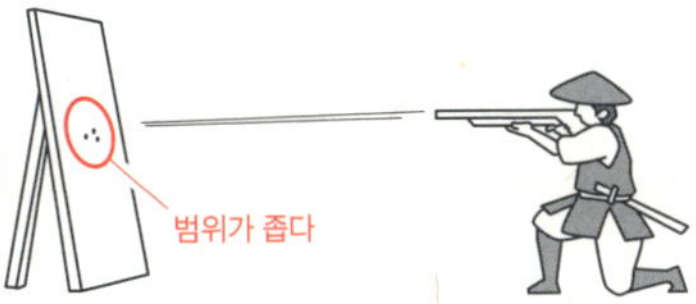

소리

- 활: 발사음이 작기 때문에 편지 따위를 묶어서 쏘는 등 은밀한 행동이 가능하다.
- 철포: 굉음으로 전의를 꺾거나 말을 놀라게 할 수 있다.

속도

- 활: 준비→발사까지의 사이클이 짧아서 대응이 빠르다.
- 철포: 준비에 시간이 걸리지만 탄속 자체는 빠르다.

---

column — 철포에 빗물막이를!?

철포는 활에 없는 또 하나의 약점을 갖고 있다. 바로 '비에 약하다'는 점이다. 그래서 개발된 것이 철포의 발화장치 부분만 비를 막아주는 방식이다. 간단하지만 이로써 일단은 문제가 해결되었다.

센고쿠 최강의 전투병기·대포

해당 인물: 다이묘 | 무사 | 아시가루 | 용병 | 농민
해당 시대: 무로마치 후기 | 센고쿠 초기 | 센고쿠 중기 | 센고쿠 후기 | 에도 초기

❖ 압도적인 파괴력 덕분에 선박이나 성에 대한 효과는 절대적

1576년, 분고豊後[1]의 기독교도 다이묘 오토모 소린이 포르투갈 상선으로부터 일본 최초로 대포를 손에 넣었다. 포신 뒤로 포탄과 화약을 장전하는 후장식 불랑기포라는 종류의 대포로, 구경은 약 9.5cm, 포신은 약 2.8m나 되었다고 한다. 소린은 이 대포에 '구니쿠즈시国崩し[2]'라는 이름을 붙였다. 이는 대포가 그만큼 강력한 병기였다는 가장 확실한 증거가 아닐까.

당시의 대포는 포탄의 무게를 기준 삼아 세 종류로 나눌 수 있다. 중량이 100돈(375g) 미만이면 '대철포(가카에오즈쓰抱え大筒)', 1관(3750g) 미만이면 '오즈쓰大筒', 1관 이상은 '이시비야石火矢'로 분류했다.

'대철포'는 이름에서 알 수 있듯이 대형 철포로, 화승총의 메커니즘을 그대로 대구경화한 결과물이라고 보면 되겠다. 아니면 받침대 없이 사수가 들고 쏘는 대포를 대철포로 보기도 한다. 오른쪽의 그림처럼 가마니를 쌓아 받침대로 사용하기도 했다.

오토모 소린이 손에 넣은 구니쿠즈시는 대형포인 이시비야의 일종으로 분류된다. 대포는 파괴력은 뛰어나지만 대체로 무겁기 때문에 운반이 여의치 않아 처음에는 육상전이 아닌 해상전이나 공성전에 사용되는 경우가 많았다.

포탄이나 화약을 장전하는 방식에 따라 대포를 분류한다면 구니쿠즈시와 같은 후장식 외에도 포신 앞으로 장전하는 전장식 대포가 있다. 전장식은 포신의 뒷부분이 밀폐되어 있기 때문에 발사 시에 위력이 거의 감소되지 않는다. 따라서 초탄이 빠르고 위력이 강하다는 장점이 있었지만 두 발 째를 장전하는 데 시간이 걸리며 포신을 청소하기 어렵다는 단점도 존재했다. 서양에서 건너온 수입 대포는 후장식이 주류였지만 철포 제조 기술을 응용해서 제작한 초기의 일본제 대포는 위력을 중시해 전장식을 따랐다.

가마니를 쌓아 받침대로 사용하기도 했다.

1 지금의 오이타현
2 한 나라를 무너뜨릴 만큼 강력한 무기라는 뜻

구조와 종류

구조에 따라 생겨나는 장점과 단점

철포의 뒤를 잇듯 센고쿠 시대에 서양으로부터 전래된 무기인 대포. 초창기에는 대포를 경시했지만 시대가 지남에 따라 단순히 수입하는 데 그치지 않고 직접 제작까지 하게 되었다.

대포의 구조

대포의 구조는 장전 방식에 따라 두 종류로 분류된다.

후장식
포신의 뒤쪽에서 포탄을 장전하는 형식.

장점 - 빠르게 발사가 가능하다.
단점 - 알맞은 크기의 포탄을 사용하지 않으면 폭발할 위험이 있다.

전장식
포신 앞으로 포탄을 장전하는 형식

장점 - 밀폐된 만큼 발사 속도가 빠르다.
단점 - 두 번째 포탄을 장전하는 데 시간이 오래 걸린다.

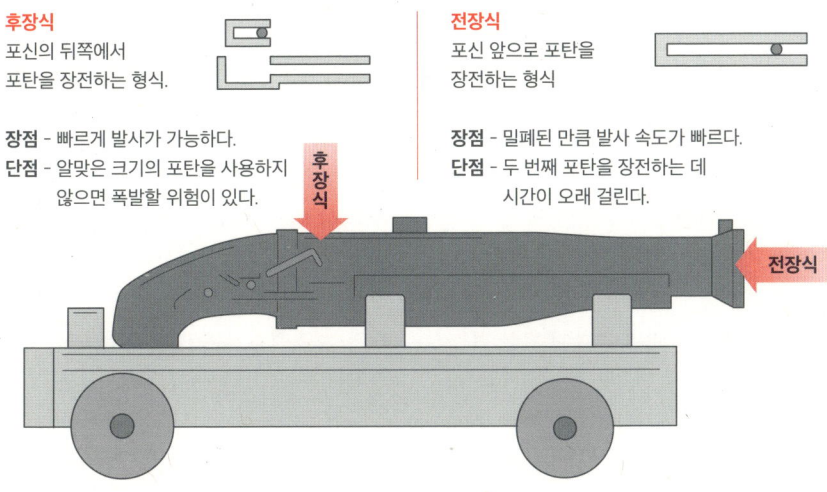

대포의 종류

전장에서 실제 사용된 대포에 대해 알아보자.

오즈쓰(大筒)
철포를 크게 키워놓은 형태. 분류 방법은 앞서 언급된 그대로이나 들고 쏘는 타입과 내려놓고 쏘는 타입이 있었다.

일본제 대포
이시비야의 일종. 임진왜란 이후로 많이 제조되었다. 전장식으로, 성벽 등을 파괴할 만큼 위력이 뛰어났다.

불랑기포
이시비야의 일종. 후장식으로 뒤쪽에서 탄을 장전하며 받침대에 고정해서 사용했다.

결정적 사건

난공불락의 오사카성을 함락시킨 대포

1614년의 오사카 겨울의 진 당시, 도쿠가와 군은 두 겹의 해자로 둘러싸인 난공불락의 오사카성을 공략하는 데 애를 먹고 있었다. 그때 사용된 병기가 바로 대량의 대포였다. 해자를 무시하고 성벽이나 망루를 파괴해 압박감을 안겨줄 수 있었던 대포가 도요토미 가문에서 화친을 이끌어낸 요인 중 하나라고도 일컬어진다.

21 칼에 맞아 죽은 병사보다 돌에 맞아 죽은 병사가 더 많았다!?

전투의 법도

해당 인물					해당 시대			
다이묘	무사	아시가루	용병	농민	무로마치 후기	센고쿠 초기	센고쿠 중기	센고쿠 후기	에도 초기

❖ **가성비로 따지면 칼보다도 우수한 무기였다!?**

센고쿠 시대에 사용된 무기 중에서 적에게 가장 큰 피해를 입힌 것은 활, 그 다음은 철포였다고 한다. 이들 무기는 원거리 공격이 가능하며 살상력 역시 뛰어나니 납득이 간다. 세 번째는 창이었다. 창을 장비한 아시가루1이 활약했을 당시의 전투 양상을 고려해보면 이 또한 고개가 끄덕여진다. 그럼 칼은 어땠을까. 사실 칼은 다섯 번째다. 네 번째는 놀랍게도 돌이었다. 전장에서 입게 되는 상처 중에서 약 1할이 돌에 맞은 상처였다고 한다.

설령 조약돌이라 해도 정확히 맞으면 피해는 엄청나다. 급소를 잘못 맞으면 치명상을 입거나 시력을 잃게 될 수도 있다. 타박상이나 열상에 그쳤다 해도 이후의 전투에는 적잖이 영향을 끼치게 된다. 이렇게 강력한 무기가 언제 어디서 날아올지 모른다는 공포감 역시 병사의 사기를 꺾어놓는 데에는 효과적이었다. 또한 사용하는 입장에서 보자면 주변에서 쉽게 조달할 수 있다는 장점이 있었다.

단순히 손에 들고 던지는 것도 물론 가능하다. 하지만 전용 도구를 사용하면 더욱 멀리, 더욱 강하게 공격할 수 있다. 줄팔매는 이를 위한 도구다. 사용법은 우선 돌을 걸어놓은 상태에서 끈을 반으로 접고, 양 끝을 손가락으로 쥔다. 그리고 소프트볼을 던지는 요령으로 한쪽 끈을 놓으면 원심력으로 돌이 날아가는 원리다. 이때의 속도는 시속 80km. 사정거리는 무려 50~60m나 되었다고 한다.

다만 일본의 센고쿠 시대에서는 돌 탄환을 사용한 '석총'이라는 무기도 존재하긴 했으나 투석이라는 방식 자체가 쇠퇴하고 말았기 때문에 줄팔매 등의 도구를 이용한 본격적인 투석병이 조직된 기록은 남아 있지 않다. 어디까지나 손으로 던지는 방식이 일반적이었는지 다른 나라들에서 볼 수 있는 전용 도구는 거의 개발되지 않았던 것으로 보인다.

1 p.38 참조

 **투석 방법**

간단한 만큼 사용하기도 편한 원거리 무기
돌을 던지는 행위는 무척이나 간단하지만 그 공격에 뒤따르는 실명·타박상·열상 등의 효과는 무시하지 못할 수준이다. 여기서는 여러 외국에서 사용된 실전적인 투석 방법을 소개하겠다.

줄팔매
돌을 더욱 효과적으로 던지기 위한 보조도구.
전 세계에서 사용되면서 그 실용성이 입증된 바 있다.

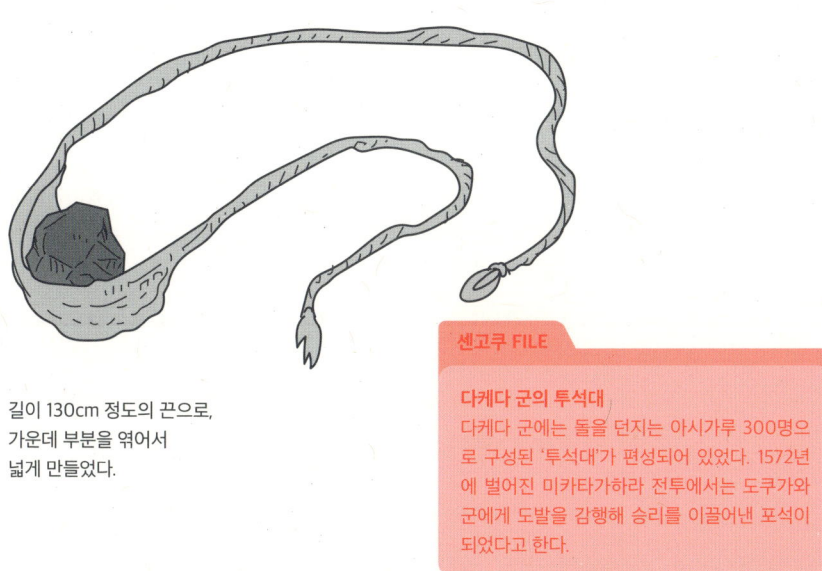

길이 130cm 정도의 끈으로, 가운데 부분을 엮어서 넓게 만들었다.

센고쿠 FILE

다케다 군의 투석대
다케다 군에는 돌을 던지는 아시가루 300명으로 구성된 '투석대'가 편성되어 있었다. 1572년에 벌어진 미카타가하라 전투에서는 도쿠가와 군에게 도발을 감행해 승리를 이끌어낸 포석이 되었다고 한다.

투석의 방법
원심력을 이용해 더욱 강한 힘으로 돌을 던질 수 있었다.
투석은 아래의 절차에 따라 행해졌다.

① 중앙의 넓은 부분에 돌을 올려놓고 띠를 반으로 접은 뒤 양 끝을 움켜쥔다.

② 자신을 기준으로 했을 때 시계방향으로, 손목을 중심으로 회전시킨다.

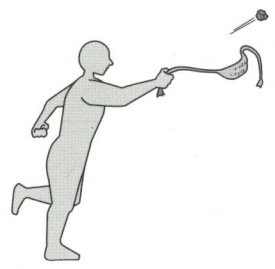
③ 속도가 붙었다면 한쪽 끝을 놓아 멀리 던진다.

22 화약을 사용한 최신식 무기

해당 인물: 다이묘 | 무사 | **아시가루** | **용병** | **농민**

해당 시대: 무로마치 후기 | 센고쿠 초조 | **센고쿠 중기** | **센고쿠 후기** | **에도 초기**

❖ **대포·호로쿠비야·바조즈쓰 —
센고쿠 시대를 장식한 신무기들**

철포의 등장으로 전장의 양상은 크게 달라졌다. 전력의 차이가 적다면, 화력을 이용해 손쉽게 전황을 뒤집을 수 있게 되었다. 이처럼 전투의 양상이 달라짐에 따라 또 다른 신무기들이 전장에 속속 투입되기 시작했다.

이시비야石火矢라고도 불리는 '불랑기포'는 서양에서 수입된 청동제 대포를 가리킨다.[1] 굉음과 파괴력은 엄청났지만 화약의 소비량이 많은 데다 운반하기에도 적합하지 않았으므로 처음 수입되었을 때만 하더라도 많이 보급되지는 않았다. 하지만 1592~1598년, 임진왜란과 정유재란 당시 조선 해군의 함선에 설치된 대포에 큰 곤욕을 치르며 대포의 위력 역시 재평가되었다. 이후로 일본제 대포가 생산되기 시작했다.

'호로쿠비야焙烙火矢'는 화약을 채운 용기를 적에게 던지는 일종의 수류탄이다. 구슬玉처럼 생긴 것이 많았기 때문에 호로쿠다마焙烙玉라 불리기도 했다. 조리용 토기인 '호로쿠焙烙' 두 개를 붙이고 안에 화약을 채워서 만들기 때문에 화약 외에 납탄이나 쇳조각을 넣어 살상력을 높일 수도 있었다. 화약에 불이 붙으며 불꽃을 내뿜으므로 목조선을 사용하던 센고쿠 시대에는 적선에 불을 붙일 목적으로 해상전에서도 자주 사용되었다. 요란한 폭발음에는 상대방을 동요케 하는 효과도 있었다.

총신이 길어서 장전하기 불편한 철포의 경우, 말 위에서 사격하기에는 부적합했다. 이를 극복하기 위해 개발된 권총 형태의 화승총이 바로 '바조즈쓰馬上筒'였다. 사정거리는 30m밖에 되지 않았지만 한 손으로 쏠 수 있기 때문에 호신용으로 휴대하기에는 충분했다. 따라서 에도 시대에는 더욱 널리 보급되었다고 한다.

이처럼 수많은 무기가 탄생하는 가운데 센고쿠 시대의 전투 양상은 시대와 함께 변화해나갔다.

[1] p.62 참조

화기

화기는 당시의 최첨단 무기였다

1543년에 화승총이 전래된 이후로 일본에서는 다양한 화기가 수입되고 개발되어왔다. 이는 일본의 전쟁 방식에 일대 혁신을 불러왔고, 큰 영향력을 행사했다. 그중에서도 특징적인 세 가지 화기를 살펴보자.

불랑기포

사정거리가 짧기 때문에 많이 보급되지는 않았지만 미리 배나 성벽에 설치해놓을 수 있으므로 해전이나 성곽전에서 큰 효과를 발휘했다.

장점 - 축벽이나 망루 등을 한 번에 파괴할 수 있다.
단점 - 크기 때문에 운반하기가 어렵다.

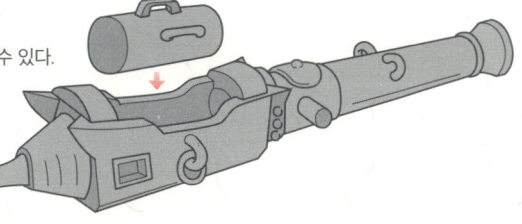

호로쿠비야(焙烙火矢)

동그란 도자기 용기에 화약을 채운 일종의 수류탄. 상대방을 향해 던지면 폭풍·화염·폭발음으로 매우 큰 효과를 거둘 수 있었다.

장점 - 살상력이 뛰어나며 화염과 바람으로도 공격을 가할 수 있다.
단점 - 실수로 터뜨릴 경우 막대한 피해를 입게 된다.

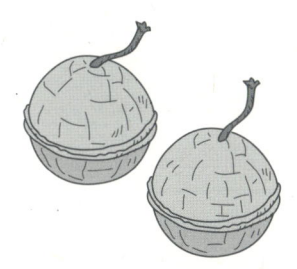

바조즈쓰(馬上筒)

짧고 가벼워서 휴대하기 편한 권총 형태의 화승총. 1615년, 오사카 여름의 진에서도 실제로 사용된 기록이 남아 있다.

장점 - 호신용으로 휴대할 수 있다.
단점 - 사정거리가 30m밖에 되지 않는다.

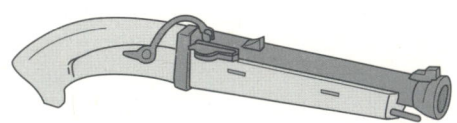

---

column

전란이 끝나자 화약은 불꽃놀이에 사용되었다

에도 시대에 접어들어 전란이 막을 내리자 화약은 불꽃놀이에 사용되는 경우가 많아졌다. 1613년에는 도쿠가와 이에야스도 불꽃놀이를 구경했고, 그 이후로도 여름철의 볼거리로 에도 토박이들에게 큰 사랑을 받아왔다. 참고로 호로쿠비야를 나무로 만든 발사대에서 발사하는 방식은 불꽃놀이와 거의 같은 원리라고 한다.

투구는 방어 성능뿐만 아니라 멋도 중요했다

해당 인물: 다이묘, 무사, 아시가루, 용병, 농민
해당 시대: 무로마치 후기, 센고쿠 초기, 센고쿠 중기, 센고쿠 후기, 에도 초기

❖ 급소인 머리를 지켜주는 핵심 장비

머리를 지켜주는 투구는 갑옷과 하나의 세트로 오랫동안 이용되어왔다. 초기에는 대륙의 영향을 강하게 받았지만 일본에서 독자적으로 제작한 갑옷인 오요로이大鎧[1]가 등장하면서 투구에서도 '호시카부토星兜', '스지카부토筋兜'와 같은 일본 특유의 양식이 생겨났다.

호시카부토는 여러 장의 철판을 못으로 연결한 투구로, 이 못을 호시星(별)라고 불렀기 때문에 호시카부토라는 이름이 붙었다. 센고쿠 시대로 접어들면서 못의 크기는 작아지고 개수도 많아졌다. 스지카부토는 철판을 덧댈 때 철판의 테두리를 구부려서 줄기(筋)처럼 모양을 잡았기 때문에 이러한 이름이 붙었다. 따라서 호시카부토와는 다르게 구조상 못이 보이지 않는다. 모두 장식적인 의미가 강했지만 못과 줄기 모양의 테두리는 충격을 완화시키는 데에도 어느 정도 효과가 있었다.

시간이 흘러 도세이구소쿠[2]가 탄생하면서 다양하고 기발한 디자인의 투구가 유행하기 시작했다. 예전에는 투구의 소재로 철 이외에 가죽도 사용되었지만 세월의 흐름에 따라 거의 철제로 통일되었다. 하지만 특이하게 생긴 가와리카부토変わり兜라는 투구 스타일이 유행하면서 가공하기 쉽도록 아교로 굳힌 가죽도 사용되었다.

가와리카부토는 실용성 이상으로 전장에서 자신을 돋보이게 하기 위한 목적이 강했다. 따라서 자연히 화려한 디자인이 늘어났고, 투구의 머리 부분 자체를 가공하는 데에서 그치지 않고 특수한 소재나 '다테모노立物'를 이용해 개성을 드러내기도 했다.

다테모노는 투구의 머리나 챙 부분에 붙이는 장식물로, 일본 투구의 독자적인 요소라고 볼 수 있다. 투구를 착용한 무장의 용맹함을 과시하기 위한 것으로 헤이안 시대부터 등장하기 시작했다. '투구뿔', '덴쓰키天衝[3]', '반달' 등의 형태가 일반적이었다. 센고쿠 시대로 접어들면서 무장들은 도세이구소쿠에 맞게 거울이나 검, 부채, 동식물이나 새, 병풍, 못이나 톱, 악기 등, 다양한 디자인으로 자신만의 개성을 뽐냈다. 다테 마사무네의 트레이드 마크로 유명한 초승달을 본뜬 거대한 다테모노 역시 좋은 예이다.

1 p.72 참조
2 p.72 참조
3 끝부분이 뾰족한 U자 형태

투구의 종류

방어력뿐만 아니라 장식성도 중시했다

머리는 인간의 급소 중 하나이기 때문에 단단히 방어해야 했다. 다양한 형태의 투구가 만들어졌지만 일반 병사들은 간단한 형태의 즈나리카부토(頭形兜)를 주로 사용한 듯하다.

투구의 부분별 명칭

센고쿠 시대의 투구에는 실로 다양한 디자인이 존재했다.

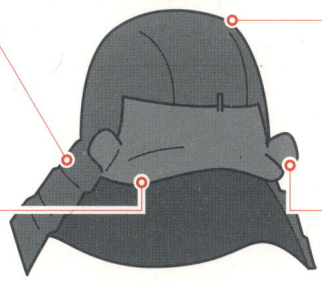

시코로(錣)
하치에서 이어져 내려오는 부분으로, 목 언저리와 뒤통수를 보호한다.

하치(鉢)
머리를 덮어서 보호해주는 부분. 한 장의 철판을 두드려서 만들거나 여러 장을 덧대서 만든다.

마비사시(眉庇)
전방으로 돌출된 챙 부분으로, 이마를 보호해준다.

후키가에시(吹返)
시코로에서 양쪽 끝이 접혀진 부분. 이 부분을 장식하는 경우가 많았다.

투구의 종류

   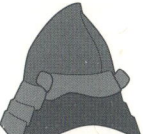 

난반나리카부토(南蛮形兜)
철판을 맞붙인 뒤 중앙에 줄기를 세운다.

호시카부토(星兜)
철판을 못으로 연결한 투구. 헤이안 시대부터 사용되었다.

즈나리카부토(頭形兜)
센고쿠 시대에 가장 널리 사용되었다. 머리의 생김새를 따라 동그란 형태를 띠고 있다.

돗파이나리카부토(突盔形兜)
스지카부토를 간략하게 만든 투구. 머리 부분이 비교적 뾰족하다.

스지카부토(筋兜)
하치에 사용된 철판의 이음매가 줄기의 형태를 띠고 있다.

유명한 무사의 독특한 투구

총대장답게 위엄이 느껴지는 디자인이다.

 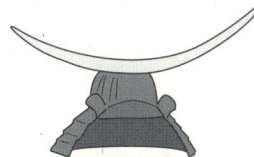 

혼다 다다카쓰
검게 칠해진 투구와 웅장한 사슴뿔이 특징이다.

다테 마사무네
커다란 초승달 모양의 다테모노가 달려 있다.

구로다 간베에
사발을 본뜬 독특한 디자인이 특징이다.

24 방어성을 추구함에 따라 얼굴은 점점 가려졌다

해당 인물: 다이묘 | 무사 | 아시가루 | 용병 | 농민

해당 시대: 무로마치 후기 | 센고쿠 초기 | 센고쿠 중기 | 센고쿠 후기 | 에도 초기

◆ **갑옷과 투구만으로는 지킬 수 없는 안면을 지켜주는 장비**

안면 공격은 치명상으로 이어진다. 목숨은 건진다 하더라도 눈을 공격당하면 전투력이 급감하게 된다. 면구面具는 문자 그대로 이처럼 중요한 안면을 지켜주는 전용 방어구다.

'한쓰부리半首'는 무로마치 시대부터 사용된 면구다. 옻칠을 한 단철제 면구로, 이마와 뺨을 가려주는 디자인이다. 당시의 전투를 묘사한 두루마리에도 등장한 한쓰부리는 가장 오래된 면구라고 볼 수 있다.

하지만 한쓰부리를 완벽한 방어구라고 부르기는 힘들었다. 센고쿠 시대에 도세이구소쿠1가 탄생하면서 면구 또한 그에 맞춘 것이 제작되기 시작했다. '한보半頰' 역시 그중 하나였다. 한쓰부리는 얼굴 윗부분을 감싸는 형태지만 한보는 그 반대다. 뺨부터 아래턱까지, 입을 감싸듯 방어해주는 구조다. 도세이구소쿠에 부속된 고구소쿠小具足2로서 다양한 형태가 제작되었는데, 목을 지키기 위해 목 앞쪽을 덮어주는 부품인 '스가垂'가 달려 있다는 점이 특징이다.

'소멘惣面, 혹은 総面'은 얼굴 전체를 방어하기 위한 면구다. 한보를 발전시킨 형태로, 이마 부분까지 보완한 궁극의 면구라 할 수 있으리라. 서양과의 무역을 통해 전래된 난반나리카부토南蛮形兜에서 영향을 받은 듯하다. 이들 면구의 소재로는 철, 아교로 굳힌 가죽을 사용했으며 옻칠로 마무리했다.

한쓰부리나 한보를 보완해주는 고구소쿠로 '노도와喉輪'와 '구루와曲輪'가 있다. 목을 창이나 칼끝으로부터 지키기 위한 방어구로, 노도와는 한쓰부리와 함께, 목 주위를 옷깃처럼 감싸주는 구루와는 한보와 함께 사용해 방어력을 높였다.

참고로 신분이 낮은 아시가루는 간단하게 이마만을 막아주는 '히타이아테額当'가 일반적이었다. 머리띠에 철판을 꿰매서 머리에 감는 매우 간단한 형태의 방어구다.

신분이 낮은 아시가루는 간단하게 이마만을 막아주는 '히타이아테'가 일반적이었다.

1 p.72 참조
2 한 벌의 갑주에서 투구와 갑옷, 팔 부분을 제외한 부분

면구의 종류

얼굴까지 가려서 완벽한 방어를 추구
도세이구소쿠가 등장하기 전까지만 해도 급소인 얼굴은 줄곧 무방비한 상태였다. 이 문제를 해결해준 장비가 바로 면구로, 멘포(面頰)라고도 불린다. 철포까지는 막지 못하지만 칼이나 화살을 막아주는 데에는 효과적이었다.

면구의 방어 성능
얼굴을 가리는 범위가 늘어남에 따라 방어 성능 역시 향상되었다.

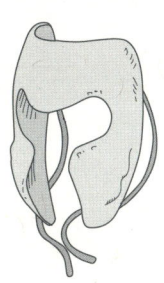

한쓰부리(半首)
방어 범위 – 뺨~이마
주로 무로마치 이전에 사용된, 초기부터 존재한 면구.

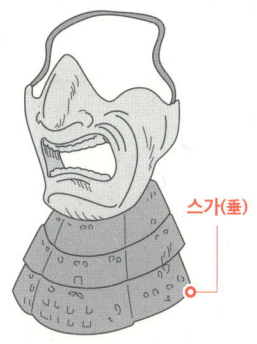

스가(垂)

한보(半頰)
방어 범위 – 뺨~아래턱
무로마치 시대 이후로 도세이구소쿠의 부속품으로서 제작되기 시작했다. 턱 밑으로 목을 방어해주는 장비가 추가되기도 했다.

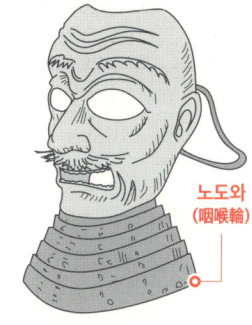

노도와(咽喉輪)

소멘(惣面)
방어 범위 – 안면 전체
가면처럼 생긴 면구. 위압감을 주기 위해 금니나 수염을 장식하는 경우도 있었다.

낮다 ← 방어력 → 높다

센고쿠 FILE
가게무샤에게도 유용했던 면구
센고쿠 시대는 당연히 사진이 없었기 때문에 적군은 전해들은 생김새나 장비만으로 본인지 아닌지를 판단해야 했다. 따라서 대장을 지키기 위한 대역인 가게무샤(影武者)는 소멘으로 얼굴을 가려서 손쉽게 적의 눈을 속일 수 있었다.

갑옷의 빈틈을 방어하기 위한 아이디어
얼굴만큼 넓은 면적은 아니지만 빈틈이 생겨날 수밖에 없는 부분을 보호하기 위해 다양한 방어구가 만들어졌다.

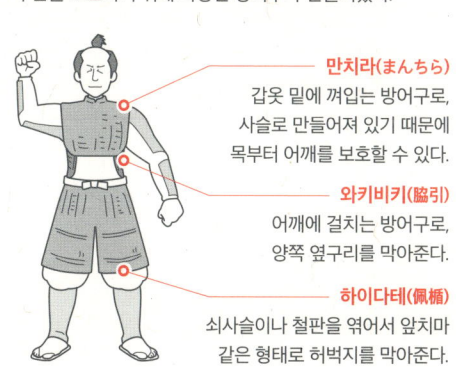

만치라(まんちら)
갑옷 밑에 껴입는 방어구로, 사슬로 만들어져 있기 때문에 목부터 어깨를 보호할 수 있다.

와키비키(脇引)
어깨에 걸치는 방어구로, 양쪽 옆구리를 막아준다.

하이다테(佩楯)
쇠사슬이나 철판을 엮어서 앞치마 같은 형태로 허벅지를 막아준다.

갑옷은 2000년에 걸쳐 실전성을 손에 넣었다

해당 인물: 다이묘 | 무사 | 아시가루 | 용병 | 농민

해당 시대: 무로마치 후기 | 센고쿠 초기 | 센고쿠 중기 | 센고쿠 후기 | 에도 초기

◆ 방어력이 뛰어난 도세이구소쿠는 실용성과 장식성을 겸비했다

　일본에서는 야요이 시대[1]부터 이미 갑옷이 사용되고 있었다. 그중에서도 '조합식 목갑'이 고고학적으로 가장 오래된 갑옷이라 한다. 이후로 고훈 시대[2]부터 헤이안 시대 중반까지는 일본식 '단갑短甲'과 대륙 기마민족의 갑옷 형식인 '괘갑挂甲'이 사용되었다. 고훈 시대의 갑옷은 당시의 토기인 하니와埴輪에 그 형태가 남아 있어서 생김새를 알 수 있으나 나라 시대의 단갑과 괘갑은 현재 남아 있지 않아 문헌을 통해 형태를 유추할 수밖에 없다.

　그리고 무사가 등장한 헤이안 시대에는 '오요로이大鎧'라는 갑옷이 탄생했다. 말 타기나 활쏘기에 적합한 일본 특유의 갑옷이다. 주로 무장이나 상급무사가 착용했으며, 점차 호화로워지면서 겐페이 시대[3]에 완성되었다.

　한편 일반 보병은 도보 전투에 적합한 '도마루胴丸'라는 간소한 갑옷을 착용했다. 또한 도마루에서 한층 더 간략해진 '하라마키腹巻'나 '하라아테腹当'도 생겨났다. 이러한 흐름은 전투 방식이 기마 사격전에서 백병전으로 이행된 센고쿠 시대에서는 필연적이었는데, 도보 전투에는 방어력보다 기동성이 우선시되었기 때문이다. 오요로이를 사용하는 상급무사들도 이러한 갑옷에 투구나 팔 부분을 맞춰서 착용하기 시작했다.

　센고쿠 시대 말, 아시가루 창병대와 서양에서 건너온 신병기인 철포가 전장의 주역으로 자리 잡게 되자 전술의 변화에 발맞춰 새로운 형태의 갑옷이 탄생했으니, 바로 '도세이구소쿠当世具足'였다. '도세이当世'란 '지금의', '현대의'를, '구소쿠具足'란 '온전히 갖춰진 갑옷'을 의미한다. 투구, 도마루(혹은 하라마키), 소데袖의 세부분에 고구소쿠小具足로 면구나 노도와, 고테籠手, 하이다테佩楯 등이 부속된다.

　도세이구소쿠는 오요로이보다 15kg 정도 가벼우며 칼이나 창으로부터의 공격에도 빈틈이 없게끔 제작되었으므로 백병전에 적합했다. 철포를 막아낼 만한 강도와 디자인이 선호되었으며, 서양 갑옷을 모방한 난반도南蛮胴 역시 유행했다. 사무라이 대장 정도의 무사들은 실용성보다는 시선을 끌기 위해 기발한 디자인의 갑옷을 착용하는 경우가 많았다.

1　기원전 3세기~기원후 3세기
2　3세기 중반~7세기 말
3　11세기 말부터 미나모토노 요리토모가 무사정권을 확립하게 되는 12세기 말까지의 약 100년 간

도세이구소쿠의 부분별 명칭

다양한 방어 기능을 갖춘 갑옷

71페이지에서 설명한 갑옷의 약점을 보완하기 위해 여러 부분을 보강했다. 여기에 무게까지 가벼워지면서 센고쿠 시대 특유의 속도 중시의 전투에도 충분히 대응할 수 있는 형태가 갖춰졌다.

구소쿠의 구성

이처럼 모든 부속을 장비하면 완벽한 방어가 가능했다.

면구
무방비한 안면을 보호하기 위한 장비(p.70 참조).

고히레(小鰭)
어깨를 보호해주는 부분과 고테를 연결해 어깨의 빈틈을 가려준다.

노도와(喉輪)
급소인 목을 가려서 방어하기 위한 장비.

구사즈리(草摺)
허리 주변과 허벅지를 덮어서 보호한다.

하이다테(佩楯)
허벅지~무릎을 보호한다. 도세이구소쿠에는 반드시 부속되었다.

스네아테(臑当)
피륙에 철판이나 사슬을 꿰맨 정강이 보호대.

투구
전통적인 호시카부토부터 가볍고 실전적인 모모나리카부토(桃形兜) 등 다양한 종류가 있다(p.68 참조).

에리마와시(襟廻し)
등 뒤에서 날아드는 공격으로부터 목 주변을 방어한다.

소데(袖)
이전 시대의 형태가 남아 있지만 한층 가벼워졌다.

고테(籠手)
소재는 가죽이나 철로, 손등부터 팔을 보호한다.

도(胴)
몸통 갑옷. 상반신부터 허리까지를 폭넓게 보호한다. 넓은 철판을 사용하므로 창이나 철포에 대한 방어력이 뛰어나다.

몸통 갑옷의 종류

갑옷도 주문 제작식이었다

도세이구소쿠의 특징은 몸통 갑옷의 생김새에 확연히 드러난다. 사용자의 취향에 맞게 재료나 형식을 조합할 수 있기 때문에 장식성을 중시할 경우에는 철저하게 개성적인 형태로 제작되었다.

몸통 갑옷의 형태

두껍고 넓은 철판을 사용해 방어 성능을 높였다.

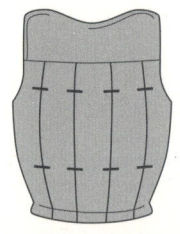   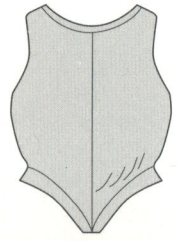

오케가와도(桶側胴)
기본적인 몸통 갑옷으로 가장 널리 사용되었다. 철판과 철판을 세로로 접합한 방식으로, 비교적 가벼우며 방어 성능도 뛰어났다.

다다미도(畳胴)
장방형 금속판을 사슬로 연결한 갑옷. 이음매 부분이 자유롭게 움직이기 때문에 접어서 휴대할 수 있었다.

호토케도(仏胴)
표면이 매끄러워서 1장의 철판으로 만들어진 것처럼 보인다. 실제로는 이음매가 보이지 않도록 가공한 것으로, 왼쪽 옆구리에 달린 경첩으로 열고 닫았다.

난반도(南蛮胴)
견고한 서양식 갑옷을 모방해 제작했다. 탄환이나 창끝이 비껴가게끔 전면의 중심 부분이 불룩하게 솟아 있다.

신분에 따른 장비의 차이

신분이 낮으면 그만큼 장비에 들일 수 있는 돈도 적기 때문에 자연히 간소해졌다.

① ② ③

센고쿠 FILE

갑옷은 '전장의 예복'이었다
지금까지 미술품으로 남아 있듯이 갑옷은 실용성뿐만 아니라 미적 요소도 중요시되었다. 이는 목숨이 오가는 전장에서의 '예복'이라는 측면도 있었기 때문이리라.

① 아시가루
간단하게 구성된 장비로, 급소 등을 모두 가리지 못하는 경우가 많다.

② 무사
신분의 고하에 따라 차이는 있지만 기본적으로 방어도는 높았다.

③ 대장
가와리카부토(変わり兜)나 진바오리(陣羽織)*와 같은 눈에 띄는 차림새로 지휘를 했다.

*갑옷 위에 걸치는 비단 외투의 일종

갑옷의 변천

갑옷은 시대에 맞춰 진화한다

센고쿠 시대로 접어들어 한층 실용적인 도세이구소쿠가 완성되었다. 시대의 흐름과 함께 변해가는 갑옷을 보면 전투에 알맞게 형태가 변화해왔음을 느낄 수 있다.

| 헤이안 | 가마쿠라 | 남북조 | 무로마치 | 센고쿠 |

점차 권위의 상징으로

오요로이(大鎧)
말 위에서 싸울 때의 가동범위가 넓어서 공격과 방어 모두에 뛰어나다. 실용성뿐 아니라 미적 가치도 높다. 기마무사가 착용했다.

점차 상급무사들도 착용하기 시작

도마루(胴丸)
헤이안 시대에는 중~하급무사 보병들이 착용했다. 간소하기 때문에 경쾌하게 움직일 수 있다는 점이 특징으로, 센고쿠 시대의 도세이구소쿠의 기본이 되었다.

도세이구소쿠의 기본이 되었다

하라마키(腹巻)
도마루를 한층 더 간소화한 갑옷. 몸에 두르고 등 쪽에서 고정시키기 때문에 방어 성능은 낮지만 착용하기 간편했다.

하라아테(腹当)
하라마키를 다시 간소화한 갑옷. 보호되는 부분은 몸통 전면과 좌우측뿐이지만 가벼우므로 날렵하게 움직일 수 있었다. 하급무사나 아시가루 궁병, 몸이 가벼워야 유리한 산악전 등에서 사용되었다.

---

column

다케다·사나다·이이 가문의 '아카조나에'

무기와 방어구를 빨갛게 통일한 부대인 '아카조나에(赤備え)'는 다케다 가문의 대명사다. 이후로 다케다 가문의 가신이었던 사나다 가문, 그리고 다케다 가문이 멸망한 후 도쿠가와 가문 휘하의 이이 가문이 아카조나에를 계승하면서 세키가하라 전투에서는 붉은 갑옷으로 맞춘 병사들이 대립하게 된다.

26 방패로 활과 철포를 막을 수 있을까?

해당 인물 다이묘 | 무사 | 아시가루 | 용병 | 농민
해당 시대 무로마치 후기 | 센고쿠 초기 | 센고쿠 중기 | 센고쿠 후기 | 에도 초기

❖ **날아오는 화살과 탄환을 막아라!**
  전통적인 방어구, 방패

오래전부터 칼이나 창을 막기 위해서 방패를 사용해왔다. 처음에는 나무판 뒤에 손잡이 같은 자루가 달린 '데다테持楯, 혹은 모치다테持楯'가 주류였다. '손쓸 도리가 없다'를 일본어로는 '데다테가나이 手立てがない¹'라고 하는데, 이 말은 위의 데다테持楯에서 유래한다는 설도 있다.

그런데 중세로 접어들어 칼이나 창을 양손으로 다루게 되고 이에 따라 갑옷의 방어 성능도 발달하면서 손으로 드는 방패는 전장에서 거의 자취를 감추게 된다. 그 대신 지면에 고정시키는 대형 방패인 '가이다테搔楯'가 주류로 자리 잡았다.

가이다테는 두꺼운 나무판 2장을 세로로 세워서 붙인 폭 50cm, 높이 150cm 정도의 방패로, 지지대를 이용해 지면에 세워서 사용했다. 이때 폭과 높이의 기준은 각각 몸의 너비와 눈높이였다. 또한 표면에는 흔히 가문의 문장을 그려 넣었다.

전장에서 가이다테의 기본적인 운용법은 3개를 1조로 편성해 한 줄로 세워놓는 방식이었지만 공격을 하기 위해 일부러 앞뒤로 살짝 틈이 생기게끔 배치하기

도 했다. 이러한 형태를 '메도리바めどり羽'라고 한다.

센고쿠 시대를 논할 때면 철포의 전래를 빼놓을 수 없다. 기존의 가이다테는 화살을 막기에는 좋았지만 서양에서 건너온 이 신무기까지는 막아내지 못했다. 그래서 만들어진 것이 바로 '다케타바竹束'²였다.

당시의 철포(화승총)는 포신에 강선이 새겨져 있지 않아서 대나무 다발을 관통할 정도의 위력은 없었기 때문이다. 또한 둥글게 묶어놓은 형태는 탄환을 받아내기 위함이 아니라 튕겨내는 것이 목적이었다. 따라서 효과적으로 운용하기 위해 탄환의 입사각에 대해 예각을 이루게끔 설치했다. 지면에 세워두는 것을 전제로 한 대형 다케타바와 손에 드는 소형 다케타바가 있었다.

---

1 ~がない는 '~가 없다'의 의미
2 p.104 참조

방패의 사용법

원거리 무기가 보급되면서 진화해온 방패

방패로는 대개 사람의 눈높이 정도 높이의 '가이다테'와 작고 간편한 '데다테'가 있었다. 처음에는 화살만 막으면 충분했기에 문제가 없었지만 철포가 보급되면서 방어 성능을 높인 '다케타바'가 필요해졌다.

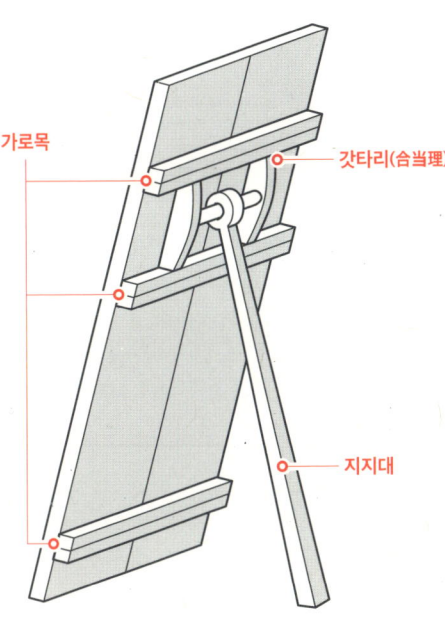

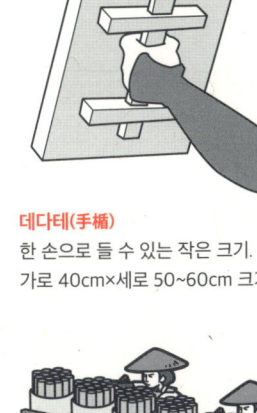

데다테(手楯)
한 손으로 들 수 있는 작은 크기. 대개 가로 40cm×세로 50~60cm 크기였다.

가이다테(搔楯)
높이는 눈높이, 폭은 사람의 몸 너비가 기준이었다. 이 방패를 이용해 화살로부터 몸을 숨길 수 있었지만 탄환에는 뚫리고 말았다. 에도 시대로 접어들자 철포를 쏘기 위해 열고 닫을 수 있는 창문을 달기도 했다.

다케타바(竹束)
새끼줄로 대나무를 묶어서 만드는 방패. 총탄으로부터 몸을 지킬 수 있었다. 공성전이 벌어지면 상대방의 총탄으로부터 몸을 지키기 위해 자주 사용되었다.

이동할 때는…

지지대를 잡은 채 전방을 지키며 전진한다.

지지대를 어깨에 짊어지고 운반한다.

센고쿠 FILE

일본의 방패는 대중적이지 않다?
일본의 방패는 야요이 시대에 처음 만들어져 헤이안 시대에 형태가 확립되었고, 이후 19세기에 이르기까지 큰 변화가 없었다. 헤이안 시대에 탄생한 오요로이의 뛰어난 방어력 덕분에 개인이 방패를 사용할 일이 거의 없어졌기 때문이다.

27 적을 해치울 때 노려야 할 급소

해당 인물: 다이묘 / 무사 / 아시가루 / 용병 / 농민

해당 시대: 무로마치 후기 / 센고쿠 초기 / 센고쿠 중기 / 센고쿠 후기 / 에도 초기

❖ **중무장을 한 채 백병전을 펼칠 때는 상대가 입은 갑옷의 빈틈을 찔러라!**

이전까지 주류였던 기마 사격전에서 백병전으로 전투의 양상이 변해가자 착용하는 갑옷 역시 그에 따라 변해갔다. 그리고 등장한 갑옷이 바로 도세이구소쿠[1]였다.

갑옷과 투구를 비롯한 방어구는 애당초 왜 만들어졌을까. 두말할 필요도 없이 몸을 지키기 위해서다. 그중에서도 공격을 받으면 치명상이 되는 인체의 급소를 방어하는 것이 가장 큰 목적으로, 시대에 따라 변해가는 전투 방식에 맞춰서 발전해나갔다. 그렇다면 백병전용으로 만들어진 도세이구소쿠를 착용한 적을 상대할 때 급소를 노릴 방법은 없었을까? 꼭 그렇지는 않았다.

도세이구소쿠가 아무리 중무장이라 해도 공격할 부분은 있다. 전투복인 이상 전투가 벌어졌을 때 착용자의 발목을 잡아서는 안 된다. 따라서 백병전용의 도세이구소쿠는 움직이기 쉽게끔 필연적으로 가동부위가 많아질 수밖에 없었다. 이는 상대방의 시점에서 본다면 공격하기 딱 좋은 약점이었다.

부품이 세분화되어 있다는 구소쿠의 특징 역시 경계면에 빈틈이 생겨난다는 점에서 보자면 단점이라 할 수 있다. 센고쿠 시대에 탄생한 '가이샤 검법介者剣法[2]'은 이러한 약점을 막기 위해 만들어진 검술이지만 동시에 구소쿠를 착용한 적을 공략하기 위한 검술이기도 했다.

도세이구소쿠에 상성이 좋은 무기도 있다. 바로 장병기[3]다. 창으로 대표되는 장병기는 백병전용 무기이기는 하지만 도검보다 먼 거리에서 공격할 수 있다는 장점이 있다. '나가마키'나 '나기나타' 역시 마찬가지다. 이런 장병기를 장비한 무사의 전투 방식은 멀리서 도세이구소쿠의 약점을 찌르는 것이었다. 간격을 살려서 나가마키나 나기나타로 적의 다리를 후리거나 빈틈이 보일 경우 고간을 베어 올렸다. '나기가마雉鎌[4]'로 투구를 쳐낸 후 목을 베거나 겨드랑이 밑을 베는 전법은 중무장을 한 상대의 빈틈을 교묘하게 노린 전법이었다.

1 p.72 참조
2 p.80 참조
3 p.34 참조
4 자루가 긴 낫처럼 생긴 무기

도세이구소쿠의 약점

갑옷의 빈틈을 뚫고 적에게 치명상을 입힐 방법은?

일반 병사들은 장비에 투자할 돈도 없었고, 완전 무장인 도세이구소쿠라 하여 모든 급소를 완벽하게 방어할 수 있는 것도 아니었다. 구소쿠의 빈틈, 안면, 혈관이 모이는 부위 등, 전장에서는 효율적으로 치명상을 입히는 것이 중요하다.

도세이구소쿠의 약점

장비를 제대로 갖추지 않는다면 고스란히 노출되는 신체부위가 생겨나고 만다.

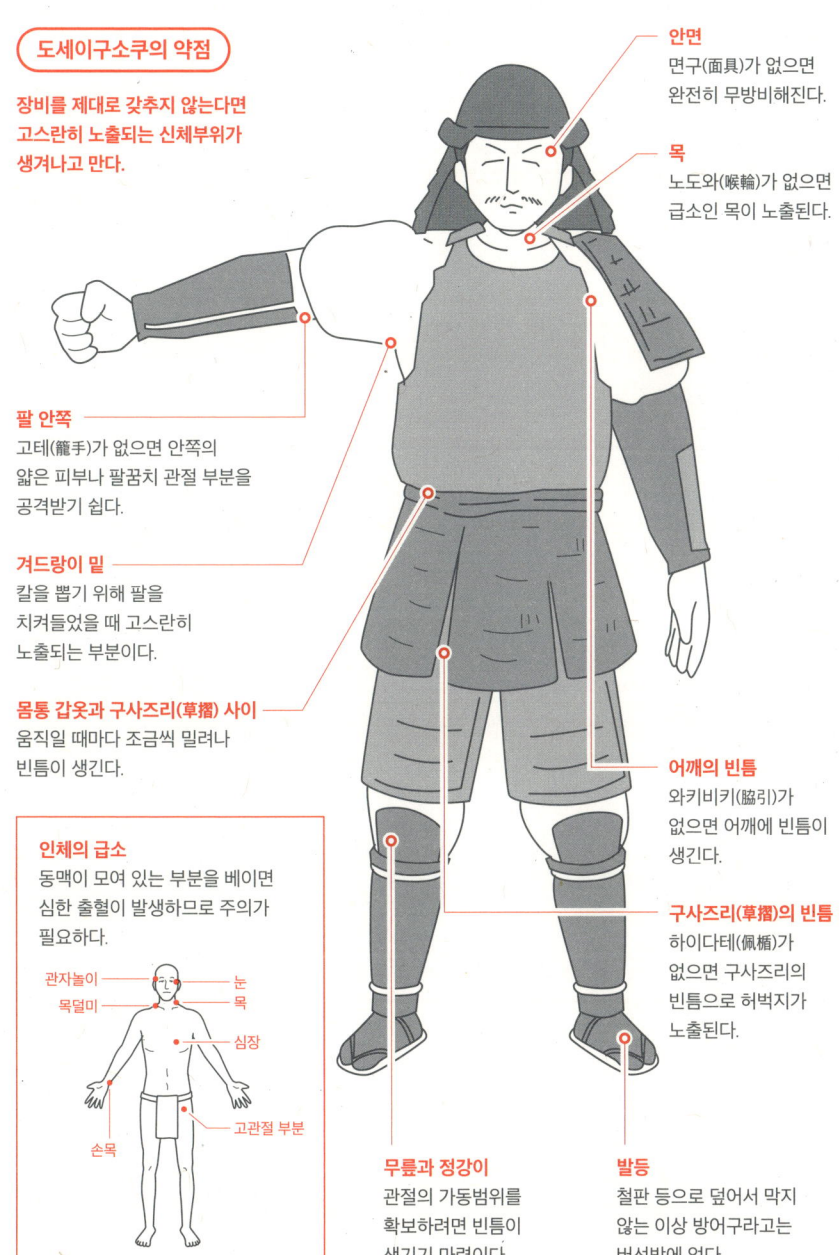

안면
면구(面具)가 없으면 완전히 무방비해진다.

목
노도와(喉輪)가 없으면 급소인 목이 노출된다.

팔 안쪽
고테(籠手)가 없으면 안쪽의 얇은 피부나 팔꿈치 관절 부분을 공격받기 쉽다.

겨드랑이 밑
칼을 뽑기 위해 팔을 치켜들었을 때 고스란히 노출되는 부분이다.

몸통 갑옷과 구사즈리(草摺) 사이
움직일 때마다 조금씩 밀려나 빈틈이 생긴다.

어깨의 빈틈
와키비키(脇引)가 없으면 어깨에 빈틈이 생긴다.

구사즈리(草摺)의 빈틈
하이다테(佩楯)가 없으면 구사즈리의 빈틈으로 허벅지가 노출된다.

무릎과 정강이
관절의 가동범위를 확보하려면 빈틈이 생기기 마련이다.

발등
철판 등으로 덮어서 막지 않는 이상 방어구라고는 버선밖에 없다.

인체의 급소
동맥이 모여 있는 부분을 베이면 심한 출혈이 발생하므로 주의가 필요하다.

- 관자놀이
- 목덜미
- 눈
- 목
- 심장
- 손목
- 고관절 부분

28 완전무장한 상대를 격파하기 위한 전법

해당 인물: 다이묘 | 무사 | 아시가루 | 용병 | 농민

해당 시대: 무로마치 후기 | 센고쿠 초기 | 센고쿠 중기 | 센고쿠 후기 | 에도 초기

❖ 갑옷을 입은 적을 공략하기 위해 다양한 전법이 생겨났다

완벽한 방어를 목적으로 한 도세이 구소쿠[1]는 높은 방어력과 기동성을 자랑했다. 하지만 이는 적 또한 마찬가지. 따라서 이를 공략하려면 나름의 이해도가 필요했다.

갑옷을 입고 싸우는 상황을 전제로 한 검술을 '가이샤 검법介者劍法'이라고 한다. 다리를 걸어 넘어뜨리지 못하도록 몸을 낮추고, 눈을 찔리지 않게끔 고개를 숙인 채 눈만 치켜떠서 상대를 바라보는 자세가 기본이다. 이 자세로 신중하게 접근해 구소쿠의 빈틈을 통해 인체의 각 급소를 노려 공격하는 것이다.

그렇게 상대방을 순식간에 쓰러뜨렸다면 다행이지만 적도 똑같은 전법으로 접근할 테니 결국은 육박전이 벌어지는 경우가 많았다. 유도 시합에서 유도복이 벗겨지면 기술을 걸기가 확연히 어려워진다. 공격자 측에서 본다면 유도복은 기술을 걸기 위한 실마리로, 갑옷과 투구 역시 그와 마찬가지인 셈이다.

돌출된 부분, 각 구소쿠의 끄트머리나 이음매는 상대를 붙잡아 육박전을 시도하기 위한 실마리로 작용한다. 그리고 육박전으로 끌어들였다면 곧바로 상대를 내동댕이쳐서 반격의 기회를 빼앗고 허리에 찬 칼로 하복부를 찌른다. 여기까지 성공했다면 나머지는 바닥에 짓누른 뒤 수급을 취하면 그만이다.

구소쿠를 이용한 독자적인 병법을 고안해낸 인물도 있다. 지쿠젠 지방의 구로다 가문을 섬긴 노구치 가즈시게는 도장에서는 찌르기밖에 할 줄 모르는 미숙한 검사였지만 전장에서는 수많은 공훈을 세웠다. 그는 상대방의 칼을 단단한 철제 고테籠手[2]로 받아낸 후 상대방이 입은 구소쿠의 빈틈에 칼끝을 찔러 넣는 검법으로 전장에서 살아남았다.

장병기가 효과적이라는 사실은 앞서 언급한 바 있다.[3] 창이나 나기나타를 잘 쓰는 무사는 이러한 병기로 무장한 적을 제압했다. '가나사이보鉄砕棒'는 간단한 무기지만 갑옷을 뚫고 막대한 피해를 입힐 수 있었기에 자주 사용되었다.

1 p.72 참조
2 p.72 참조
3 p.78 참조

갑옷을 입은 상대를 공격하는 방법

이기기 위해 필요한 전법

전장에서 갑옷을 입고 싸운다는 것은 그야말로 목숨이 오가는 상황이다. 고유한 전투법이나 무기를 구사해 어떻게 해서든 상대방을 물리쳐야 한다. 이를 위한 전법이 반드시 정공법일 필요는 없었다.

가이샤 검법(介者劍法)

서로가 갑옷을 착용했을 경우 효과적인 검법.

- 칼은 비스듬하게 든다.
- 눈을 찔리지 않게끔 고개는 숙이고 눈만 치켜떠서 상대방을 응시한다.
- 다리를 벌리고 자세를 낮춘 채 펄쩍 뛰듯이 걷는다.

실용적인 전법

고테를 사용해 칼을 받아내는 전투법.

- 왼손의 고테로 칼을 받아내고 품 안으로 파고들어 급소를 찌른다.

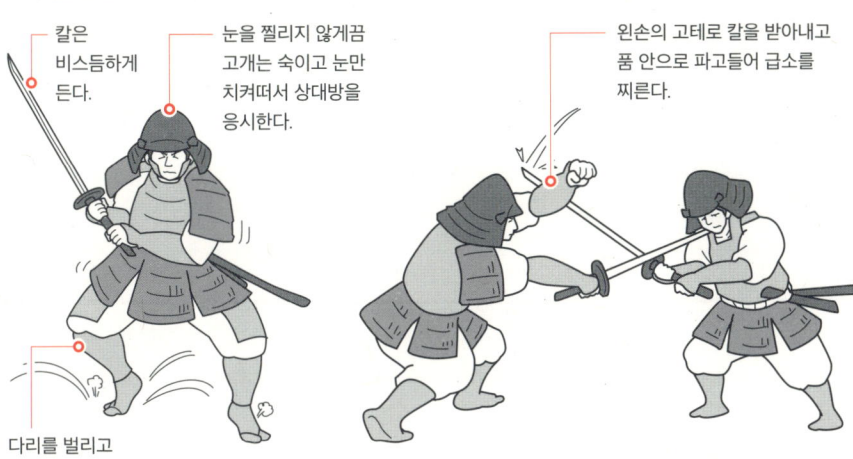

POINT — 길이가 긴 무기는 갑옷으로 무장한 상대에게 유리하다!

접근하지 않고도 상대의 자세를 무너뜨리거나 타격을 가할 수 있다는 점이 장점.

나기나타(薙刀)
길이가 길어서 다리를 후려치거나 고간을 노릴 수 있다.

봉
간단하지만 안면이나 몸통 갑옷을 찌르면 큰 피해를 줄 수 있다.

나기가마(薙鎌)
갑옷의 부속품을 쳐내고 목덜미나 겨드랑이를 벨 수 있다.

가나사이보(鉄砕棒)
휘둘러서 적을 때린다. 구소쿠로서는 막아낼 방법이 없으므로 치명적인 무기였다.

29 기마무사는 돈이 많아야만 될 수 있었다

해당 인물: 다이묘 / 무사 / 아시가루 / 용병 / 농민

해당 시대: 무로마치 후기 / 센고쿠 초기 / 센고쿠 중기 / 센고쿠 후기 / 에도 초기

◆ 적진을 휘젓는 기마무사는 전장의 주역이었다

사극에서 전투 장면이 묘사될 때, 카메라의 포커스는 기마무사를 향해 있다. 이유는 당연히 '보기 좋기 때문'이다. 하지만 실제로는 센고쿠 시대로 접어들면서 기마무사가 활약할 자리는 줄어들었고, 대신 보병이 전투의 주역이 되어갔다.

그럼에도 기마무사는 여전히 특별한 존재였다. 기준은 봉토 200석 이상으로, 일정한 경제력이 요구되는 명예로운 직책이었다. 하지만 이는 지역에 따라서도 차이가 있었는지, 가이 지방의 다케다 가문에서는 105석 이상, 사이고쿠西國에서는 500석 이상이 기준이었다.

<u>기마무사는 단신으로 전장으로 향하지 않고 기본적으로 말을 돌볼 고삐잡이, 창지기, 사무라이 종자, 짐꾼 등의 종자들을 거느렸다.</u> 이들 중 전투요원은 사무라이 종자와 창지기뿐. 그 외에 여유가 있는 무사는 갈아탈 말도 끌고 다녔다고 한다.

앞서 언급했듯이 당시 전장의 주역은 아시가루로 바뀌고 있었지만, 기동력과 돌파력이 우수한 기마무사는 적진이 무너졌을 때 길을 열기 위한 중요한 병종이었다. 주무기인 창을 들고 적진 깊숙이 진입한 기마무사는 근접전을 펼쳤다. 창으로 개인을 공격할 경우는 찌르기가 기본이지만 난전이 한창일 때는 후리기, 휘두르기 등의 사용법이 효과적이었다. 말에 탄 채 이러한 공격을 펼치기에 긴 창은 적합하지 않기 때문에 기마무사가 장비하는 창은 약 3~4m로 짧았다. 또한 갑옷의 무게까지 말이 감당할 수 있었으므로 보병 이상의 중무장이 가능했다는 점 역시 특징이리라.

<u>전장에서 사용되는 말은 4척(120~130cm)으로 작은 체구였지만 성미는 사나웠다.</u> 말은 이처럼 전쟁뿐 아니라 농경이나 운송에서도 중요한 역할을 맡고 있었다. 따라서 센고쿠 다이묘들은 말을 중요시했고, 영내에서 정기적으로 말 시장이 열릴 수 있도록 힘썼다고 한다.

장비와 말의 크기

기마무사는 중무장을 한 채 이동한다

전장의 주역인 기마무사는 행군할 때면 반드시 여러 명의 종자를 거느리고 다녔다. 말과 기마무사 모두에게 부담이 덜 가게끔 장비의 무게를 분산시킨 덕분에 안정적으로 행군할 수 있었다.

기마무사의 장비

기마무사의 주변에는 반드시 종자가 있어야 했다.

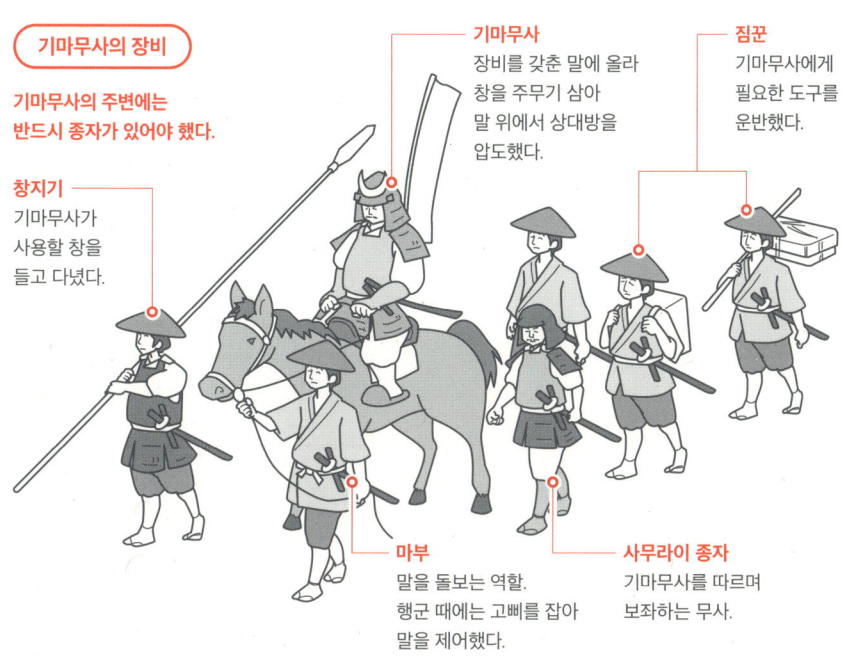

창지기
기마무사가 사용할 창을 들고 다녔다.

기마무사
장비를 갖춘 말에 올라 창을 주무기 삼아 말 위에서 상대방을 압도했다.

짐꾼
기마무사에게 필요한 도구를 운반했다.

마부
말을 돌보는 역할. 행군 때에는 고삐를 잡아 말을 제어했다.

사무라이 종자
기마무사를 따르며 보좌하는 무사.

크기 비교

현대의 서러브레드와 비교하면 작지만, 평균적으로 지금보다 작은 당시 사람들을 태우고 달리는 데에는 문제가 없었다.

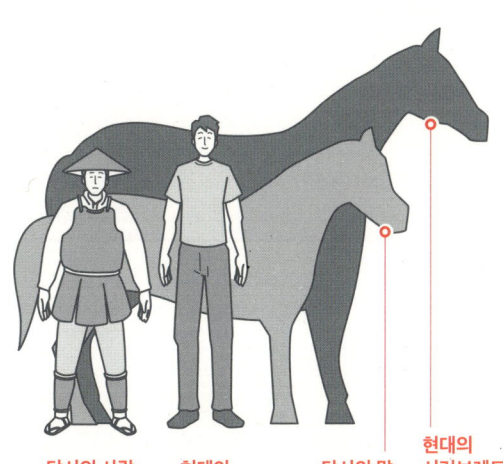

당시의 사람 150cm
현대인 170cm
당시의 말 120~130cm
현대의 서러브레드 180cm

센고쿠 FILE

마부의 임무
주인의 말을 맡는다는 중요한 임무를 맡았던 마부는 일반적인 아시가루 이상으로 다양한 장비를 소지하고 다녀야 했다. 말에게 물을 먹일 때 쓰는 국자나 말이 날뛸 때 코에 들이대 얌전하게 만들기 위한 막대기 등을 갖고 다녀야 했던 만큼 무척이나 고된 역할이었다.

기마무사와 보병의 차이, 마상격투법

해당 인물 다이묘 | 무사 | 아시가루 | 용병 | 농민

해당 시대 무로마치 후기 | 센고쿠 초기 | 센고쿠 중기 | 센고쿠 후기 | 에도 초기

❖ **유리한 자세를 선점해 전투력을 빼앗는 것이 핵심**

　센고쿠 시대 이전에는 기동력이 뛰어난 기마무사들의 돌격이 전법으로 성립되어 있었다. 하지만 아시가루 창병대1를 전면에 내세운 전법이 주류로 자리를 잡게 되자 기마무사들이 활약할 상황은 상대적으로 줄어들었다. 아무리 돌파력이 뛰어나다 해도 수풀처럼 밀집한 창병대를 돌파하기란 쉬운 일이 아니었다. 낙마라도 했다간 찔려 죽기 십상이었다.

　그렇다고 해서 말 위에서의 전투가 전혀 없지는 않았다. 전투의 국면에 따라서는 기마무사끼리 서로의 목을 노리고 격투를 벌이기도 했다. 이러한 마상격투법은 오래전부터 내려오던 마상 접전의 방식을 답습한 것으로, 그에 상응하는 기술이 필요했다.

　적 기마무사와 마주쳤을 때, 안장에서 자세를 낮춘 후 적의 어깨나 허리를 잡고 몸을 비튼다. 이렇게 말에서 떼어낸 적을 자신의 안장에 눕혀서 제압한 뒤 곧바로 목을 친다.

　만약 제대로 되지 않아 함께 낙마했다면 곧바로 유리한 자세를 확보해야 한다. 그리고 상대보다 먼저 칼을 뽑아 갑옷의 빈틈을 세 번 찔러서 상대의 전투력을 빼앗는 것이 핵심이었다.

　한편 전투의 주역이 된 보병의 도보 전투에도 나름의 비결이 있다. 갑옷은 치명상을 막기 위해 급소를 막아주는 형태로 발달했다. 센고쿠 시대의 도세이구소쿠2를 완전히 갖췄을 경우에는 견고하면서도 빈틈없이 짜 맞춰진 부속품 때문에 잔재주가 먹히지 않는다. 따라서 투구나 갑옷의 돌출부를 붙잡아 상대를 뒤집거나 내동댕이쳐서 유리한 자세를 선점하는 단계부터 시작했다. 그리고 상대를 바닥에 내리누르는 데 성공했다면 곧바로 칼로 하복부를 찔러서 전투력을 빼앗았다. 베기 위해 적의 목을 들어 올리거나 목을 베었을 때 다른 무사에게 베이는 경우도 심심찮게 있었다. 병사들은 빈틈을 드러내지 않게끔 주의가 필요했다.

1 　p.38 참조
2 　p.72 참조

마상격투법

각각의 격투 방식

센고쿠 시대로 접어들면서 전투의 형태가 변화해 말 위에서의 전투가 도보 전투로 이행되었음은 앞서 언급했다. 그렇다면 이 둘의 전투 방식은 어떤 차이가 있는지 살펴보자.

마상격투

마주치자마자 상대를 끌어들여 목을 노리는 방법.

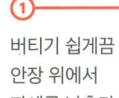
버티기 쉽게끔 안장 위에서 자세를 낮춘다.

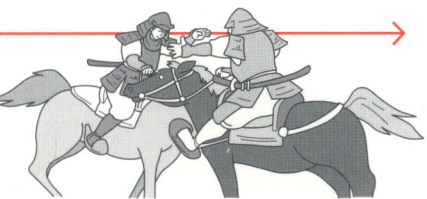

② 마주쳤을 때 오른쪽 어깨나 허리를 잡고 몸을 비틀어서 적의 몸을 띄운다.

③ 적의 오른쪽 손목을 쥐고 비틀며 목덜미 혹은 갑옷의 팔 부분을 잡아 끌어당긴다.

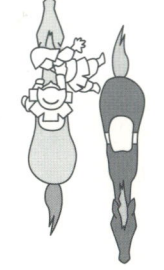
④ 말에서 떼어낸 적을 자신의 안장에 눕혀서 목을 벤다.

⑤ 함께 낙마했을 경우, 그대로 육탄전을 벌여 서로의 목을 노리게 된다.

도보전투

갑옷을 이용해 제압하는 방법.

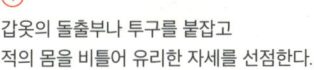

① 갑옷의 돌출부나 투구를 붙잡고 적의 몸을 비틀어 유리한 자세를 선점한다.

② 칼로 찔러서 공격력을 빼앗은 후 바닥에 짓누른다. 투구를 잡고 목을 들어서 그대로 벤다.

1장

군마는 사람 못지않게 중무장을 하고 싸웠다

해당 인물: 다이묘 | 무사 | 아시가루 | 용병 | 농민

해당 시대: 무로마치 후기 | 센고쿠 초기 | 센고쿠 중기 | 센고쿠 후기 | 에도 초기

◆ 말을 부리기 위한 도구와 몸을 지키기 위한 장비

센고쿠 시대, 말을 타고 전장에 나오는 것은 지위 높은 무사의 특권이었다. 마부나 창지기를 거느릴 경제력이 필요했으니 그도 당연하다. 기마무사를 따르는 마부는 다양한 마구馬具를 소지하고 다녀야 했다.

마구라 하면 가장 먼저 떠오르는 것은 '안장'이나 '고삐'다. 그리고 고삐를 조종하기 위한 '재갈', 재갈을 말의 입에 채우기 위한 '굴레', 기수가 발을 얹어놓는 '등자'가 있다. 여기에 일반적이지는 않지만, 말의 옆구리를 덮어주는 '말다래'도 있다. 이 정도가 지금까지 남아 있는 기본적인 마구다. 한편, 편자가 없었던 시대 특유의 마구로, 발굽을 보호하기 위한 '우마와라지馬草鞋'가 있다.

중세까지 기마무사는 기본적으로 말 위에서 활을 쏘는 전법을 사용했지만 센고쿠 시대의 주류는 창이나 칼을 들고 적진에 돌진하는 방식이었다. 이처럼 전투법의 변화와 함께 적의 공격으로부터 말을 지키기 위한 무장이 필요해지면서 고안된 도구가 바로 '마갑'과 '마면'이다.

전투가 벌어지면 말의 앞다리 위쪽, 혹은 뒷다리의 두툼한 고관절 부분에 활을 쏘는 경우가 많았다. 또한 말에게는 꼬리 부분도 급소였다. 이곳을 때리면 말이 벌떡 일어나 낙마로 이어지게 되므로 마갑은 몸통부터 꼬리에 걸친 공격을 방어하는 데 효과적이었다.

그리고 또 하나의 급소인 코끝을 지키기 위한 장비가 바로 마면이다. 가뜩이나 무거운 갑옷에 무사까지 태운 말의 부담을 덜어주기 위해 마면은 가죽이나 얇은 철로 만들어졌다. 16세기의 말에는 마면, 마에요로이前甲(목과 가슴), 우시로요로이後甲(등과 꼬리)의 세 곳으로 나누어 갑옷을 장비하는 것이 기본이었다.

오다 노부나가는 붉은 줄이 들어간 두건을 쓰고 금으로 된 마갑을 입힌 흑마를 타고 첫 전투를 장식했다고 한다. 방어구라는 본래의 용도가 아닌 이처럼 진용을 과시할 목적으로 마갑을 이용한 경우도 있었다.

마구의 종류

말의 약점을 보완해주는 장비
기마무사의 약점은 사실 '말' 그 자체였다. '적장을 쏘고 싶거든 우선 말을 쏴라'라는 말이 가리키듯, 전장에서 유독 눈에 잘 띄는 말은 목표물이 되기도 쉬웠다. 이를 보완해주는 장비가 마구였다.

마구
고훈 시대부터 발전해온 도구로 말을 제어하는 데 사용되었다.

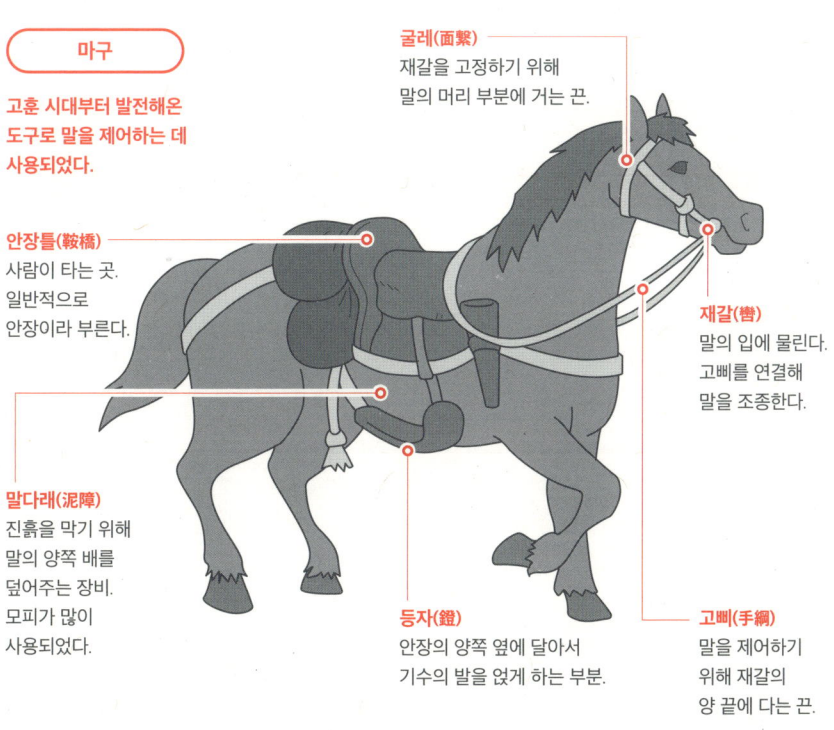

굴레(面繋)
재갈을 고정하기 위해 말의 머리 부분에 거는 끈.

안장틀(鞍橋)
사람이 타는 곳. 일반적으로 안장이라 부른다.

재갈(轡)
말의 입에 물린다. 고삐를 연결해 말을 조종한다.

말다래(泥障)
진흙을 막기 위해 말의 양쪽 배를 덮어주는 장비. 모피가 많이 사용되었다.

등자(鐙)
안장의 양쪽 옆에 달아서 기수의 발을 얹게 하는 부분.

고삐(手綱)
말을 제어하기 위해 재갈의 양 끝에 다는 끈.

말의 갑옷
말의 전신을 방어하기 위해 사람의 갑옷처럼 전신을 뒤덮었다.

마갑(馬甲)
삼베 천에 철판이나 가죽을 꿰매 방어력을 높인 것. 말의 몸 전체를 덮었다.

마면(馬面)
급소인 코를 방어한다. 용의 머리를 본떠 위압감을 주기도 했다.

센고쿠 FILE

센고쿠 다이묘가 사랑한 명마
다이묘에게 훌륭한 말은 일종의 사회적 지위의 표현이기도 했다. 다케다 신겐의 구로쿠모, 우에스기 겐신의 호쇼쓰키케, 혼다 다다카쓰의 미쿠니쿠로 등, 지금까지도 이름이 전해질 정도로 유명한 말들이 있다.

대장의 위치를 알려면 '우마지루시'와 '하타지루시'를 찾아라!

해당 인물					해당 시대			
다이묘	무사	아시가루	용병	농민	무로마치 후기	센고쿠 초기	센고쿠 중기	센고쿠 후기	에도 초기

◆ **멀리서도 한눈에 알 수 있는 지휘관의 표식**

전장에서 지휘관급 무장을 구분하기 위한 가장 쉬운 방법은 '우마지루시馬印'를 찾는 것이다. 총대장은 각 우마지루시의 위치로 전선 지휘관의 움직임과 전황의 변화를 확인한 뒤 후속 지시를 내렸다. 동시에 각 지휘관 역시 총대장의 우마지루시가 있는 본진의 위치를 염두에 둔 채 전장으로 출격했다.

우마지루시는 사무라이 대장 이상의 무사만이 소유할 수 있었다. 이를 소유할 수 있다는 사실 자체가 센고쿠 시대에는 일종의 사회적 지위의 표현이기도 했다. 우마지루시를 맡는 전문 직책인 우마지루시모치馬印持도 만들어졌는데, 각 무장을 상징하는 귀중한 물건인 만큼 대단히 중요한 역할이었다.

사실 이 우마지루시는 센고쿠 시대에 처음으로 전장에 등장한 것으로, 그전까지는 세로로 긴 깃발인 하타지루시旗印가 그 역할을 맡고 있었다. 하지만 센고쿠 시대부터 군대의 규모가 커지고 개인도 깃발을 사용하면서 전장에 깃발이 난립하고 말았다. 지휘관의 위치를 확인하기 위한 깃발인데 이래서야 의미가 없다

는 이유로 깃발과는 다른 형태의 우마지루시가 사용되기 시작했다.

시대가 지남에 따라 멀리서도 한 눈에 알 수 있게끔 화려하게 디자인된 우마지루시가 많이 쓰였다. 이러한 우마지루시는 그대로 군단의 정체성으로 자리를 잡아갔다.

예를 들어 고대 중국의 병법서인 『손자孫子』에서 인용한 '疾如風, 徐如林, 侵掠如火, 不動如山[1]'이라는 문장을 새겨 놓은 다케다 신겐의 하타지루시인 '풍림화산기'가 유명하다. 도요토미 히데요시의 우마지루시는 거꾸로 뒤집힌 금 호리병이었는데, 이는 히데요시가 이나바야마성을 함락시켰을 당시 창끝에 호리병박을 걸었던 사실에서 유래한다.

자신들을 통솔하는 무장의 개성이 드러난 깃발 아래서 병사들 역시 합심해서 싸웠다.

---

[1] 질풍처럼 빠르게, 숲처럼 고요하게, 적을 칠 때는 불처럼, 지킬 때는 산처럼

두 개의 표식

멀리서도 눈에 띄기 위해 공을 들인 디자인

적과 아군이 뒤얽혀 싸우는 전장에서 효과적으로 연계를 취하려면 자신의 지휘관이 어디 있는지를 파악해둬야 했다. 그 표식은 구체적으로 어떻게 세워져 있었을까. 자세히 살펴보자.

우마지루시를 드는 방식

말을 탄 지휘관의 옆에서 시중을 드는 형태로 병사가 우마지루시를 들고 서 있었다.

'우마지루시모치'는 넘어지거나 우마지루시를 떨어뜨려서는 안 되었다.

POINT — 두 표식의 차이

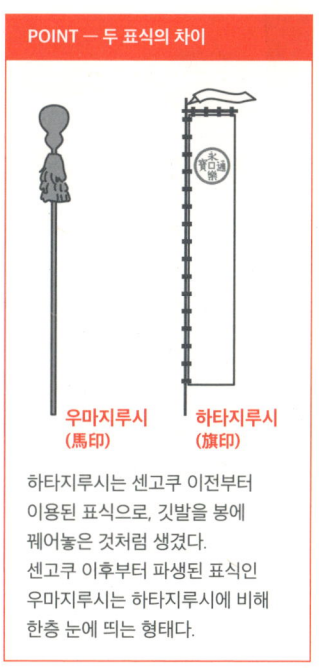

우마지루시
(馬印)

하타지루시
(旗印)

하타지루시는 센고쿠 이전부터 이용된 표식으로, 깃발을 봉에 꿰어놓은 것처럼 생겼다. 센고쿠 이후부터 파생된 표식인 우마지루시는 하타지루시에 비해 한층 눈에 띄는 형태다.

유명한 센고쿠 다이묘의 표식

문자나 생김새가 다양하고 개성적이다.

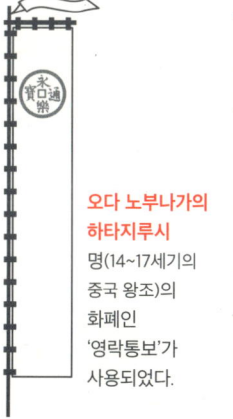

오다 노부나가의 하타지루시
명(14~17세기의 중국 왕조)의 화폐인 '영락통보'가 사용되었다.

다케다 신겐의 하타지루시
병법서인 『손자』에서 인용한 문구를 새겼다(후세의 창작이라는 설도 있다).

도요토미 히데요시의 우마지루시
금으로 된 호리병이 거꾸로 달려 있다. 전투에서 승리할 때마다 호리병의 수를 늘렸다.

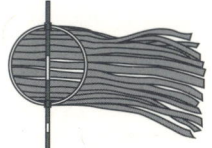

이시다 미쓰나리의 우마지루시
장대 끝에 달린 고리에 빨간 시데(四手, 금줄 따위에 드리우는 종이로 된 술)를 달아놓았다.

33 전장에서 자신을 돋보이게 해주는 필수품

해당 인물: 다이묘 | 무사 | 아시가루 | 용병 | 농민
해당 시대: 무로마치 후기 | 센고쿠 초기 | 센고쿠 중기 | 센고쿠 후기 | 에도 초기

❖ **개인의 깃발은 피아를 구분하고 전장에서 돋보이기 위한 필수품**

지휘관이나 부대의 존재를 나타내는 우마지루시·하타지루시 외에도 개인을 식별하기 위한 작은 깃발도 이용되었다. 이를 '사시모노差し物, 指物' 혹은 '하타사시모노旗指物'라고 한다.

병사들은 구소쿠의 등에 있는 '갓타리合当理'와 '우케즈쓰受筒'라는 부품에 깃대를 통과시키고 '마치우케待受'라는 고정용 부품에 끝부분을 꽂아서 고정했다. 구소쿠에 이러한 고정용 부품이 없을 때는 허리띠에 작은 부품을 달기도 했다고 한다.

사시모노는 깃대에 깃발을 고정시키는 방법에 따라서 크게 '지쓰키바타乳付旗', '누이후쿠메바타縫舎旗'로 나뉜다. 또한 형태로는 정사각형과 정사각형의 1.5배 크기인 직사각형의 두 종류가 주류였다.

깃발에서 깃대가 지나가는 고리 부분을 '지乳'라고 한다. 지쓰키바타는 이 고리가 달린 사시모노로, 군용 깃발로 사용될 때는 1장 2척(약 3.6m)이 표준이었지만 개인이 구소쿠에 장착할 때는 한층 작은 깃발이 사용되었다. 오행과 십이지에 따라서 가로세로에 각각 5개, 12개의 고리가 달린 것이 특징이다. 누이후쿠메바타는 깃대가 지나가는 부분을 꿰매놓은 튼튼한 깃발로, 점차 이 형식이 주류를 차지했다.

디자인 면에서는 가문 전체가 통일된 디자인을 사용하거나 개인이 자신만의 사시모노를 사용하는 경우가 있었다. 통일된 디자인의 하타사시모노로는 총대장의 명령을 각 부대에 전달하는 역할인 '쓰카이반使番'이나 친위대인 '우마마와리슈'가 사용했던 깃발이 있다. 대장을 곁에서 모시는 '호로슈母衣衆'들이 사용한 호로母衣 역시 그 대표적인 사례이다.

개인적으로 사용하는 사시모노는 상부의 허가를 받으면 자신의 취향에 맞게 제작할 수 있었다. 공명을 세우려는 병사들이 전장에서 스스로를 돋보이게 하려는 의미도 있었으므로 디자인에 공을 들인 사시모노가 많았는데, 시간이 흐르며 지나치게 기발한 사시모노가 늘어나자 이를 우려한 노장도 있었다고 한다.

사시모노의 종류와 장비 방법

전장에서 자신을 돋보이게 해주는 개인용 마크로 많이 쓰였다

사시모노는 우마지루시나 하타지루시와는 다르게 일반 병사들의 개성을 드러내는 마크다. 소란스러운 전장에서 크게 나부끼는 이 깃발은 개인을 식별하는 데에도 도움이 되었다.

사시모노의 기본

기본적인 형태는 두 종류다.

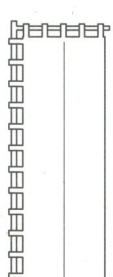
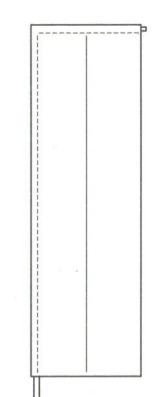

기본적인 착용법
등에 달린 기구로 깃발을 고정시켰다.

- 갓타리(合当理)
- 우케즈쓰(受筒)
- 마치우케(待受)

지쓰키바타(乳付旗)
지(乳, 깃발을 깃대에 꽂기 위한 고리)가 달린 사시모노. 길이는 1장 2척(약 3.6m)으로 큰 편이다.

누이후쿠메바타(縫含旗)
깃대를 깃발에 넣고 꿰맨 사시모노. 더욱 튼튼하기 때문에 센고쿠 후기에는 이쪽이 주류가 되었다.

개성적인 사시모노들

전장에서 눈에 띄기 위해 개성을 추구한 사시모노도 있다.

| 부채 | 범종 | 장기말 | 3층 삿갓 |

센고쿠 FILE

명예로운 호로슈

호로란 말을 탄 무사가 등에 착용하는 천으로 된 커다란 자루를 말한다. 이는 쓰카이반의 역할을 부여받은 이에게만 허용된 특별한 장비로, 미리 자신의 이름을 써두었다. 설령 전사하더라도 '명예로운 무사'로서 존중한다는 뜻에서 이들의 머리는 호로에 감싸서 취급했다.

34 아군을 공격하지 않기 위한 방법! 피아를 구별하기 위한 표식

전투의 법도

해당 인물				
다이묘	무사	아시가루	용병	농민

해당 시대				
무로마치 후기	센고쿠 초기	센고쿠 중기	센고쿠 후기	에도 초기

❖ **개인 식별용 소데지루시는 피아를 구분하기 위해 필수였다**

　대군이 전장에서 격돌하는 센고쿠 시대에는 난전 중에 적과 아군을 구별하기 어려워지는 경우가 있었다. 최악의 경우에는 아군을 공격하고 만다. 이를 피하기 위해 각 병사들은 다양한 표식을 달아 적과 아군을 구별했다고 한다.

　가장 대표적인 표식이 바로 '소데지루시袖印'다. 소재는 주로 천으로, 갑옷의 어깨 부분인 소데에 공통된 표식을 달았다. 또한 전장에서 반드시 휴대하는 활의 끝부분이나 칼집에 동일한 표식을 감아두는 '가타나지루시刀印'도 존재했다. 이때는 감은 방향, 감은 부위 등을 달리해서 구별했다. 같은 표식을 삿갓에 달아놓은 '가사지루시笠印'란 것도 있는데, 소데지루시까지 아울러서 이러한 식별용 표식을 모두 가사지루시라 부르기도 한다.

　허리 뒤쪽의 허리띠 사이에 작은 식별용 깃발을 꽂아두기도 했다. 이를 '코시자시腰差'라고 하는데, 소데지루시와 마찬가지로 가사지루시라는 통칭으로 불리기도 한다.

　전장에서 무기를 사용할 경우, 오른손잡이라면 몸의 왼쪽이 전방을 향하는 경우가 많다. 따라서 식별을 위한 소데지루시 역시 일반적으로는 왼쪽 소데에 착용했다. 동시에 이는 적에게 소데지루시를 내보인다는 뜻이기도 하므로 난전 중에 찢겨져 나가는 경우도 왕왕 있었다. 이러한 상황에서는 암호를 사용했다. 하지만 목숨이 오가는 와중에 암호를 생각해내기란 쉽지 않은 일이다. 순간적으로 암호를 잊어버린 탓에 아군에게 살해당하는 경우도 적지 않았다고 한다.

　시간이 흘러 갑옷의 등 부분에 깃발을 꽂기 위한 고정용 부품이 부속되면서 병사들은 코시자시 대신 커다란 깃발을 등에 꽂기 시작했다. 이것이 바로 사시모노[1]다. 개중에는 깃발이 아니라 종이나 가볍고 얇은 널판으로 만들어진 독자적인 표식을 등에 꽂는 이들도 있었다.

1　p.90 참조

병사가 소지한 표식

눈으로 볼 수 있는 마크와 암호

죽음과 맞닿아 있는 전장에서는 적인지 아군인지를 순간적으로 판단하지 못하면 목숨이 달아나고 만다. 특히 전투의 규모가 커지고 동원되는 병력이 늘어난 센고쿠 시대에는 그 판단이 어려웠다. 따라서 피아를 구분하기 위한 표식이 필요해졌다.

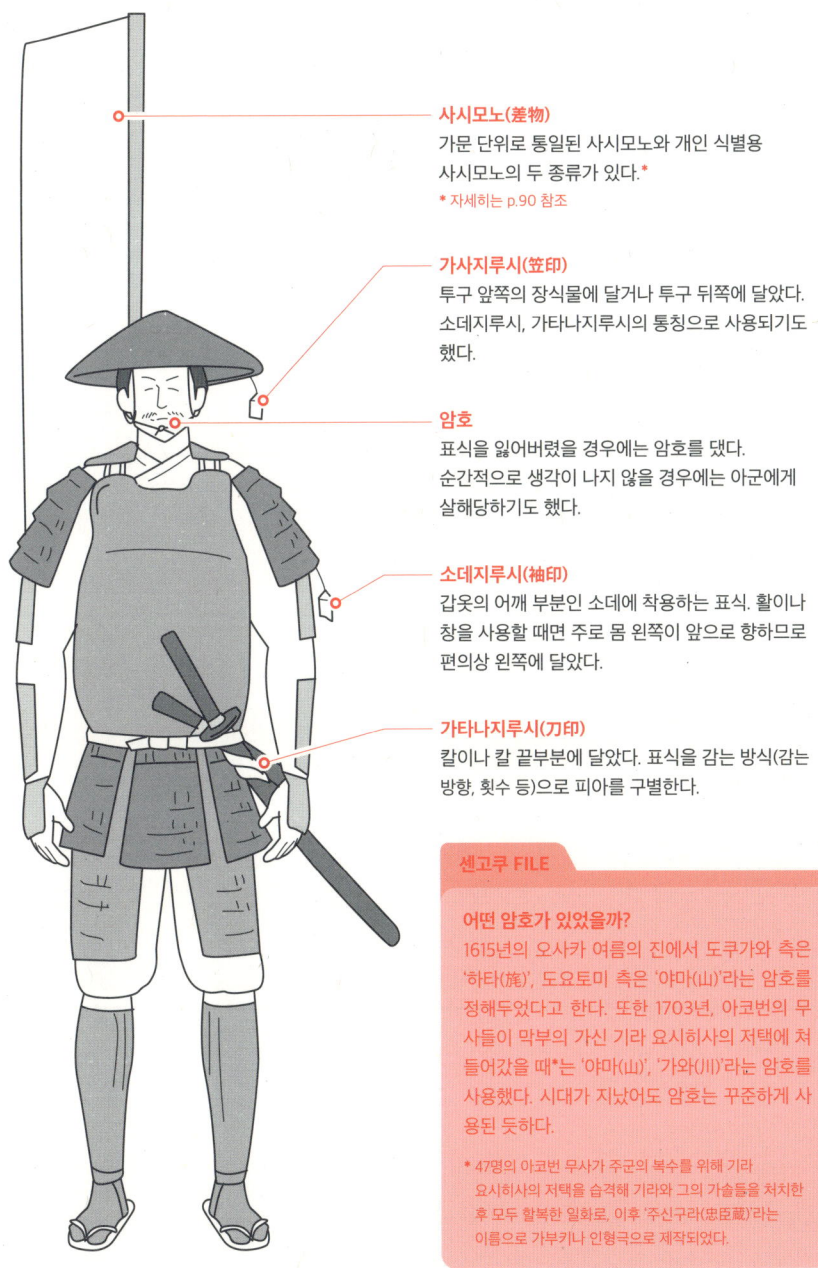

사시모노(差物)
가문 단위로 통일된 사시모노와 개인 식별용 사시모노의 두 종류가 있다.*

* 자세히는 p.90 참조

가사지루시(笠印)
투구 앞쪽의 장식물에 달거나 투구 뒤쪽에 달았다. 소데지루시, 가타나지루시의 통칭으로 사용되기도 했다.

암호
표식을 잃어버렸을 경우에는 암호를 댔다. 순간적으로 생각이 나지 않을 경우에는 아군에게 살해당하기도 했다.

소데지루시(袖印)
갑옷의 어깨 부분인 소데에 착용하는 표식. 활이나 창을 사용할 때면 주로 몸 왼쪽이 앞으로 향하므로 편의상 왼쪽에 달았다.

가타나지루시(刀印)
칼이나 칼 끝부분에 달았다. 표식을 감는 방식(감는 방향, 횟수 등)으로 피아를 구별한다.

센고쿠 FILE

어떤 암호가 있었을까?

1615년의 오사카 여름의 진에서 도쿠가와 측은 '하타(旗)', 도요토미 측은 '야마(山)'라는 암호를 정해두었다고 한다. 또한 1703년, 아코번의 무사들이 막부의 가신 기라 요시히사의 저택에 쳐들어갔을 때*는 '야마(山)', '가와(川)'라는 암호를 사용했다. 시대가 지났어도 암호는 꾸준하게 사용된 듯하다.

* 47명의 아코번 무사가 주군의 복수를 위해 기라 요시히사의 저택을 습격해 기라와 그의 가신들을 처치한 후 모두 할복한 일화로, 이후 '주신구라(忠臣蔵)'라는 이름으로 가부키나 인형극으로 제작되었다.

35 벌판·강·성— 전장으로 선택되기 쉬운 장소

1장 전투의 법도

해당 인물 다이묘 | 무사 | 아시가루 | 용병 | 농민

해당 시대 무로마치 후기 | 센고쿠 초기 | 센고쿠 중기 | 센고쿠 후기 | 에도 초기

❖ **대군이 자웅을 겨룰 때는 넓게 트인 장소가 선정된다**

역사적인 전투는 무대가 된 지명에 따라 이름이 붙는 경우가 많다. 이러한 이름들을 살펴보면 '野(노, 들)', '原(하라, 벌판)', '川(가와, 강)' 등의 한자가 눈에 띈다. 예부터 지명에는 그 땅의 특징이 고스란히 나타나 있다. 野·原·川라는 한자는 그 지역이 벌판이나 강가였다는 증거다. 요컨대 당시 벌어진 전투는 대부분 벌판이나 강가처럼 활짝 트인 장소에서 벌어졌다는 뜻이다. 대군이 격돌해야 하니 당연하다면 당연한 일이 아닐까.

1600년에 벌어진 세키가하라關か原 전투는 이름에 '原'이 붙는 전형적인 사례다. 남북으로 산지에 둘러싸인 분지인 이곳은 중요 가도인 나카센도中山道, 홋코쿠카이도北國街道, 이세카이도伊勢街道가 교차하는 교통의 요충지였다. 긴키近畿 지방과 도고쿠東國를 연결해주는 이 지역은 672년에도 임신의 난[1]이 벌어진 무대이기도 했다. 천하를 놓고 전투를 벌이기에 합당한 무대였으리라.

이름에 '川'이 붙는 전투로는 겐페이 전쟁 중에 벌어진 후지카와富士川 전투와 우지가와宇治川 전투 등이 유명하다. 센고쿠 시대에서는 오다·도쿠가와 연합군과 아사이·아사쿠라 연합군이 격돌한 아네가와姉川 전투가 널리 알려져 있다.

강가나 그 주변이 전장으로 선택된 가장 큰 이유는 현대와 달리 당시는 하천의 하류 유역에 넓은 대지가 펼쳐져 있었다는 점이겠으나, '강=국경'인 경우도 많았다는 사실 역시 놓쳐서는 안 될 부분이다. 도강해야 하는 공격 측이 불리하므로 강은 자신의 영지를 지켜주는 천연의 요새였다. 반대로 강을 제압하면 단숨에 상대방의 영지를 침공할 수 있었기에 전쟁터로 선택되기도 쉬웠다.

한편으로 이름에 '山(야마, 산)'이 들어간 전투는 극히 적다. 이는 기껏해야 요새 쟁탈전이나 벌어졌을 뿐 본격적인 전투는 거의 벌어지지 않았기 때문이리라. 이름에 '峠(도게, 고개)'나 '坂(사카, 언덕)', 능선 사이에 낀 골짜기를 가리키는 '狹間(하자마)'가 들어간 전투도 있는데, 하나같이 수비하기 난감한 지형이다. 이러한 장소는 주요 전장이라기보다는 기습이나 퇴각전의 무대인 경우가 많다.

---

1 덴노의 계승권을 두고 벌어진 내란으로, 임신년에 벌어졌기에 임신의 난이라는 이름이 붙었다

전장의 특징

장소에 따라 변화하는 공수의 장점과 단점

센고쿠 시대는 확 트인 땅이 결전의 장으로 정해지고는 했는데, 그 외의 장소에서도 물론 전투는 벌어졌다. 전술의 핵심은 지형에 따라 변화하는 공수의 장단점을 파악하는 것이다.

ⓐ 고개(峠)
교통의 요지이므로 적은 이곳으로 진군한다. 고지대에서 매복 공격을 감행하면 우위에 설 수 있다.

ⓑ 골짜기(狹間)
능선과 능선 사이에 낀 좁고 긴 지형이다. 대군이 본격적인 진형을 펼치기 어려우므로 적은 숫자로 기습을 가하기 좋다.

ⓒ 강(川)
지방의 경계를 이루는 경우가 많으며 강가에는 넓은 땅이 많아서 군대가 격돌하기 쉽다.

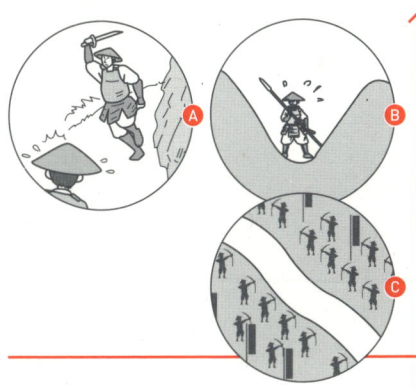

ⓓ 산(山)
진 자체를 편성하기 어려우므로 정면충돌은 벌어지지 않는다. 전투는 서로의 요새를 파괴할 목적으로 진행되는데, 양 진영 모두에게 여의치 않은 상황이다.

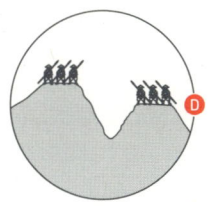

ⓔ 벌판(原)
대군이 격돌할 경우, 필연적으로 넓은 땅이 선택된다.

ⓕ 성(城)
성에서 농성하는 이유는 적보다 뒤떨어지는 병력을 보완하기 위해서다. 따라서 공격하기에는 어렵고 지키기에는 쉬운 싸움이다.

센고쿠 FILE

기습에 적합한 나와테에서의 싸움

나와테(畷)란 습지대 사이에 놓인 진창길이다. 미끼에 낚여서 이동하는 적군은 신속하게 진형을 편성하기 어려우므로 나와테는 기습에 적합한 지형 중 하나다. 1584년에 벌어진 오키타나와테 전투에서 시마즈 이에히사는 시마즈 가문의 특기인 쓰리노부세*를 감행했다. 행군이 진창길에 길게 늘어선 상태에서 기습을 받았기 때문에 상대인 류조지 군은 전혀 손을 쓰지 못하고 대패했다.

* p.24 참조

1장

전투의 법도

36 배를 파괴해서 적을 바다에 빠뜨려라!

해당 인물				해당 시대				
다이묘	무사	아시가루	용병 농민	무로마치 후기	센고쿠 초기	센고쿠 중기	센고쿠 후기	에도 초기

❖ **해전의 성패를 좌우한 수상전용 병기**

수군끼리 격돌하는 해전 역시 기본적으로는 육상전과 다를 바 없다. 초반에는 서로에게 활을 쏘고, 서로의 거리가 가까워지면 구마테熊手라는 도구로 적선을 끌어당긴다. 그리고 최종적으로는 백병전이 벌어지게 된다. 상대의 배에 올라탈 때는 배와 배 사이에 널판을 놓았다.

센고쿠 시대 초기에는 '고하야小早'라고 불린 빠른 소형선을 해전에 자주 사용했다. 고하야의 길이는 약 10m로, 10개 정도의 노를 탑재했다. 중형선인 '세키부네関船'는 고하야 정도는 아니지만 선회가 용이했으며 망루까지 있었기에 군함으로서 균형이 잘 잡혀 있었다. 전체 길이는 20m 이상, 노는 40~80개를 탑재했다. 센고쿠 시대 중반으로 접어들어 망루뿐만 아니라 누각까지 탑재한 대형 '아타케부네安宅船'가 등장하게 된다. 전체 길이 20~50m의 대형선으로, 100명이 승선할 수 있었다. 철포대가 공격할 수 있게끔 뎃포사마鉄砲狭間1도 설치되어 있었기에 그야말로 바다 위의 요새나 마찬가지였다.

해상전용 무기에도 특징이 있다. 육상전에서는 창을 이용한 집단전법이 주류였지만 바다 위에서는 그럴 만한 공간이 없다. 따라서 주로 상대방의 배를 파괴하거나 배를 끌어당겨 상대를 바다에 빠뜨리는 방식이 주류를 이루었다. 또한 불화살이나 호로쿠비야2로 적선을 태워버리는 전술도 효과적이었다. 더욱 멀리까지 날리기 위해 대나무를 묶어서 스프링처럼 사용하는 투사 장비도 유행했다.

당시 해전의 주역은 본래 가이조쿠슈海賊衆라고 불린 수군이었다. 평소에는 세력권 내를 왕래하는 배에서 통행세 등을 징수하거나 다이묘에게 고용되어 인근 경비를 맡았으나 전투가 벌어지면 일종의 용병집단으로서 종군했다. 에도 막부를 세운 도쿠가와 이에야스가 수군을 두려워해 이들의 영지를 내륙의 분지로 옮긴 사실에서도 당시 수군의 힘을 알 수 있다.

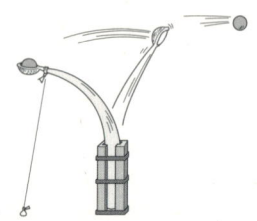

더욱 멀리까지 날리기 위해 대나무를 묶어서 스프링처럼 사용하는 투사 장비도 유행했다.

1 적으로부터 몸을 숨긴 채 사격하기 위한 창문
2 p.66 참조

해상전용 무기	**바다 위이기에 효과적인 무기**

배 밑으로는 오직 바다뿐이었기에 적을 바다로 떨어뜨리거나 배 자체를 태워버리는 해전 특유의 전투방식이 성립될 수 있었다. 해전에서는 크게 세 가지로 분류되는 군함과 수군 특유의 무기 등 다양한 병기를 용도에 맞게 능숙하게 사용했다.

방어를 위한 망루를 탑재하고 있다.

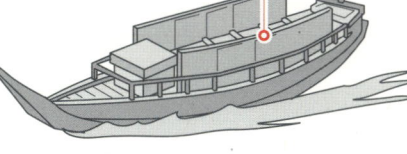

적은 인원이 호로쿠비야 등을 사용해 적선을 격침시켰다.

세키부네(関船)
아타케부네의 호위용인 중형선. 전체 길이는 20~25m. 속도·공격·방어의 밸런스가 좋다.

고하야(小早)
선회 성능이 좋은 소형선. 전체 길이는 10m. 센고쿠 초기부터 게릴라전에 사용된 해전의 주요 전력이었다.

원거리 무기를 사용하기 위해 방패에는 창을 냈다.

푸조나무나 녹나무 방패로 배를 뒤덮었다.

아타케부네(安宅船)
센고쿠 중기에 만들어졌으며 방어력과 내구력이 뛰어난 대형선. 전체 길이는 20~50m. 해상 봉쇄에도 이용할 수 있었던 바다 위의 요새.

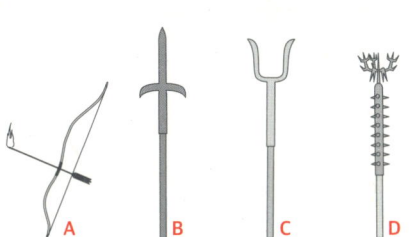
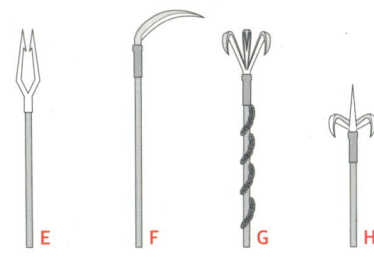

A - 불화살
불이 붙은 화살을 쏴서 적선을 불태운다.

B - 선상용 창
찌르거나 끌어당기는 데 사용한다.

C - 고토지(琴柱)
안쪽에 날이 달려 있어서 상대를 짓누른 뒤 베어버리는 데 사용한다.

D - 야가라모가라(やがらもがら)
적을 끌어당기거나 밀어내 바다에 떨어뜨리는 데 사용한다.

E - 미늘창
작살을 개조해 안쪽에 갈고리를 달았다.

F - 모하즈시(藻外し)
적선의 돛이나 그물에 걸어서 베는 데 사용한다.

G - 구마테(熊手)
가장 널리 사용된 무기. 사슬이 달려 있어서 자루가 부러지더라도 놓칠 일이 없으므로 편리하다.

H - 선상용 구마테
날 끝이 작으며 끌어당기기 위한 갈고리가 달려 있다.

37 호화로운 덴슈카쿠를 자랑하는 성은 센고쿠 중기부터 등장

해당 인물: 다이묘 | 무사 | 아시가루 | 용병 | 농민

해당 시대: 무로마치 후기 | 센고쿠 초기 | 센고쿠 중기 | 센고쿠 후기 | 에도 초기

❖ 시대의 흐름과 함께 달라지는 센고쿠 시대의 성

일본의 성이라 하면 호화로운 덴슈카쿠天守閣[1]가 우뚝 솟은 거대한 건축물이 가장 먼저 떠오르지만 이는 천하인天下人 오다 노부나가가 등장한 이후부터였다. 그전까지는 센고쿠 다이묘가 거주하는 저택 후면의 산악지대에 전투용 요새를 세워두는 방식이 일반적이었다. 예를 들어 가이 지방을 통치하던 다케다 가문의 거성居城[2]은 쓰쓰지가사키야카타躑躅ヶ崎館라는 저택이었는데, 그 뒤에는 요가이야마성要害山城이라는 방어용 성이 있었다. 즉, 관저와 거주구역으로서의 시설이 쓰쓰지가사키야카타였으며 유사시의 방어시설이 요가이야마성이었던 셈이다.

이후 센고쿠 시대로 접어들어 전투가 일상처럼 벌어지게 되자 전투 때마다 평지의 저택에서 산 위의 요새까지 이동하기란 여간 불편한 일이 아니었다. 그래서 산에 지어진 성에도 항구적인 시설을 건설해 평소에도 그곳에서 생활하기 시작했다. 물론 이러한 야마지로山城(산성)는 습기가 많아 쾌적한 환경이라고 보기는 어려웠으므로 산 위에 거주시설을 건설한 뒤에도 자신은 기슭에서 생활하는 다이묘도 많았다고 한다.

이후 야마지로는 점점 사라지게 되는데, 가장 큰 이유는 철포의 보급이었다. 그전까지 야마지로는 난공불락을 자랑했지만 사정거리가 긴 철포의 보급으로 압도적인 방어력도 무색해지기 시작했다. 게다가 각지에서 난전이 종결되면서 살아남은 다이묘는 한 지방, 혹은 여러 고을을 지배하게 되었는데, 야마지로에서는 각지로 신속하게 지령을 전달하거나 지배권을 확립하기에 어려운 점이 한두 가지가 아니었다.

따라서 센고쿠 후기가 되자 기존의 야마지로에서 평지의 언덕 지형 등을 이용한 히라야마지로平山城가 주류로 바뀌었다. 고저차가 있다는 점에서 방어하기도 좋고 평지의 편의성까지 갖춘 히라야마지로는 그 지역을 통치하는 다이묘의 강대한 지배권을 나타낸다. 당시 수송의 일부를 담당했던 수운을 활용하고자 물가에 지은 미즈지로水城도 존재했는데, 이 또한 방어 이상으로 평상시의 정치, 경제적 영향력을 고려한 결과물이었다. 시대를 거치며 변화해간 성의 종류에는 이러한 사정이 있었다.

1 성의 중심부에 세워지는 높은 누각
2 거주용 성

성의 종류

일본 전체에 지어진 성채의 종류는?

센고쿠 시대에는 일본 전체에 5만 채나 되는 성이 세워졌다고 한다. 센고쿠 초기에는 긴급시에 요새로 사용할 목적으로 산 위에 지어졌지만, 성 주변에 마을을 건설하고 교통편을 고려하게 되자 점차 평지에 지어지게 되었다.

센고쿠의 주요 성

가장 널리 알려진 것이 히라지로(平城)이지만, 성의 종류에는 크게 4종류가 있었다.

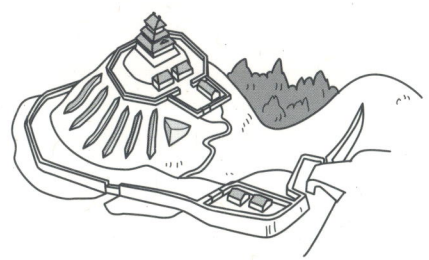

야마지로(山城)
험준한 산간부에 지어졌으며 능선 등의 천연 지형을 이용했다. 영주의 관저는 산기슭에 지어졌다.

장점 - 산을 이용하므로 축성 비용이 적다.
단점 - 교통이 불편하고 물을 끌어오기에 불리하다.

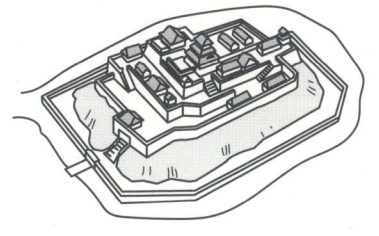

히라야마지로(平山城)
교통이 편리한 강가 언덕이나 높은 땅에 지어졌다. 성벽 안쪽으로 성주의 저택도 함께 있었다.

장점 - 교통이 편리하고 물을 끌어오기에 유리하다.
단점 - 지반을 높여야 하므로 축성 비용이 높다.

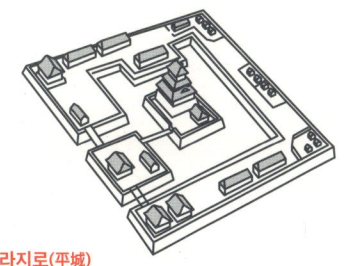

히라지로(平城)
평지에 지어진 성으로, 규모는 다른 종류에 비해 압도적으로 크다. 높은 축벽이나 울타리로 방어력을 높였다.

장점 - 대군이 주둔할 수 있다.
단점 - 방어 면에서 취약하다.

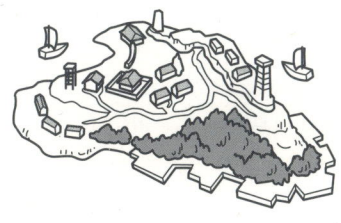

가이조쿠슈(海賊衆)의 성
수군이 본거지로 사용한 성곽. 세토 내해에서 활동하던 무라카미 수군의 거성인 구루시마성(来島城)이 유명하다.

장점 - 방어력이 높다.
단점 - 교통이 불편하다.

---

column

축성에는 백성의 협력이 필요했다

성을 건설하기로 결정하면 먼저 토지를 선정했다. 그리고 기초공사에 해당하는 '후신(普請)'에 이어서 성문이나 관저, 덴슈카쿠를 건설하는 '사쿠지(作事)'라는 작업이 진행된다. 이때 목재나 석재는 백성들이 운반했다. 이름 없는 백성들의 활약을 빼고서 센고쿠 시대를 논하기란 불가능한 법이다.

38 불태우고 침수시켜라 — 성을 함락시키기 위해서라면 무슨 짓이라도 가능

해당 인물: 다이묘 | 무사 | 아시가루 | 용병 | 농민
해당 시대: 무로마치 후기 | 센고쿠 초기 | 센고쿠 중기 | 센고쿠 후기 | 에도 초기

❖ **불태우고 침수시켜서라도 성을 무너뜨려라!**

센고쿠 시대의 성은 나무로 지어졌다. 따라서 농성하는 측은 불에 대한 대비를 게을리 하지 않았고, 당연히 공격 측도 성을 불태우려 했다. 이때 활약하는 병기는 바로 원거리 무기다. 불화살로 불을 붙이려는 공성 측과 성을 지키며 불을 끄려는 농성 측의 '불'을 둘러싼 전투가 펼쳐지는 것이다. 따라서 아즈치모모야마 시대[1]부터 에도 시대에 걸쳐 지어진 성은 벽이나 기와지붕 등에 옻칠을 발라서 방화 대책에 만전을 기했다.

하지만 나무 부분은 어찌어찌 불태우는 데 성공했다 해도 축벽이나 흙을 쌓아 올린 부분만큼은 불로 무너뜨릴 수 없다. 이때는 화공보다 수공이 더 효과적이었다. 강 근처이며 저지대여야 한다는 조건이 따르기는 하지만 물의 힘으로 성을 수몰시키는 방법은 그야말로 엄청난 충격을 안겨준다. 완전히 수몰시키지는 못하지만, 수공을 당하면 축벽이나 토루[2]는 내구력이 약해지고, 무엇보다 농성하는 측의 사기를 꺾어놓는 효과가 있었다. 물에 잠긴 성은 위생적으로도 무척 열악해지기 때문에 이쯤 되면 낙성도 목전에 오게 된다.

근처에 수원水原이 없을 때는 터널을 파서 성 안으로 침입하는 전법인 '두더지 전술'도 효과적이었다. 다만 수공도 그러하나, 이러한 공성작전은 대규모 토목공사가 뒤따르므로 약소한 세력은 사용할 수 없었다. 강대한 세력에게만 허용된 특별한 수단이었던 셈이다.

이러한 대규모 사전 준비 없이 큰 효과를 거둘 수 있는 전법은 바로 적의 보급로를 차단하는 방식이다. 개미 한 마리 빠져나갈 틈도 없을 정도로 성 주변을 포위해야 하니 어느 정도의 병력 없이는 불가능하지만, 아군의 전력 손실을 줄이면서 농성 측에게 타격을 입힐 수 있다는 점이 가장 큰 장점이다. 공성전이 특기였던 무장은 도요토미 히데요시로, 특히 보급로를 차단하는 전법을 즐겨 썼다. 포위하기 전에 성 내의 쌀을 모두 사들이거나 성 주변의 주민을 성 안으로 몰아붙여 군량이 소모되는 속도를 가속시키는 등, 공성전에서 히데요시의 지모는 대단히 뛰어났다. 그야말로 센고쿠 최고의 공성 전문가였던 셈이다.

1 센고쿠 시대 말기, 오다 노부나가와 도요토미 히데요시가 일본을 지배하던 시대
2 흙을 벽처럼 쌓아 올린 구조물

공성전 ①

힘으로 제압하는 공성전의 정공법

적병이 농성하는 성을 공략할 때는 다양한 공격 방식이 존재한다. 그중에서도 가장 대중적인 전술이 바로 '강습(強襲)'이다. 아무런 계책 없이 힘으로 밀어붙이는 전술이지만 여기에는 한 가지 대원칙이 있었다.

강습(強襲)
압도적으로 우세한 병력을 믿고 적의 성을 함락시키는 정공법.

세이로야구라(井楼矢倉)
성 주변에 '세이로야구라'라는 감시탑을 지어서 성 안을 감시한다.

유명한 강습 작전

이와야성 전투(1584년)
사쓰마의 시마즈 가문과 다카하시 조운의 전투. 이와야성에서 농성하던 다카하시 측의 763명이 전원 사망했다.

후방지원
후방지원부대는 돌입부대를 원호하는 데 필수였다. 때로는 불화살을 쏴서 화재를 일으켰다.

궁병대
궁병은 긴 사정거리와 연사력을 살려 공성전에서도 활약했다.

철포대
공성은 철포대의 사격에서 시작된다. 위협의 의미도 있었다.

센고쿠 FILE

3대1의 법칙
성은 방어력이 높기 때문에 공격 측에는 농성 측보다 3배 많은 병력이 필요하다고 여겨졌다. 또한 강습의 경우는 양군이 정면으로 격돌하므로 서로에게 많은 희생자를 냈다.

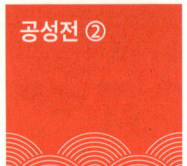

공성전 ②

불이나 물을 사용해 공격하는 전술

성을 공략하는 방법은 압도적인 병력을 모아서 힘으로 밀어붙이는 '강습' 뿐만 아니라 실로 다양했다. 굳건한 성을 무너뜨리기 위해 특히 자주 이용되었던 것은 '불'이나 '물'을 이용한 전술이었다. 이 경우 수성 측은 여지없이 이 무너지고 만다.

불과 물 — 태워 죽이든 물에 빠뜨려 죽이든 하나같이 무자비한 전술이라 할 수 있다.

화공
성에 불을 지를 뿐 아니라 식량이나 물자, 다리 등을 태워서 상대방의 전력을 약화시켰다.

불화살의 원리

불화살
화살촉 부분에 타기 쉬운 기름종이 등을 뭉쳐서 불을 붙인 뒤 화살을 발사했다.

유명한 화공 증거자료

히에이산 화공(1571년)
오다 노부나가는 자신을 적대하던 사찰 세력에 화공을 가했다. 사망자는 1500~4000명이었다고 한다.

무시무시한 물의 위력

물의 힘
교통로나 보급로를 물의 힘으로 차단해 전력을 대폭 약화시켰다.

유명한 수공 증거자료

다카마쓰성 수공(1582년)
오다 군의 하시바 히데요시와 모리 군의 전투. 히데요시의 기책으로 다카마쓰성을 침수시킨 공성전이다.

수공
성 주변에 흐르는 강물을 막아 성을 침수시키는 전술. 수공을 당하면 철포 등의 화기류도 사용하지 못하게 된다.

공성전 ③

정공법이 아닌 기책으로 가득한 병법

공성전에서 잊어서는 안 될 전술은 바로 '보급로 차단'이다. 빈번하게 사용된 전술로, 여러 다이묘가 낙성의 위기에 내몰린 바 있다. 또한 색다른 공성법으로 알려진 '두더지 전술'도 있다.

보급로 차단

적성을 완전히 포위해서 쌀 등의 식량 외에도 무기나 탄약 등의 보급을 끊는 작전.

공격 전, 미리 해당 영지의 쌀이나 식량을 비싼 값으로 독점하는 방법도 있었다.

굶주림에 대한 공포

식량을 차단하면 적의 저항의식이 저하되어 점령하기 쉬워진다.

유명한 보급로 차단 작전 (증거자료)

돗토리성 포위전(1581년)
하시바 히데요시가 깃카와 쓰네이에가 농성하는 이나바의 돗토리성을 포위한 사건. 성 안에는 굶어 죽은 이들이 넘쳐났다.

구멍파기의 달인

가나보리슈(金堀衆)라고 불리는 광산 노동자를 노역에 동원했다.

성 밑에 폭탄을 설치해 성을 폭파시키기도 했다. 폭약 전문가가 있어야만 가능한 전술이었다.

유명한 두더지 전술 (증거자료)

마쓰야마성 공략(1563년)
다케다 신겐이 호조 군과 함께 마쓰야마성을 공격할 때 두더지 전술을 사용했다고 한다.

두더지 전술
성 안으로 이어지는 터널을 파서 적이 예상치 못한 장소로 침입하는 작전.

공성병기 ①

성을 함락시키기 위해 진화한 병기들

철포가 전래됨과 동시에 공성전의 양상은 크게 돌변했다. 센고쿠 시대 후반부터는 다양한 공성병기가 탄생했고, 전에 없던 역동적인 전술이 펼쳐졌다. 개중에는 근세라고는 믿겨지지 않을 정도로 발전한 기술도 있었다.

공성병기의 종류 ①

적을 쏠 때나 성을 공격할 목적으로 만들어진 공성병기를 따로 모아보았다.

바퀴의 실존 여부에 대해서는 여러 설이 있다.

하시리야구라(走り矢倉)
나무로 높게 제작한 망루. 에도 시대의 군사학 서적에 따르면 바퀴를 단 것도 존재했다고는 하나 확실치 않다.

깃코구루마(亀甲車)
앞부분에 뾰족한 통나무를 달아 성문 따위를 무너뜨렸다고 한다.

교텐바시(行天橋)
토루, 축벽 등으로 이루어진 성벽을 넘기 위한 계단. 하부에 바퀴를 달아 이동식으로 만들었다.

가마니
흙을 채운 가마니를 쌓아서 바리케이드처럼 사용했다.

다케타바(竹束)
대나무를 동아줄로 동그랗게 묶은 것. 튼튼하며 현지에서 조달하기도 편한 재료였기 때문에 전국적으로 사용되었다.

공성병기 ②

비처럼 쏟아지는 화살과 탄환을 피해서 돌격

험지가 많은 일본에서는 바퀴가 달린 공성병기는 잘 사용되지 않았지만 실전에서의 사례가 아주 없지는 않았다. 험지에서는 일단 해체한 뒤 전장에서 다시 조립했으리라.

공성병기의 종류 ②

적의 공격을 방어하며 공격하기 위한 공성병기를 중심으로 소개하겠다.

우메쿠사(埋め草)
마른 해자를 풀이나 나뭇가지 등으로 메우는 원시적인 방식. 오다 노부나가가 혼노지를 공격할 때 사용한 전법으로 알려져 있다.

센고쿠 후기에는 철판으로 방어력을 높이기도 했다.

고마쿠(木幔)
화살이나 탄환을 나무판으로 막으면서 바퀴를 이용해 이동이 가능했던 병기. 나무판의 높이를 조절할 수 있는 것도 있었다.

데다테(手楯)
가마쿠라 시대의 회화인 「호젠쇼닌에덴(法然上人絵伝)」에도 묘사된 원시적인 방패. 벼랑이나 도랑을 건널 때 발판으로 이용하기도 했다고 한다.

마쿠라다테(転楯)
뚫린 창을 통해 활이나 철포를 쏠 수 있는 이동식 방패. 오사카 여름의 진에서는 철포를 막아낼 수 있는 철판을 댄 대형 방패가 사용되었다.

성을 지키기 위한 만반의 준비

해당 인물: 다이묘 | 무사 | 아시가루 | 용병 | 농민

해당 시대: 무로마치 후기 | 센고쿠 초기 | 센고쿠 중기 | 센고쿠 후기 | 에도 초기

❖ **무사의 의지를 건 공성전 —**
모든 구조물은 적을 쓰러뜨리기
위한 것

공격 측에 대해 효과적인 방어 수단은 역시나 원거리 무기다. 활이나 철포 역시 높은 곳에서 쏠 수 있는 만큼 수성하는 측에 유리했다. 화살이나 탄환뿐 아니라 펄펄 끓는 물이나 분뇨, 통나무와 바위까지 떨어뜨리는 등, 다양한 방식으로 적병의 공격을 막아냈다.

센고쿠 후기의 성은 거듭된 공성 경험을 거치며 더욱 지키기 쉬운 구조로 진화해나갔다. 비바람에 영향받지 않고 공성 측을 저격할 수 있게끔 지붕이 딸린 긴 망루인 다몬야구라多門櫓를 설치하거나, 위쪽 건물에서 축벽 쪽으로 튀어나온 출창으로 활이나 철포를 쏘거나 돌을 떨어뜨려서 공격할 수도 있었다. 망루의 벽면이나 성벽에 뚫린 방어용 창문인 '사마狹間'는 성 안에서 밖으로 저격하는 데 효과적이었다. 벽도 일부러 중첩되는 형태로 설계해서 성 내부의 사각을 없애고 어느 위치에서든 적을 저격할 수 있게끔 했다.

가장 치열한 공방이 펼쳐지는 곳은 성문 부근이다. 성 내외부의 출입구는 '고구치虎口'라고 불렸는데, 가장 방비가 단단한 곳이었다. 침입한 적을 포위하듯 공격할 수 있게끔 문 안쪽을 재차 성벽으로 둘러싼 '마스가타枡形' 등은 그야말로 범의 아가리처럼 두려운 존재였다.

기어오르는 적을 측면에서 공격할 수 있게끔 축벽에는 일부러 굴곡을 만들었다. 특히 밖으로 향한 축벽에는 굴곡의 형태에 따라 '오레折' 혹은 '히즈미歪'라 불리는 부분이 잔뜩 만들어져 있는데, 축벽을 오르는 적병을 효과적으로 물리치기 위한 구조였다. 얽히고설킨 복잡한 구조는 단순히 적에게 혼란을 일으키기 위함 뿐만 아니라 다방면에서 적을 공격하기 위해 고심한 흔적인 셈이다.

지금은 관광지로 자리를 잡아 평화롭게만 보이는 성은 사실 온갖 수단으로 적을 죽일 수 있게끔 고안된 전투용 거점이었다. 그렇게 생각해보면 또 다른 느낌이 들지 않을까.

성의 전모

센고쿠 시대에 활약한 견고한 군사시설

성은 자신의 영지를 지키기 위해 건설하는 중요한 기지다. 적으로부터 쉽게 공략당하지 않게끔 수많은 장치를 설치했다. 수성전에 대해 알아보기에 앞서 각 부분의 세부적인 역할은 잠시 미뤄두고 먼저 성의 전모를 파악해보자.

성의 부위와 명칭

적의 공격이나 침입을 막기 위해 성에는 수많은 방어 시설이 설치되어 있었다.

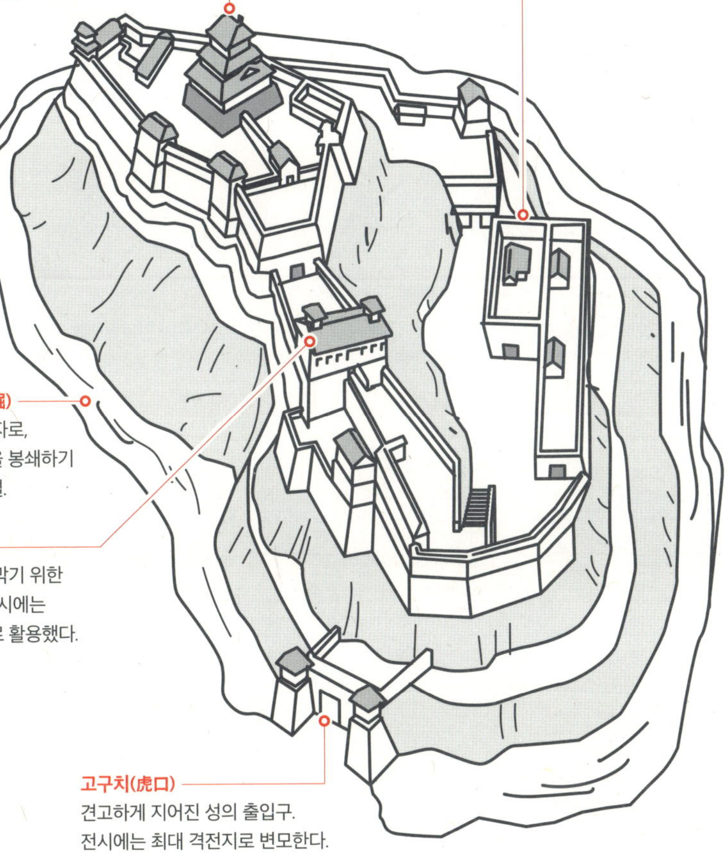

덴슈카쿠(天守閣)
성의 상징과도 같은 건축물. 최종적으로 농성하기 위한 요새이기도 했다.

축벽
토루를 보강하기 위한 석재. 적의 침입을 막아주는 벽이기도 하다.

미즈보리(水堀)
물을 채운 해자로, 적의 움직임을 봉쇄하기 위한 방어시설.

망루
적의 침입을 막기 위한 공격 시설. 평시에는 물자 저장고로 활용했다.

고구치(虎口)
견고하게 지어진 성의 출입구. 전시에는 최대 격전지로 변모한다.

> **column**
>
> **덴슈카쿠는 성주의 거주공간이 아니었다**
>
> 덴슈카쿠는 일본의 성을 상징하는 건축물이지만 1576년에 오다 노부나가가 지은 '아즈치성'이 등장하기 이전에는 존재하지 않았다. 또한 에도 시대 초기까지는 거주공간으로 사용된 사례가 있었지만 에도 시대 중기로 접어들면서 점차 창고로 활용되었다.

고구치

결코 돌파를 허용치 않는 방어선

성의 출입구인 고구치(虎口)는 적병이 밀려드는 장소인 만큼 일단 전투가 벌어지면 최대의 항전 지대로 돌변한다. 따라서 적의 침입을 막기 위한 아이디어로 가득하다.

고구치의 종류

적병의 돌입을 막기 위해 활이나 철포로 사격하는 것이 농성 측의 기본이었다.

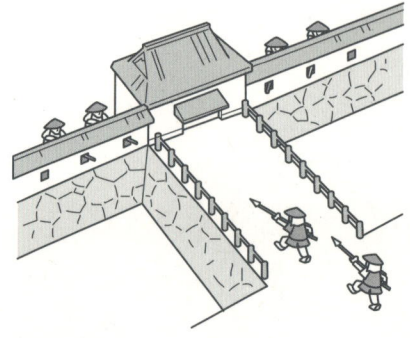

히라코구치(平虎口)
가장 간단한 형태. 출입구를 작게 만들어서 한 번에 여러 명의 적이 침입할 수 없게끔 했다.

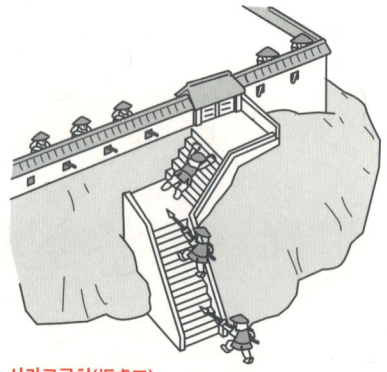

사카코구치(坂虎口)
굽이진 계단이나 언덕을 설치하는 방식으로 적의 진군 속도를 늦췄다.

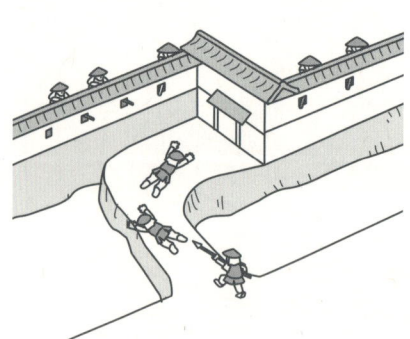

구이치가이코구치(喰違虎口)
적이 일직선으로 돌입하지 못하게끔 고구치까지 향하는 길을 직각으로 굴절시킨 구조.

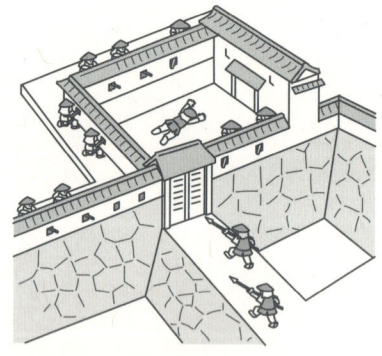

마스가타코구치(枡形虎口)
침입해온 적을 일제히 공격하기 위해 문과 문 사이에 이중으로 공간을 마련하는 방식.

> **column**
>
> **진입로가 오른쪽으로 꺾어지는 이유**
>
> 구이치가이코구치나 사카코구치의 진입로는 공격자 측에서 볼 때 오른쪽으로 휘어진 경우가 많다. 이는 당시의 무사들 역시 오른손잡이가 많았기 때문이다. 성으로 들어갈 때 오른쪽을 향하게 하면 방비가 허술한 왼쪽을 공격하기 쉬워진다. 참고로 왼쪽으로 휘어진 경우는 '역(逆)코구치'라고 불렀다.

해자와 토루

적의 침공을 막아주는 '해자'와 '토루'

적의 움직임을 저지하기 위해 성 부근에는 '호리(堀)'라고 불리는 커다란 해자를 팠다. 또한 해자를 팔 때 나온 흙더미를 이용해 '토루'라고 불리는 장벽도 세울 수 있었다. 모두 수성전에서는 빼놓을 수 없는 요소다.

호리의 종류

물이 채워져 있지 않은 마른 해자는 가라호리(空堀)라고 불렸는데, 중세 이전에 지어진 야마지로에서 자주 찾아볼 수 있다.

하코보리(箱堀)
적의 움직임을 막기 위해 바닥에 뾰족한 말뚝을 박아놓았다. 깊이는 5~6m 정도였다.

호리쇼지(堀障子)
적이 구멍에 빠지면 기어오르는 데 시간이 걸리므로 효과적이었다.

우네조타테호리(畝状竪堀)
공성 측 병사들은 측면으로 이동하기가 어려워지므로 활이나 철포의 먹잇감이 되기 십상이었다.

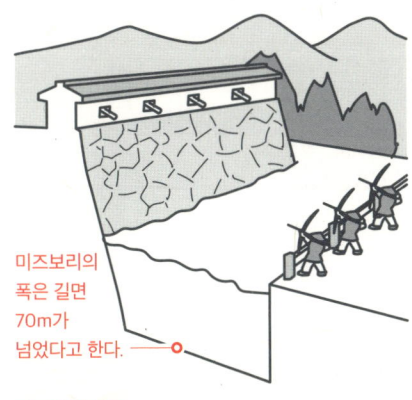

미즈보리의 폭은 길면 70m가 넘었다고 한다.

미즈보리(水堀)
무거운 갑옷을 입은 채로는 헤엄쳐서 건널 수 없었다.

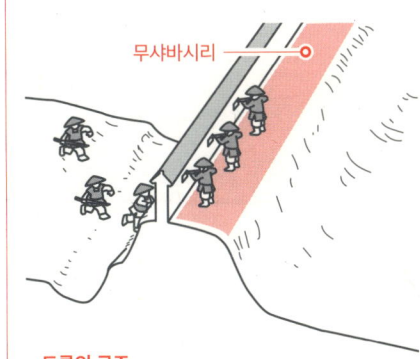

무샤바시리

토루의 구조
'무샤바시리(武者走り)'라 불리는 넓은 통로를 설치해두었기 때문에 수비 측은 비교적 적을 맞이해 싸우기 쉬웠다.

적의 침을 막아주는 중요한 방어시설

센고쿠 시대의 성에서 문은 단순한 출입구가 아니라 적의 침입을 막기 위한 방어시설이었다. 또한 다양한 종류의 문에서는 적을 요격하기 쉽게끔 고심한 흔적이 엿보인다.

문의 유형

문은 적이 침입할 때 가장 노리기 쉬운 장소. 저지하기 위한 대책이 강구되었다.

야쿠이몬(薬医門)
큰 기둥 두 개 안쪽으로 지주 두 개가 세워져 있으며 크게 돌출된 맞배지붕 역시 특징적이다.

우즈미몬(埋門)
축벽을 뚫어내고 문을 설치했다. 따라서 적의 눈에 잘 띄지 않았다.

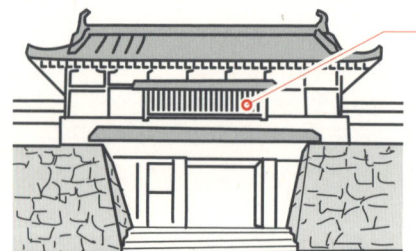

2층 부분은 망루. 이곳에서 적을 기다렸다.

야구라몬(櫓門)
1층 부분은 문, 2층 부분은 망루로 되어 있으며 방어용 창문인 사마(狹間) 사이로 활이나 철포를 발사해 적을 요격했다.

고라이몬(高麗門)
야쿠이몬을 발전시킨 형태. 적이 문 밑에 숨지 못하게끔 지붕의 크기를 줄였다.

가부키몬(冠木門)
기둥에 상인방만 얹어놓은 간이 문. 방어성은 낮으며 주로 바깥문으로 사용되었다.

다리

적병이 건너오지 못하게 막는 것이 승부처

미즈보리에는 다리가 놓여 있지만, 이는 단순히 사람과 물자가 오고갈 뿐만 아니라 적의 침입을 막기 위한 시설이기도 했다. 돌파당했다간 막대한 피해가 발생하는 장소인 만큼 온갖 지혜를 총동원했다.

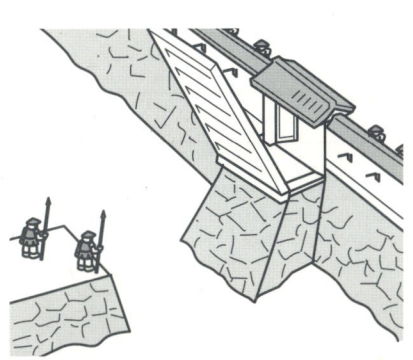

하네바시(桔橋)
적이 공격해올 경우 동아줄 따위로 다리를 들어 올려서 침공을 저지했다.

스지카이바시(筋違橋)
창문을 통해 측면에서 사격할 수 있게끔 다리가 문에서 대각선 방향으로 놓여 있다.

로카바시(廊下橋)
성 안에 복도처럼 설치한 다리. 성의 좌우 측면에 벽을 세우고 다리를 놓은 뒤 사마를 뚫어서 적의 침공을 막았다.

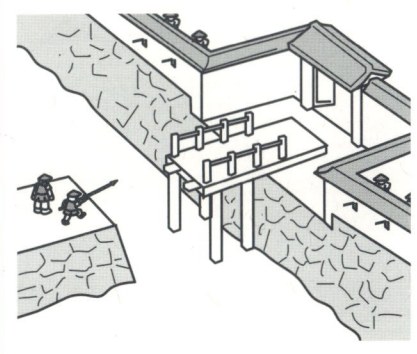

히키바시(引橋)
목제 다리로, 바닥판의 일부를 철거할 수 있게끔 만들어서 적병이 건너지 못하게 했다.

---

column

강에는 다리가 놓여 있지 않았다!

다리라 하면 성의 미즈보리보다도 강에 놓여 있는 모습이 더 익숙하겠지만 센고쿠 시대에는 강에 다리가 놓인 경우가 드물었다. 애당초 차량이 발달하지 않았기에 다리가 필요치 않았던 것이다. 강을 건너는 기본적인 방법은 헤엄치기였다.

수성전 ①

높은 위치에서 공격해 적을 물리친다

성에는 적의 총탄을 막기 위한 축벽 위에 망루나 감시탑처럼 높은 곳에서 공격할 수 있는 시설을 설치했다. 그리고 이러한 망루나 감시탑은 높이의 이점을 살려 적의 동태를 감지하는 데에도 사용되었다.

성의 방어시설

높은 곳에서 공격해 화살과 탄환의 위력을 증가시키고 공격 측의 다리를 묶었다.

축벽
철포가 보급되면서 성을 지키기 위한 보루로는 단단한 축벽이 주류로 자리를 잡았다.

망루
평시에는 창고로 사용했다. 사마를 통해 활이나 철포로 응전했다.

감시탑
높은 곳의 이점을 살려 적의 동태를 한발 먼저 감지했다.

---

column

성은 백성들의 피난소이기도 했다

전쟁이 발발하면 백성들은 피난하기 위해 성으로 도망쳤다. 그러면 영주는 백성의 목숨을 지킬 의무가 있었으므로 이들을 기꺼이 받아들였다. 공성전에서는 공격 측이 더 유리할 듯싶지만 당시의 무기 중에 위력이 있었던 것은 기껏해야 철포뿐이었다. 실제로는 수비 측이 더 유리했던 셈이다.

수성전 ②

벽에 뚫린 구멍으로 활이나 철포를 쏴서 요격

적의 공격에 대비해 성벽에는 활이나 철포로 요격할 수 있게끔 미리 '사마'라는 구멍을 뚫어놓았다. 공격 측은 자신들의 목숨을 위협하는 이 구멍 때문에 그리 쉽사리 공격할 수가 없었다.

사마의 종류

다양한 사마를 설치해 적의 공격으로부터 몸을 숨긴 채 반격을 가능케 했다.

이시오토시(石落し)
망루 부분에 구멍을 내고
돌이나 분뇨를 투하해서 적을 물리쳤다.

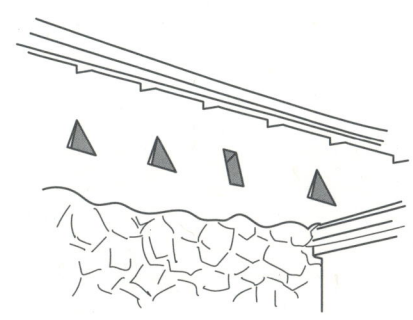

사마(狹間)
벽에 내놓은 구멍으로 적을 요격했다.
적에게 동태를 파악당하지 않기 위해 안쪽 구멍은
무척 좁게 만들어놓았다.

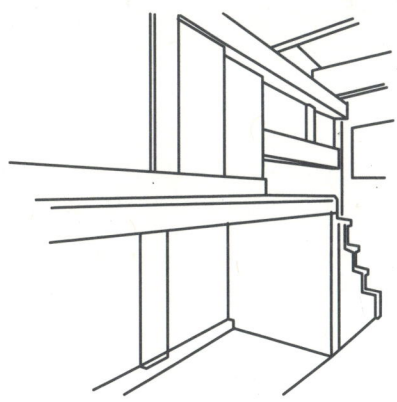

이시우치다나(石打棚)
적이 쳐들어왔을 때를 대비한 긴급시설로
흙벽에 발판을 놓았다. 수비 측은
이 발판에 올라 적을 요격했다.

센고쿠 FILE

망루나 축벽의 구조에서도 고심한 흔적이 보인다

요코야마스가타 (橫矢枡形) / 이리스미 (入隅)

망루나 축벽의 모서리는 직각이기 때문에 사각(死角)이 생길 수밖에 없다. 따라서 모서리를 굴절시켜서 사각을 없애고 적을 옆에서 사격할 수 있게끔 했다. 이러한 구조를 요코야(橫矢)라고 한다.

칼럼 ①

막대한 피해를 끼치는 '낙성'은 좀처럼 보기 드물었다!?

드라마에서 자주 보는 낙성은 오히려 드문 일이었다

　거대한 성이 불길에 휩싸여 허망하게 함락된다. 이렇듯 영화의 한 장면처럼 처절한 공성전은 사실 센고쿠 시대에서는 매우 드문 케이스였다. 성이란 해당 지역의 대장이나 가신의 거주지이자 한 지방의 행정기관의 중추를 담당하는 거대한 거점이다. 그렇게 중요한 장소인 만큼 불태워서 얻게 될 이득은 전혀 없었다. 가능하다면 성은 멀쩡한 채로 점령해서 새로운 영지의 거점으로 재이용하는 편이 공격 측에도 좋았다. 또한 공성전에서 강습이나 화공 등의 전법은 공격 측에도 적지 않은 희생자가 발생하기에 피하고 싶었으리라. 이러한 이유 때문에 보급로를 차단하는 전법이 자주 사용된 듯하다.

2장

출진·진군의 법도

하루가 멀다 하고 전투가 끊이지 않던 센고쿠 시대.
영토를 확대하거나 영토를 지키기 위해 수많은 이들이 전장으로 내몰렸다.
그렇다면 출진 전이나 진군 중의 모습은 어땠을까. 이 장에서는
전장으로 임하기까지의 절차를 자세히 살펴보기로 하자.

40. 전투가 벌어지기 전에는 종소리나 고함소리가 빗발친다

출진·진군의 법도

해당 인물	
다이묘 / 무사 / 아시가루 / 용병 / 농민	

해당 시대	
무로마치 후기 / 센고쿠 초기 / 센고쿠 중기 / 센고쿠 후기 / 에도 초기	

❖ **실제로 다이묘의 한 마디에 바로 출격하는 경우는 없었다**

센고쿠 시대의 다이묘나 무사들은 언제든 전쟁에 임할 수 있도록 준비하고 있었을 것 같지만 꼭 그렇지는 않았다. 기본적으로 가신들은 자신의 봉토에 거주하고 있었고 최전선에서 싸우는 병사들은 본래 농민이었기에 평상시에도 다이묘의 성에 주둔하고 있는 건 아니었다. 따라서 중신들은 비상사태가 벌어졌을 때 비로소 소집되어 화친 혹은 전쟁을 결정하는 '효조評定'라는 회의를 진행했다.

여기서는 사전에 모아놓은 정보를 토대로 출진 여부를 두고 논의를 펼쳤다. 그리고 전쟁이 불가피할 경우에는 <u>동원 계획, 무기나 말의 조달, 병참 등의 전투 준비에 관한 의제, 행군 루트나 전장 예정지, 혹은 기본적인 전술 등을 결정</u>했다. 물론 동맹 세력이 있을 경우에는 원군을 요청하거나 방비가 허술해진 적의 본거지를 침공하게끔 요청하기도 했으리라. 또한 무사들의 명예였던 '선봉'은 '나야말로 진짜 사무라이'라고 생각하는 무사들 사이에서는 곧잘 시빗거리가 되고는 했다. 따라서 '<u>선봉</u>'은 제비뽑기로 결정하기도 했다.

전쟁 전에는 척후병이나 닌자를 보내 중요한 정보를 얼마나 많이 수집하느냐에 심혈을 기울였다. 그 정보를 토대로, 예를 들어 피아의 전력 차가 적은 경우에는 지리적 이점을 살려 전장을 선정했다. 반대로 병력의 차이가 압도적이어서 도저히 정면 대결로는 승산이 없을 경우에는 적을 교란하거나 화친을 제안했고, 최악의 경우에는 항복에 대해서도 의견을 주고받았다.

참고로 전쟁을 결의했을 때는 다이묘가 휘하 무장들을 소집했다. 회의 결과를 전달받은 무장들은 자신의 거점으로 복귀해 병사를 동원한 후 다시금 다이묘에게로 돌아갔다. <u>센고쿠 시대 당시에는 병력을 동원할 때 종이나 북, 호라가이가 사용된 것이 특징이자 기본이었다.</u> 이 소리야말로 전쟁의 시작을 알리는 신호이기도 했던 셈이다.

이쿠사효조

전쟁에 앞서 전술을 짜기 위한 중신 회의
전쟁에 앞서 센고쿠 다이묘들은 중신들을 소집해 이쿠사효조(戰評定)라는 전략 회의를 열었다. 주된 의제는 침공 루트나 병력 배치 등의 작전 입안이었지만 승기가 없다고 판단했을 경우에는 적군에게 화친을 제안하거나 항복할 준비를 했다.

효조(評定)란?
쉽게 말해 센고쿠 시대의 간부 회의다. 평상시에도 한 달에 세 번 정도 열렸다.

센고쿠 다이묘
가신들이 모여 합의를 했지만 최종 결정은 어디까지나 센고쿠 다이묘의 직무였다.

지도
행군 계획을 짜는 데 지도는 필수다. 공격 루트나 퇴각 루트 등을 미리 결정했다.

자리는 동그랗게
중신들은 상석에 앉은 센고쿠 다이묘의 주위를 에워싸듯 앉았다.

가신
전공에 따라 서열이 결정되며 연령대는 제각각이었다.

센고쿠 FILE

주된 의제
· 싸워야만 하는가?
· 승산은 있는가?
· 무기나 식량 조달은 어떻게 할 것인가?

동원 전에는 위의 의제로 회의를 실시했다. 동원 이후에는 작전회의인 이쿠사효조가 열리는데, 이때는 행군로나 전장 분석 등, 더욱 세부적인 내용으로 나뉘었다.

유명한 효조

오다와라 효조(1590년)
호조 우지마사와 우지나오가 도요토미 히데요시에게 포위되었을 때, 회의에 무척 오랜 시간이 걸린 일화를 가리킨다.*

*이후로 일본에서는 결론이 나지 않는 무의미한 회의를 가리켜 '오다와라 효조'라고 부르게 되었다

동원령

센고쿠 다이묘의 호령에 소집되는 병사들

회의 결과 전쟁이 결정되었다면 바로 병사를 동원했다. 북이나 종으로 신호를 보냈으며, 멀리 떨어진 산촌이나 어촌에는 봉화를 올리는 등, 다양한 연락 수단을 사용했다.

각종 신호 도구

시각과 청각에 호소하는 도구로 영내의 병사들을 동원했다.

진다이코(陣太鼓)
병사를 소집할 때뿐만 아니라 진군 신호로도 사용했다.

목소리
후레가시라(触頭)라고 불리는 이들이 직접 소리쳐서 병사를 동원하기도 했다.

봉화
먼 곳에 거주하는 병사들을 소집할 때는 봉화가 효과적인 전달 수단이었다.

진가이(陣貝)
그물망으로 장식한 호라가이(法螺貝). 진군이나 퇴각 때에도 사용되었다.

진가네(陣鐘)
병사를 동원할 때는 평소보다 빠르고 세게 종을 쳤다.

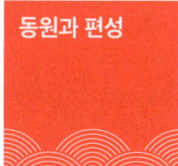

동원과 편성

각 영주의 밑으로 영내의 백성들이 집결

동원령이 떨어지면 지방의 토착 무사나 농민들은 각 영주의 밑으로 모여든다. 최종적으로는 센고쿠 다이묘에게로 모이게 되는데, 이때 영주들은 도착했음을 기록한 문서를 제출했다.

병력 편성

영주는 영내에 거주하는 사무라이나 아시가루, 농민들을 총동원한다.
영주는 이들을 이끌고 다이묘에게로 향했다.

가신
다이묘에게 충성을 맹세하는 무사들.
전장에서는 지휘관으로서 군을 통솔한다.

영주
다이묘에게 영지를 하사받은 한 지방의 주인으로, 호령을 내려 사기를 북돋았다.

사무라이
가신의 영내에 거주하는 병사. 아시가루나 농민들을 통괄한다.

아시가루
무예에 소양이 있는 농민이나 낭인 등으로 구성되어 있다. 최전선에 선다.

농민
물자 운송 등을 담당하는 비전투원. 낫이나 괭이로 싸우기도 했다.

---

column

각 영주에게는 다이묘로부터 지시받은 할당량이 있었다

적군에 맞서 싸우려면 그에 걸맞은 병력이 필요하다. 따라서 동원령이 떨어지면 영주들에게는 할당량이 부과되었다. 할당량을 채우지 못하면 불이익을 당했을 테니 영주들은 병력을 모으느라 혈안이지 않았을까.

2장

출진 전에는 점괘를 보는 것이 센고쿠 시대의 풍습이었다

해당 인물
다이묘 | 무사 | 아시가루 | 용병 | 농민

해당 시대
무로마치 후기 | 센고쿠 초기 | 센고쿠 중기 | 센고쿠 후기 | 에도 초기

◆ 행운을 비는 의식으로 승리를 기원했다

아무리 만반의 준비를 했더라도 전쟁에서는 승리가 보장되지 않는다. 그래서 출진 전에는 승리나 생환을 기원하기 위한 의식이 치러졌다.

가장 먼저 실시되는 의식은 바로 '쇼진켓사이精進潔齋'였다. 심신을 맑게 하는 것이 목적으로, 남녀의 성관계가 금지되었다. 특히 출산 직후 33일 이내의 여성은 가까이 다가오는 것은 물론 만지지도 못하게 했다 하니 지금 같으면 크게 논란이 벌어질 일이다.

또한 시조를 읊는 자리를 열고 그 자리에서 만들어진 100수의 시를 신사에 봉납해 승리를 기원하기도 했다.

참고로 출진일은 점을 쳐서 결정했다. 출진해서는 안 되는 날에 출진했다간 반드시 패배한다고 여겨졌기 때문이다. 출진일에는 승리를 기원하는 삼헌三獻 의식을 진행했는데, 이때는 말린 밤과 전복, 다시마를 올렸다. 껍질을 벗겨서 말린 밤인 가치구리勝栗는 '승리勝'를 의미하고, 말린 전복인 우치아와비打鮑는 '적을 친다打'는 뜻을 담고 있으며, 다시마는 '기쁨1'을 의미한다. 또한 크고 작은 세 개의 술잔을 겹쳐서 술을 따르고 세 번으로 나눠서 총 아홉 번 마신다. 총대장은 가신들의 앞에서 이 음식들을 먹고 술잔을 기울이며 적에게 승리할 것을 맹세했다.

또한 총대장은 갑옷 끈의 끄트머리를 자르는 의식을 실시했는데, 이는 '갑옷을 벗지 않겠다', 즉 퇴각하지 않겠다는 결의를 나타내는 의식이었다. 그리고 성이나 저택을 나설 때면 총대장은 식칼을 밟고 출진하는 풍습도 있었는데, 이 또한 행운을 비는 행위 중 하나다. 이러한 의식들을 마치면 출진 신호로 그전까지 바닥에 내려두었던 깃발을 일제히 들어올렸다. 그리고 크게 사기가 오른 병사들은 함성소리와 함께 출진했다.

출진일에는 승리를 기원하는 삼헌 의식을 진행했다.

1 일본어로 '기쁘다'와 '다시마'는 각각 '요로코부', '콘부'라고 발음한다.

미신과 금기

출진 전에 행해지는 다양한 '의식'

병력 동원을 마쳤다 해서 곧바로 출진하지는 않는다. 영주들은 전투에서 이기기 위해 승리를 기원하는 다양한 의식을 거행했다. 하나같이 과학적 근거가 없는 미신들뿐이지만 전장으로 향하는 이들에게는 심적인 안정을 주었으리라.

미신

생사가 갈리는 전쟁에 임해야 하므로 출진을 앞두고는 만사에 의미를 부여했다.

새
적 방향에서 자신에게로 날아오면 흉, 반대는 길조였다.

개
출진할 때 개가 오른쪽으로 가로지르면 흉, 왼쪽으로 가로지르면 길조였다.

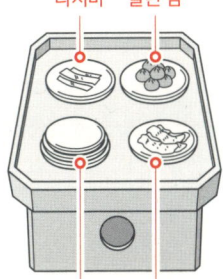

다시마 / 말린 밤 / 술잔 / 말린 전복

삼헌 의식
'적을 무찌르고 승리를 거두니 기쁘다'를 의미하는 것으로, 무척이나 중요한 의식이었다.

센고쿠 FILE
출진 전의 점치기
그 외에도 '출진할 때 말에서 떨어졌을 경우, 오른쪽으로 떨어지면 흉, 왼쪽으로 떨어지면 길조', '출진할 때 활이 부러졌을 경우, 손잡이보다 아래쪽이 부러지면 흉, 위쪽이 부러지면 길조'라는 미신도 있었다.

금기

전투에서 승리하기를 기원할 때는 몸을 깨끗이 해야 하므로 다양한 금기가 존재했다.

출진하기 전 사흘 동안은 성관계가 금지되었다. 여성은 부정하다고 여겨졌다.

센고쿠 FILE
출진 전에는 여성을 금기시했다
'전투에 입을 옷가지나 갑옷을 임산부가 만져서는 안 된다', '갑옷을 북쪽에 놓아서는 안 된다'는 금기도 존재했다. 아무런 근거가 없는 이야기지만 당시에는 관례였다.

42 숨은 주역인 '군사'가 전투의 길흉을 점쳤다

해당 인물: 다이묘 | 무사 | 아시가루 | 용병 | 농민

해당 시대: 무로마치 후기 | 센고쿠 초기 | 센고쿠 중기 | 센고쿠 후기 | 에도 초기

❖ **센고쿠 다이묘가 이뤄낸 패업 뒤에는 항상 군사의 헌책이 있었다**

군사軍師라 하면 막사 안에서 앞일을 내다보고 계책을 세워 적을 농락하는, 이른바 지능형 무장이라는 인상이 강하다. 일본 역사상 최초로 등장한 군사는 나라 시대에 벌어진 후지와라노 나카마로(에미노 오시카쓰)의 난을 진압하는 데 공을 세운 '기비노 마키비'라고 한다. 중국의 병법을 배운 그에게는 음양사라는 또 다른 일면도 있었는데, 이러한 기비노 마키비의 모습이 일본에서는 군사의 상징처럼 전해져 내려왔다. 즉, 군사는 전쟁이 벌어지기 전에 길흉을 점쳐 필승을 기원하거나 출진 의식 및 수급을 검사하는 법, 함성을 외치는 법 등을 전수하는 주술사적 존재였던 셈이다.

하지만 센고쿠 시대로 접어들어 전쟁의 양상이 복잡해짐에 따라 군사는 다양한 분야에서의 조언자로 변모해갔다. 먼저 자신이 다이묘를 대신해 대군을 이끌고 전장에서 지휘를 맡는 참모형이 있다. 참모라 해도 전장에서는 최고 지휘관을 맡는 경우도 많았는데, 센고쿠 말기에 벌어진 오사카의 진에서 활약한 사나다 유키무라(노부시게), 고토 마타베에는 이 그룹에 속한다. 그리고 마찬가지로 병법에 능통하면서도 철저히 군주를 곁에서 모시며 계책을 내놓는 책사형이 있다. 도요토미 히데요시의 패업을 도운 '다케나카 한베에'나 '구로다 간베에', 도쿠가와 이에야스를 뒤에서 보필한 '혼다 마사노부'가 여기에 속한다. 정세를 분석하고 이기기 위한 계책을 제안하는 모습은 일반적인 군사의 이미지에 가깝지 않을까.

군사가 활약할 자리는 비단 전장만이 아니었다. 외교가 특기인 교섭형 군사는 중도적인 위치가 요구되는 경우도 있었기에 주로 승려가 많았다. 중국의 서적이나 고전에도 정통했기에 다이묘 간의 교섭을 맡거나 조정에 공작을 펼치는 등, 폭넓은 분야에서 주군을 보좌했다. 이처럼 내정에 능한 관료 스타일로 가장 먼저 꼽히는 인물로는 '이시다 미쓰나리'가 있다. 이들은 내치나 재정뿐 아니라 전시에는 병참 분야에서 전선을 유지하는 데 큰 공훈을 세웠다.

군사의 역할

센고쿠 다이묘를 곁에서 보필한 군대의 참모

전술을 입안하는 참모로서 군사는 군대에 빼놓을 수 없는 존재다. 센고쿠 시대의 군사는 음양가가 기원이었기에 주술사적인 성격도 함께 갖추고 있었던 듯하다. 군사의 업무 내용을 알아보자.

군사의 손에 치러지는 의식들

군대의 의식을 주관하는 중요한 역할을 맡았던 군사는 없어서는 안 될 존재였다.

제비뽑기
출진할 날짜나 시간, 방향 등을 제비뽑기로 점쳤다. 군신을 모시는 신사에서 실시하기도 했다.

갑옷 끈 자르기
착용한 갑옷의 끈을 자르는 의식. '갑옷을 벗지 않겠다'는 결사의 의지를 나타내는 의식이었다.

갑옷 끈

점치기
날짜, 시간, 방향에도 길흉이 있다. 음양도나 수험도의 소양이 있는 군사가 길흉을 점쳤다.

전승 기원
전투에서 승리하기 위해 군신에게 승리를 기원했다. 주술사적인 군사의 경우는 산 제물을 바치기도!

오누사(大麻)*

전술 입안
병법에 통달한 군사가 적을 어떻게 격파할지 주군에게 전술을 입안하거나 조언했다.

* 일본의 민족종교인 신토에서 제사를 올릴 때 사용하는 도구

2장

출진·진군의 법도

센고쿠 시대의 행군은 총대장을 중심으로 편성되었다

해당 인물: 다이묘 | 무사 | 아시가루 | 용병 | 농민

해당 시대: 무로마치 후기 | 센대쿠 초기 | 센고쿠 중기 | 센고쿠 후기 | 에도 초기

❖ **행군의 서열에는 깊은 의미가 담겨 있었다**

하타지루시를 앞세우고 위풍당당하게 진군하는 센고쿠 시대의 행군에는 당연히 일정한 규칙이 존재했다. 전장으로 향할 때, 군대는 '전군·중군·후군'의 세 부대로 나누어서 행군했으리라 생각된다. 그리고 고니다小荷駄 부대라 불리는 병참부대가 후군을 뒤따르는 것이 기본적인 진형이었다.

물론 이러한 순서가 매번 반드시 지켜지는 않았다. 예를 들어 오다 노부나가가 오케하자마 전투에서 기요스성을 박차고 나갔을 때는 몇 명의 시동侍童만이 뒤따랐다고 전해진다. 노부나가의 생애를 살펴보면 총대장이 가장 먼저 박차고 나가면 부대가 삼삼오오 뒤따르는 장면을 종종 찾아볼 수 있다.

전군·중군·후군은 저마다 복수의 '소나에備'로 구성되어 있었다. 선봉이라고도 불린 전군은 군세의 선두에서 척후병을 풀어 적의 동태를 살피면서, 적과 마주쳤을 경우 가장 먼저 전투를 맡으므로 정예병이 다수 배치되는 경우가 많았다. 중군은 총대장이 속한 본대에 해당한다. 총대장의 주변에는 직속 시동이나 하타모토旗本1, 우마마와리슈馬廻衆가 버티고 있었다. 총대장을 지켜야 한다는 임무 때문에 중군에게는 전투에서 멋지게 활약할 기회가 거의 주어지지 않았지만 노부나가가 죽은 후 패권을 둘러싸고 도요토미 히데요시와 시바타 가쓰이에가 싸운 시즈가타케 전투에서는 젊은 날의 가토 기요마사나 후쿠시마 마사노리 등 히데요시의 시동들이 크게 분투하며 그 이름을 천하에 떨쳤다. 후방 경계 임무와 전군과 중군이 전투에 돌입했을 때 후방을 방어하는 후군은 굳이 말하자면 2군급 부대였다.

지체 높은 기마무사에게는 마타모노叉者라고 불린 비전투원이 함께했다. 이들은 말에 탄 무사의 창 등을 나르는 운반 임무를 수행하면서 전장에서는 주군의 위기를 구하거나 적과 뒤얽혀 싸우는 주군을 도왔는데, 정규 무사는 아니었지만 전장에서는 빼놓을 수 없는 존재였다고 한다.

1 총대장을 호위하는 무사단

'소나에'와 행군

센고쿠 시대 특유의 기본 진형을 알아보자

'소나에'란 대장들이 지휘하는 부대의 최소 단위다. 각각의 소나에를 편성할 때는 병종별 편성이라 하여 무기의 종류에 따라 나누는 방법을 사용했다. 언제 적과 맞닥뜨리더라도 문제가 없게끔 행군 중에도 포진에 맞게 대열을 꾸렸다.

기마무사

기마무사는 전쟁터의 꽃과 같은 존재였다.
다만 일정한 영지를 보유한 무사만이 맡을 수 있는 직책이었다.

창지기 / 고삐잡이

창병대

센고쿠 초기에는 최전선에서 싸우는 주력 부대였지만 철포가 널리 퍼지면서 방어와 호위 임무가 많아졌다.

철포대

전쟁의 포문을 여는 고화력 부대.
센고쿠 후기에 접어들면서 인원이 점차 늘어났고, 군의 주력 부대로 거듭났다.

궁병대

빠른 공격이 가능하며 날씨에 좌우되지 않는다는 점에서 강력한 전력이었던 궁병대는 언제나 중요한 존재였다.

센고쿠 당시 군대의 주요 구성

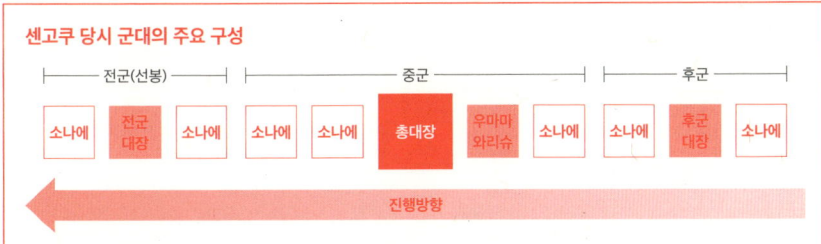

센고쿠 시대의 부대는 주로 전군·중군·후군으로 나뉘어져 있었다. 또한 하나의 '소나에'는 일반적으로 철포대·궁병대·창병대·기마대·고니다*로 구성된다. 군대의 규모가 커지면 커질수록 이 '소나에' 역시 많아졌다.

* 다음 페이지 참조

44 병사의 물자를 운반하는 센고쿠 시대의 명품 조연

해당 인물 | 다이묘 | 무사 | 아시가루 | 용병 | 농민

해당 시대 | 무로마치 후기 | 센고쿠 초기 | 센고쿠 중기 | 센고쿠 후기 | 에도 초기

❖ **대규모 전쟁을 지원하는 병참 부문에서 활약한 고니다 부대**

센고쿠 초기의 전쟁은 소규모로 며칠 만에 결판이 나는 경우가 많았다. 따라서 각 병사가 지참해오는 식량과 현지 조달만으로도 충분했지만 센고쿠 중기 이후부터는 1만이 넘는 군대가 몇 개월부터 몇 년에 걸쳐서 대치하고 싸움을 벌이는 장기전이 늘어나기 시작했다. 그럴 경우에는 다이묘가 병량을 준비해야만 했다.

병량을 운반하는 부대는 '고니다 부대'라고 불렸는데, 고니다부교라는 무사가 자신의 영지에서 병량을 거둬들이고 운반부터 현지 징발을 관리했다. 고니다 부대에서는 병사가 아닌 농촌에서 징발된 사내들이 병량 운반에 종사했으므로 병량을 운반하는 말은 군마가 아닌 농경마였다고 한다. 주식인 쌀과 된장, 소금, 그리고 말의 먹이인 콩과 볏짚, 건초 등을 운반하기 위해 말 한 마리 당 2~4섬의 쌀가마를 얹었다고 한다. 또한 병량뿐 아니라 예비용 무기나 방어구, 화살과 탄환, 화약 등의 소모품도 운반했으며 현지에서 진지를 운용하는 데 필요한 괭이나 쟁기 등의 토목 작업용 도구도 운반한 듯하다.

대다수의 고니다 부대는 비전투원이기 때문에 전투력은 없는 것이나 마찬가지였으며, 행군 속도도 느린 데다 적의 습격을 받으면 군세가 흐트러질 위험까지 있는, 말하자면 군대의 약점이었다. 따라서 소수의 전투 부대가 고니다 부대의 호위를 맡았다. 이 호위대는 짐꾼이 병량을 짊어진 채 달아나지 못하게끔 감시하는 역할도 맡고 있었다.

시대가 흐르며 세력이 커지면 커질수록 고니다 부대 역시 체계적으로 변해갔는데, 이러한 체계화에 뒤처진 지역, 예를 들어 조소카베 가문이 다스리던 도사佐나 시마즈 가문의 사쓰마 지방에서는 병사들이 개인적으로 갑옷과 창, 병량을 짊어지고 각자 전장으로 향하는 모습도 눈에 띄었다고 한다. 정예 병력을 거느렸던 조소카베나 시마즈 가문 역시 중앙에서 세력을 떨친 도요토미 히데요시에게 무릎을 꿇었으니 전투에서 군수품, 병참이 얼마나 중요한지를 알 수 있는 부분이다.

고니다 부대

식량이나 진지 구축용 자재를 운반하는 명품 조연

고니다 부대는 전쟁터에서 싸우지 않는 대신 병량이나 무기, 취사도구, 진지 구축을 위한 연장 등을 운반했다. 전쟁이 장기화되었을 경우에는 병량의 확보가 승리를 판가름하는 만큼, 군대에서는 이들의 인원을 확보하는 것이 매우 중요했다.

고니다 부대의 편성

행군 속도가 느리며 전력이 약한 고니다 부대는 적의 목표가 되는 경우가 많았다.

고니다부교(小荷駄奉行)
고니다 부대를 호위하고 감시하기 위해 진열의 선두에 배치되었다.

운반용 말
말 한 마리 당 쌀가마의 적재량은 2~4섬이었다.

짐꾼
자재를 운반한다. 비전투원이기 때문에 싸우는 일은 없었다.

운반한 물품들
고니다 부대는 장기간에 걸친 행군이나 농성전에서 군단을 지탱해주는 존재였다. 과연 어떤 물품을 운반했을까?

쌀가마
당연히 주식인 쌀은 빼놓을 수 없다. 된장이나 소금도 운반했다.

무기와 방어구
상급무사의 경우는 고니다 부대에게 무기 운반을 맡겼다.

말 이외의 운반 수단은?
센고쿠 시대의 길은 기본적으로 험로였기에 기본적인 운반 수단은 말이었다. 다른 방법은 없었을까?

소
소 역시 운반에 사용되었지만 걷는 속도가 느리다는 점이 문제였다.

짐수레
짐수레가 운반에 사용된 것은 에도 시대부터라고 한다.

45 의외로 종군 중에는 배불리 먹을 수 있었다!?

해당 인물	해당 시대
다이묘 / 무사 / 아시가루 / 용병 / 농민	무로마치 후기 / 센고쿠 초기 / 센고쿠 중기 / 센고쿠 후기 / 에도 초기

❖ **배가 고프면 싸울 수 없다!**
전장의 식량에 대해 알아보자

소빙하기였던 센고쿠 시대는 전반적으로 식량이 부족했다. 아시가루 등으로 전투에 나서면 식량이 지급되었기 때문에 가난한 마을에서는 입을 줄이기 위해 자진해서 인원을 차출하기까지 했다고 한다.

진군 중의 아시가루는 하루에 5홉(약 0.9ℓ)의 쌀을 지급받았지만 전투가 벌어지면 두 배인 1되를 받았다. 물론 오로지 각 다이묘나 영주의 재량이었기 때문에 그 양에는 차이가 있었는데, 실제 전장에서는 1인 당 5홉 5작[1], 6홉을 배급한 예도 있었다. 또한 쌀은 한 번에 모아서 지급하면 병사들이 마음대로 술을 빚어버릴 위험도 있었으므로 며칠마다 소분해서 지급했다고도 한다.

물론 사람이 쌀만 먹고 살 수는 없다. 조미료로 된장이나 소금도 지급되었고, 지급품과는 별도로 개인이 휴대하고 다니는 식량도 있었다. 토란 줄기를 된장으로 졸인 후 새끼줄처럼 꼬아놓은 '이모가라나와芋がら縄'는 잘게 찢어서 뜨거운 물에 풀면 건더기가 든 인스턴트 된장국이 되는데, 이처럼 지금으로 따지자면 '전투식량'에 해당하는 야전용 휴대식은 센고쿠 시대에도 존재했다.

빵에 비해 쌀은 반드시 물이나 불을 거쳐야 하며 조리에 시간도 걸리기 때문에 전장에서는 부적합한 식재료다. 따라서 하루에 1되의 쌀이 지급될 경우에는 아침에 5홉의 밥을 지어서 아침식사로 2홉 반을 먹고, 점심에 2홉 반의 밥을 지으면서 점심식사로 아침에 지어놓은 나머지 밥을 먹는 방식으로 갑작스러운 전투로 조리가 불가능한 경우에도 한 끼분의 식량은 수중에 남게끔 식사를 했다. 또한 다 지어진 밥을 말려서 비상식량으로 갖고 다녔으므로 이를 오독오독 깨물어 먹거나 시간적으로 여유가 있을 때는 물에 불려서 먹었던 것으로 보인다. 불을 피울 때는 장작이 필요한데, 장작을 준비할 수 없을 경우에는 마른 말똥을 연료 대용으로 사용했다고 한다.

결코 호화로운 식탁은 아니었지만 가난한 농민에게는 제법 괜찮은 메뉴였던 셈이다.

1 홉의 10분의 1

휴대식량

3일분의 식량은 지참하는 것이 전국시대의 '법도'

전쟁이 벌어졌을 경우, 아시가루들은 출진하고 사흘 동안은 직접 식량을 준비해야 했다. 따라서 보존성이 뛰어난 식량이 인기가 많았으리라 생각되는데, 실제로는 어떤 식량을 휴대하고 다녔을지 검증해보자.

아시가루의 휴대식량은?

아시가루들은 자신의 몸에 식량을 두른 채 행군했다. 그야말로 직접 도시락을 싸들고 전쟁에 참가한 셈이다.

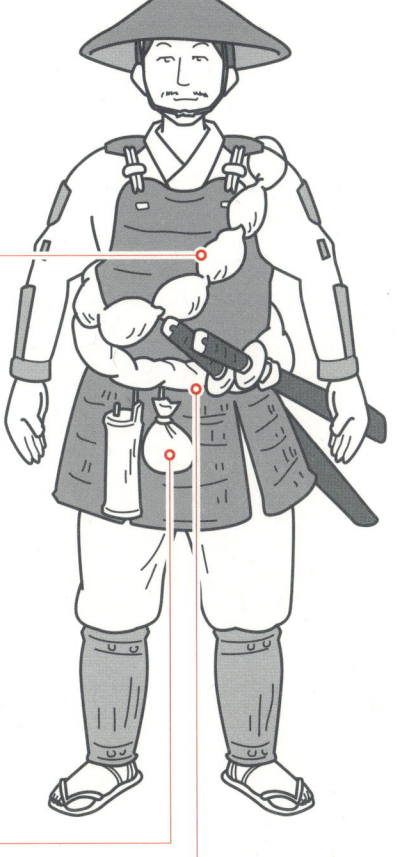

식량 주머니
줄줄이 이어진 식량 주머니를 어깨에 차고 다녔다. 이 주머니에는 주로 쌀이 들어 있었다.

말린 밥
찐 밥을 찰기가 없어질 때까지 씻은 후 햇볕에 말린 것. 그대로 베어 먹거나 물에 불려서 먹었다.

우치가이부쿠로(打飼袋)
무명천으로 만든 주머니로, 이 안에도 식량을 넣고 다녔다.

매실절임
식량으로 사용할 뿐 아니라 소독약으로도 사용했다.

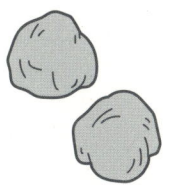

말린 된장
건조시킨 된장을 동그랗게 뭉쳐놓은 보존식. 판 형태로 만들기도 했다.

이모가라나와 (芋がら縄)
토란의 줄기 부분을 된장으로 졸인 후 새끼줄처럼 꼬아놓은 것.

배급식량

행군 나흘째부터 지급되는 식량은?

사흘 치 식량을 모두 먹으면 나흘째부터는 다이묘가 먹을 것을 지급했다. 주식이어서 예상하기 쉬운 쌀을 제외하면 그밖에 어떤 식량이 제공됐을까?

배급식량의 종류

행군 중인 만큼 호화롭다고까지는 할 수 없지만 다양한 식량이 준비되었다고 한다.

진미
해당 지역의 산과 바다에서 채취한 식재료를
식량으로 지급했다. 고기나 생선, 산채 등 다양했다.

주먹밥
적미나 흑미뿐 아니라 백미가 제공되기도 했다.
다만 내용물은 없었다.

된장
볶거나 구운 된장 외에도 지역에 따라서는
핫초미소(八丁味噌)라는 적된장을 지급하기도 했다.

소금
소금은 생명을 유지하는 데 반드시 필요하다.
반찬으로 하루에 0.1홉(15g)이 지급되었다.

센고쿠 FILE

배급식량으로 전투력 상승!
센고쿠 시대에 처음으로 배급식량을
제공한 인물은 오다 노부나가였다고 한다.
센고쿠 시대는 기근이 끊이지 않았기 때문에
배급식을 얻기 위해 전투에 참가한 이들도
적지 않았다.

비상식량

진군 중에는 그 외에도 다양한 먹거리를 먹었다

쌀이나 된장, 소금만 먹어서는 물릴 터. 또한 종일 행군하다 보면 허기도 질 것이다. 전쟁에 참가한 아시가루들은 쌀 외에도 다양한 식재료를 섭취한 듯하다.

여러 가지 비상식량

보존이 가능한 식량부터 현지에서 조달할 수 있는 식량까지, 굶주림을 이겨내기 위해 다양한 궁리를 했다.

달걀
보존 기간이 길며 영양가가 높은 달걀은 행군 때 인기가 많았다.

효로간(兵糧丸)
쌀이나 메밀가루, 콩가루 등, 몇 가지 곡물 가루를 섞어서 만든 보존식.

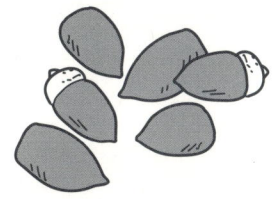

나무 열매
구하기 쉬운 나무 열매는 센고쿠 시대의 귀중한 단백질 공급원이었다.

그 외의 식량 조달 방법
자신의 영지에서 직접 식량을 조달해오기도 했지만 다른 방법도 있었다.

행상인
상인으로부터 식량을 구입한다. 다이묘가 거느린 상인도 있었다.

가리타로제키(刈田狼藉)
적지의 논밭을 강제로 수확해 병량으로 삼는 행위를 말한다.

2장 출진·진군의 법도

먹을 것보다 마실 것을 확보하기가 더 힘들었다

해당 인물 다이묘 | 무사 | 아시가루 | 용병 | 농민

해당 시대 무로마치 후기 | 센고쿠 초기 | 센고쿠 중기 | 센고쿠 후기 | 에도 초기

❖ **먹을 것 이상으로 절실한 문제는 마실 물의 확보였다**

며칠 정도는 아무것도 먹지 않아도 괜찮지만, 전혀 수분을 섭취하지 않는 상태에서는 목숨이 위험해진다. 물이 풍부한 일본이라고는 하나 마실 물의 확보는 전쟁을 이어나가는 데 사활이 달린 문제였다. 아시가루에게 지급되는 물은 하루에 1되(약 1.8ℓ)였지만 행군 중이나 전장에 항상 깨끗한 수원지가 존재하리라는 보장은 없다. 농성전에서는 포위 병력에 의해 물길이 끊겨서 성이 함락되는 경우가 많았는데, 물의 확보가 얼마나 전쟁의 향방을 크게 좌우하는지를 알 수 있다.

물론 공성 측이라 해서 풍부한 물이 보장되지는 않는다. 해당 지역에 대한 지식 없이 수원지를 찾기란 어려운 일이며, 적이 우물에 독이나 인분을 풀었을 위험성도 있었다.

또한 강물을 마신다 해도 마찬가지로 상류에서 고의로 오물을 흘려보낼 수도 있으며, 전사한 병사나 마소의 시체 등이 떠다니기라도 했다간 이질에 걸리게 된다. 따라서 끓인 물이나 살구 열매1, 고향땅에서 난 우렁이를 말려 이것을 냄비에 넣고 물을 받은 뒤, 위로 떠오른 물을 마시는 방법이 추천되었다.

끓여 먹을 상황이 아니거나 살구, 우렁이도 없는데 목이 너무 마르다…. 이럴 때는 흙탕물을 천으로 걸러 웃물만 마시거나 풀을 씹어서 수분을 섭취하기도 했다. 그만큼 처절한 상황이었던 셈이다.

농성 측은 물길이 끊기면 시체의 피를 마시기도 했다고 한다. 물을 둘러싼 지옥도와 같은 광경이 전장에서는 그야말로 일상다반사였던 것이다. 마실 물의 확보는 전장에서 빗발치는 적의 총탄 이상으로 병사들의 목숨을 단단히 쥐고 있는 문제였다.

1 살구 씨앗을 쪼개면 안에 씨핵이라는 말랑말랑한 부분이 있는데, 이것을 약용으로 사용한다

수분 보충

갈증을 해소하기 위해서 풀까지 씹었다

식량 보급과 더불어 문제가 되는 것은 수분 보충이다. 지금이야 수도꼭지를 돌리면 물이 나오지만 당시는 물을 확보하기가 여의치 않았다. 여기서는 센고쿠 시대에서 수분을 보충하기 위한 방법을 자세히 소개하려 한다.

수분을 보충하는 방법

인간이 생명을 유지하기 위해 수분은 반드시 필요하다. 진군 중에는 다양한 방법으로 물을 확보하려 힘썼다.

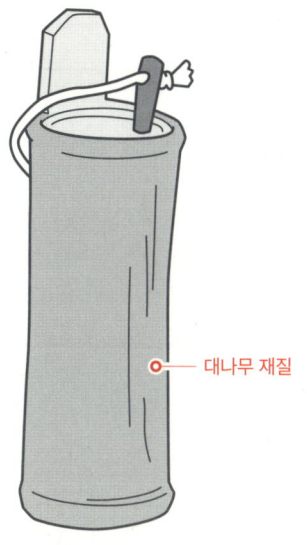

○ 대나무 재질

물통
전투에 참가한 아시가루들은 대나무로 된 물통을 각자 지참하고 있었다.

흙탕물을 천으로 거른다
흙탕물조차 귀중한 수분이다. 배탈이 나지 않게끔 천으로 걸렀다.

○ 매실절임

매실절임을 본다
조건반사를 이용한 비장의 수단. 침을 내서 목을 축였다.

풀을 씹는다
주변에 자생하는 풀을 씹어서 목을 축였다.

> **센고쿠 FILE**
> **비교적 안전하게 마실 수 있는 빗물**
> 강물이나 우물물은 적이 독을 풀 가능성이 있으므로 비교적 안전하게 마실 수 있는 물은 빗물이었다. 지금처럼 대기오염이라는 개념도 없던 시절인지라 안심하고 마실 수 있었다.

47. 벗지 않고도 볼일을 볼 수 있는 센고쿠 시대의 속옷

해당 인물: 다이묘 | 무사 | 아시가루 | 용병 | 농민

해당 시대: 무로마치 후기 | 센고쿠 초기 | 센고쿠 중기 | 센고쿠 후기 | 에도 초기

❖ 편하게 볼일을 볼 수 있는 디자인 덕분에 언제 어디서든 OK

에도 막부를 연 도쿠가와 이에야스는 도쇼다이곤겐東照大権現이라 불리며 신처럼 추앙을 받았고, 무사들은 물론 서민으로부터도 존경을 받았다. 그런 그가 1572년, 미카타가하라 전투에서 다케다 신겐이 이끄는 군대에 완패하고 거성인 하마마쓰성으로 도망치던 중 말안장 위에서 똥을 지렸다는 전설은 익히 알려져 있다[1]. 이 이야기를 듣고 의아해할 사람도 있으리라. '온몸을 갑옷으로 꽁꽁 감싸고 있었을 텐데 아무리 똥을 지렸다지만 어떻게 안장 위까지 오물이 새나온 걸까?'라고.

그 비밀은 우선 바지의 디자인에 있다. 각각 따로 나뉜 왼쪽 허벅지와 오른쪽 허벅지 부분을 허리끈으로 고정해놓은 구조인 데다가 수많은 자수가 겹쳐져 있었기 때문에 겉으로 봐서는 고간 부분이 갈라져 있음을 알아차리기 어렵다. 물론 바닥에 양반다리를 하고 앉으면 가운데 부분이 쩍 벌어져서 훈도시褌[2]가 고스란히 드러나지만 말 위나 걸상에 앉아 있을 때는 보이지 않는다는 점이 포인트다. 좌우로 열리는 디자인 덕분에 쭈그리면 자연스럽게 열리는 고간 사이로 기분 좋게 배설이 가능한 구조였다.

물론 그대로 배설했다간 훈도시가 더러워지고 말겠지만 당시의 훈도시는 앞 끈을 목에 거는 이른바 '엣추훈도시越中褌' 혹은 '와리훈도시割褌'로, 앞 끈만 풀면 고간을 덮고 있는 부분이 헐렁해지면서 넉넉하게 공간이 생기는 형태였다. 벗지 않고 살짝 풀기만 하면 빈틈이 생겨나 그 사이로 배설을 할 수 있으니 어떻게 보자면 합리적인 디자인이다. 다만 배설을 마치고 그대로 훈도시를 조였다간 당연히 변이 묻겠으나 이는 전장이니 꾹 참을 수밖에 없지 않았을까.

[1] 다만 최근의 연구에 따르면 이는 신빙성이 낮다고…
[2] 속옷의 일종으로, 남성의 음부를 가려주는 긴 천

배설

전쟁 중에도 생리현상은 찾아오기 마련

식량이나 수분 공급과 마찬가지로 의문스러운 점은 배설 문제다. 갑옷을 입은 상태에서 볼일을 볼 수 있었을까? 또한 훈도시나 속옷은 어떤 구조였을까? 등등, 여러모로 신경 쓰이는 배설 방법에 대해 정리해보았다.

배설 방법

센고쿠 시대의 훈도시나 속옷은
언제든 볼일을 볼 수 있게끔 디자인되어 있었다.

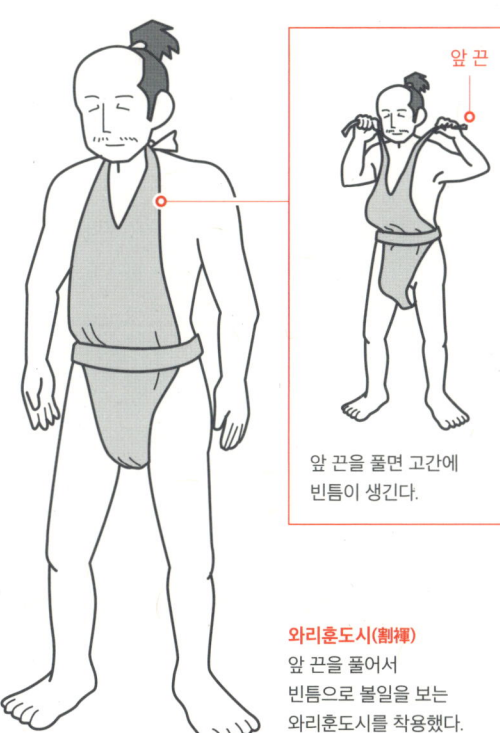

앞 끈

앞 끈을 풀면 고간에 빈틈이 생긴다.

와리훈도시(割褌)
앞 끈을 풀어서
빈틈으로 볼일을 보는
와리훈도시를 착용했다.

구소쿠시타기(具足下着)
갑옷 밑에 입는 속옷.
고간이 벌어져 있어서
어디서든 볼일을 볼 수 있었다.

주기(籌木)
당시는 밑을 닦을 때
종이가 아니라 주기(籌木)라는
나뭇조각을 사용했다.

센고쿠 FILE

손은 어떻게 씻었을까?
일본에 비누가 들어온 것은 센고쿠 시대인 1543년이다. 다만 모두에게 널리 퍼진 때는 메이지(1867~1912년) 시대로 접어든 이후라고 한다. 볼일을 본 정도로 굳이 손을 씻지는 않았으리라.

48 종군 중의 병사들은 어떻게 잠을 잤을까

해당 인물 : 다이묘 / 무사 / 아시가루 / 용병 / 농민
해당 시대 : 무로마치 후기 / 센고쿠 초기 / 센고쿠 중기 / 센고쿠 후기 / 에도 초기

◆ 충분한 수면은 사치나 다름없던 센고쿠 시대의 잠자리

현대전에서 병사들에게는 텐트나 참호 등, 비바람을 막아줄 공간이 확보되어 있다. 그 안에서 휴식은 물론 수면을 취할 수 있는 이유는 적당한 방한성 등의 거주환경이 확립되어 있기 때문이다. 센고쿠 시대에는 이러한 수면, 휴식 문제를 어떻게 해결했을까. 정답은 크게 신경쓰지 않았다…기보다는 아예 고려조차 하지 않았다. 농성 측은 성 안에 비를 피할 가옥이 있었을 테고, 공성 측 역시 적성 주변에 위치한 마을의 가옥이나 빼앗은 쓰케지로付城, 요새에서 잠을 자면 최소한의 수면은 확보할 수 있었을 테지만 야전 상황이라면 그럴 수도 없는 노릇이다.

물론 총대장을 비롯한 무장들은 행군시 야전에 진지를 구축하기 위한 자재를 함께 운반했기에 간단한 건물을 지어서 악천후를 피했으리라. 건물이 아니라 간이 막사라 해도 있고 없고에 따라서 방한성에 확연한 차이가 난다. 아시가루 같은 하급 병사들은 그마저도 기대할 수 없었다. 이들은 나무 밑에서 비를 피하며 한치 앞도 내다볼 수 없는 전장을 살아갔던 것이다. 그럼에도 대규모 공성전이나 야전에서 오랫동안 대치하는 경우에는 아시가루를 위한 간이 공동주택이 지어지기도 한 모양이다.

호쿠리쿠北陸나 도호쿠東北 지방의 다이묘들은 겨울이면 눈으로 뒤덮이기 때문에 기본적으로 출병이 불가능했다. 따라서 전쟁은 봄부터 여름에 걸쳐서 벌어지는 경우가 많았으므로 야외에서 잠을 잘 때 기후적인 문제는 없었으리라. 일본에서도 손꼽히는 호설지대인 에치고越後를 지배했던 우에스기 겐신은 봄부터 늦여름에 걸쳐 간토와 시나노로 출병해 수확기인 가을이면 자신의 지배지로 돌아가는 패턴을 되풀이했다. 하지만 강설을 걱정할 필요가 없는 지방에서는 농한기인 겨울이야말로 출병하기 좋은 시즌이었다. 한겨울에 전장으로 내몰려 차디찬 겨울 하늘 아래서 종군했을 아시가루들이 안타까울 따름이다.

수면 방법

센고쿠 시대의 군인은 어디서 휴식했을까?

배가 고프거나 소변이 마려워지는 것이 생리현상이라면 수면도 마찬가지로 생리현상이다. 전쟁이 벌어지는 내내 깨어 있을 수는 없을 테니 반드시 어딘가에서 수면을 취해야 한다. 그 장소는 대체 어디였을까?

진지로와 쓰케지로

공격 측은 야전용 진지를 설치해 그곳에서 수면을 취했다.

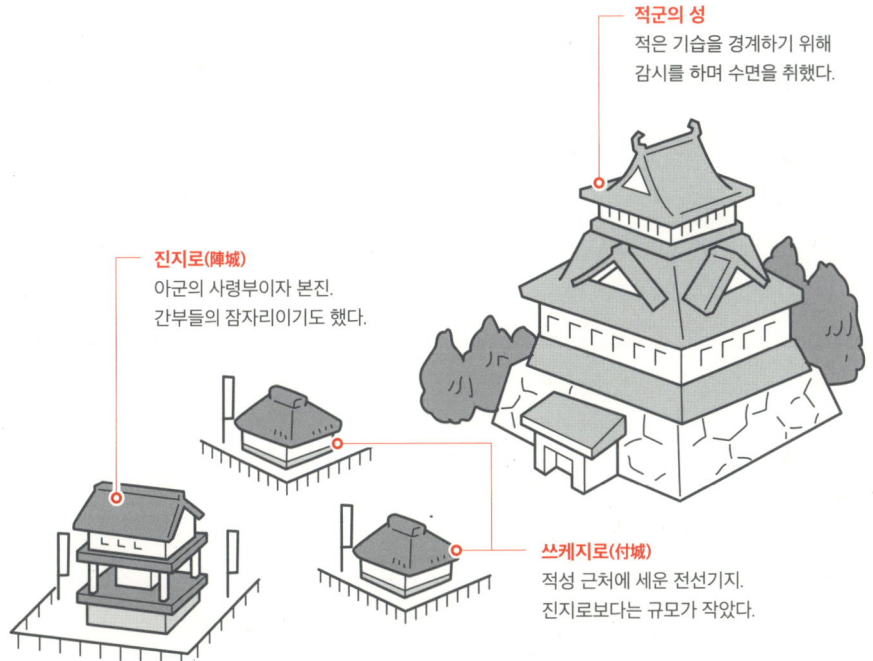

적군의 성
적은 기습을 경계하기 위해 감시를 하며 수면을 취했다.

진지로(陣城)
아군의 사령부이자 본진. 간부들의 잠자리이기도 했다.

쓰케지로(付城)
적성 근처에 세운 전선기지. 진지로보다는 규모가 작았다.

고위직의 잠자리

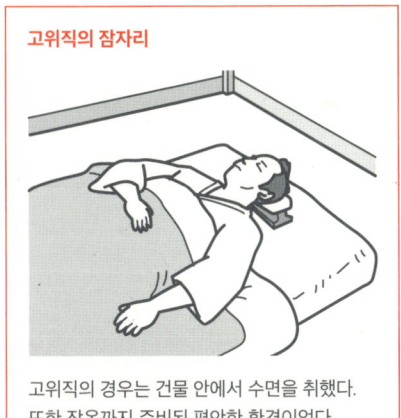

고위직의 경우는 건물 안에서 수면을 취했다. 또한 잠옷까지 준비된 편안한 환경이었다.

아시가루의 잠자리

아시가루들은 깔개를 깔고 야외에서 노숙을 했다. 비바람을 맞는 경우도 적지 않았다.

센고쿠 시대의 과격한 치료법

해당 인물: 다이묘 | 무사 | 아시가루 | 용병 | 농민

해당 시대: 무로마치 후기 | 센고쿠 초기 | 센고쿠 중기 | 센고쿠 후기 | 에도 초기

❖ '상처 부위에 인분 바르기'처럼 사이비 민간요법이 한가득

날붙이를 들고 사투를 벌이는 전쟁에서는 수많은 장병이 부상을 입는다. 당시는 이들을 치료하는 군의로 금창의[1]라 불리는 의사가 전쟁터를 따라다녔다고 하는데, 지금의 펜치처럼 생긴 집게로 몸에 박힌 창날을 억지로 뽑아내는 등, 꽤나 과격한 치료법이 시행되었다. 또한 잡병인 아시가루 대부분은 동료들끼리 서로를 치료해줬다고 한다.

그 방식은 주로 민간요법으로, 소독 효과가 있는 오갈피나무 잎이나 생강가루를 복용하거나 쑥 잎을 잘 씹어서 상처 부위에 바르는 식이었다. 다만 이러한 약초를 휴대하고 다니는 사람은 많지 않았기에 주변에서 자라는 풀을 환부에 대고 천으로 감아주는 정도가 대부분이었다.

또한 상처 부위에 소금을 바르거나 화상에 간장을 붓는 등 상상만 해도 끔찍한 치료가 실시되었는데, 실제로 소금을 문지르면 고통 때문에 기절하는 이들이 끊이지 않았다고 한다.

나름 효과를 기대할 만한 치료법도 있었지만 엉터리 치료법도 장려되었다. 예를 들어 두더지를 바짝 구워서 가루를 낸 것이나 여성의 음모를 태워서 기름에 섞은 것, 달걀흰자에 백분을 섞은 것을 상처 부위에 바르는 치료법들이 존재했다. 달걀흰자의 응고작용을 이용한 치료법이 그나마 효과가 있어 보이지만 그나마도 날달걀에는 잡균이 우글거리기 때문에 파상풍에 걸릴 위험이 있다.

심지어 상처 부위에 인분을 바르거나 복부에 고인 피를 빼기 위해 회색 말의 혈액이나 똥을 끓여서 복용하는 방법이 장려되었다고 하니 경악스러울 따름이다. 비위생적인 똥을 바르는 행위는 파상풍에 걸릴 위험성에서도 감히 날달걀이 비길 수준이 아니었으리라.

참고로 칼에 베였을 때 봉합 등의 외과 치료가 실시된 때는 서양의학이 전래된 센고쿠 시대 말기부터라고 한다.

---

1 금창은 쇠붙이에 입은 부상을 가리킨다

치료 방법

말똥물 먹이기 등, 터무니없는 과격한 치료법들

서로에게 상처를 입히는 전쟁에서 부상은 피할 길이 없다. 그럼에도 불구하고 의학이 발달하지 못했던 센고쿠 시대의 치료법은 무척이나 과격했다. 여러 끔찍한 치료법에 대해 알아보자.

전장에서의 상처 치료 전쟁에서 부상병이 발생하면 센고쿠 시대에서는 독창적이기 그지없는 치료법이 실시되었다.

총알 빼기
탄환이 박혔을 경우에는 부상병을 고정시킨 후 집게를 이용해 힘으로 뽑아버렸다.

끔찍한 고통에 기절하는 이들이 속출했다.

> **센고쿠 FILE**
>
> **봉합수술에 마취는 없었다**
> 센고쿠 시대 후기에 서양의학이 전래되면서 봉합수술이 실시되었다. 하지만 치료에 마취제가 사용된 것은 에도 시대 이후의 일. 당연히 치료에도 엄청난 고통이 뒤따랐다.

말똥물
말똥을 끓인 물을 부상자에게 먹이기도 했다.

유명한 치료 사례

아마리 노부타다의 일화
(연도 불명)
철포에 부상을 입은 요네쿠라 시게쓰구의 아들 히코지로에게 말똥물을 먹이기 위해 솔선수법해서 자신이 먼저 마셨다.

아시가루들의 무기나 방어구는 렌탈 혹은 각자 부담이었다

50

해당 인물	해당 시대
다이묘 / 무사 / **아시가루** / 용병 / 농민	**무로마치 후기** / **센고쿠 초기** / **센고쿠 중기** / **센고쿠 후기** / 에도 초기

❖ 무기부터 식량까지 전투 준비는 모두 각자 부담

에도 시대에 쓰인 병법서로 아시가루들의 마음가짐, 주의사항을 소개한 『조효모노가타리雜兵物語』를 보면 출진에 앞서 아시가루들은 다양한 준비물을 챙겼음을 알 수 있다.

우선 전쟁에 없어서는 안 될 칼 등의 무기나 방어구다. 드라마나 영화에서 묘사되는 전쟁 장면을 보면 아시가루 부대는 모두가 똑같은 갑옷을 걸치고 있는 경우가 많으므로 부대로부터 지급받은 물품으로 착각하기 쉽다. 하지만 실제로는 모두가 각자 조달했다고 한다.

무기는 길이 60cm 정도의 칼이 일반적이었지만 칼이 없는 이들은 농사일에 쓰는 낫이나 괭이를 무기로 지참했다. 또한 사쓰마의 시마즈 가문에서는 무기로 죽창을 허용했고, 우에스기 겐신은 창이나 괭이를 의무적으로 지참하게 하는 등, 아시가루가 장비할 무기의 허용 범위는 다이묘마다 제각각이었던 모양이다. 방어구 역시 갑옷이나 고테籠手, 스네아테臑当, 진가사陣笠 등을 각자 지참했다.

도저히 무기나 방어구를 준비할 여유가 없는 이들에게는 다이묘 가문에서 오카시가타나御貸刀나 오카시구소쿠御貸具足라고 불리는 임대용 장비를 내주었다고 한다.

무기나 구소쿠 외에도 아시가루들이 준비할 물건은 다양했다. 주된 휴대품은 방어시설을 설치하기 위한 손도끼나 톱, 부상과 복통에 사용할 약재, 잠자리로 쓸 깔개, 예비용 짚신 등이 있었다. 철포 아시가루의 경우는 여기에 화승과 부싯돌 등의 점화 도구까지 더해지니 상당한 양의 짐이었다.

게다가 129페이지에서 소개했듯이 아시가루는 식량도 사흘 치를 준비해야만 했다. 이 상태에서 먼 거리를 행군해야 하고 적과 마주치면 싸워야 했다. 그럼에도 이들은 인생을 걸고 전장을 누볐던 것이다.

| 오카시구소쿠 | **장비를 대여하면서 아시가루의 전력도 상승했다**
센고쿠 시대에는 많은 보병이 필요했다. 장비를 직접 준비할 여유가 없는 이들에게는 각 지방의 군주가 장비를 빌려주면서 전장에서의 전력도 비약적으로 향상했다. 난세는 점점 더 혼란스러워졌다. |

오카시구소쿠(御貸具足)

어디서부터 어디까지 빌린 장비였을까. '오카시구소쿠'에 대해 상세히 소개하겠다.

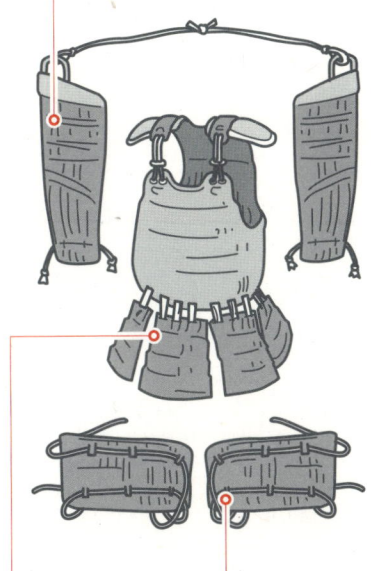

고테(籠手)
아시가루는 토목 작업이 많았기 때문에 손등 부분은 생략되었다.

오카시야리(御貸槍)
3간~3간 반(5.4~6.4m)의 긴 창.
창끝 부분은 양날이 주류였다.

도(胴)
철판을 사용했지만 철포까지는 막아낼 수 없었다.

스네아테(臑当)
대량으로 생산된 방어구인 만큼 방어 성능은 썩 좋지 않았다.

센고쿠 FILE

방어력은 부족하지만 기동력은 발군
말단인 아시가루의 장비는 당연히 다른 무사에 비해 조악했기에 방어력은 그야말로 빈약했다. 다만 가벼워서 움직이기 쉬웠으므로 '아시가루(足輕)'*로서의 높은 기동력은 보장되었다.

* 발이 빠르다는 뜻이기도 하다

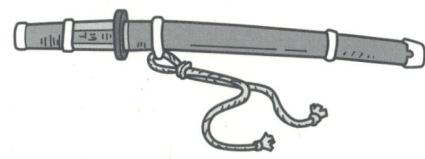

오카시가타나(御貸刀)
토목 작업에도 사용하는 칼인 만큼 손도끼에 가까웠다.

직접 준비한 무기

직접 준비한 무기들은 하나같이 변변찮았다

장비를 대량으로 생산할 체제도 기술도 마련되지 않았던 센고쿠 초기에는 오카시구소쿠가 존재하지 않아 직접 장비를 준비해야 했다. 아시가루들이 어떤 무기를 들고 싸웠는지를 살펴보자.

직접 준비한 무기들 전쟁에 참가한 아시가루는 거의 농민들이었다. 따라서 무기도 대부분 농기구였다.

괭이
논밭을 갈 때 없어서는 안 될 농기구다.
당연히 전투력은 낮다.

죽창
대나무를 깎아서 만든 창.
거의 공짜로 마련할 수 있는 간이 무기.

낫
풀이나 잡초를 벨 때 사용하는 도구.
무기로서의 위력은 낮다.

돌
죽창처럼 공짜로 구할 수 있지만 적에게는 효과적이었다.

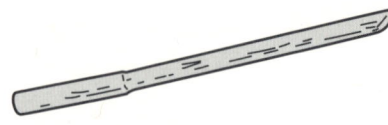

목도
나무를 깎아서 만든 칼.
급소를 노리지 않는 한 살상능력은 낮다.

진가사

센고쿠 시대의 진가사는 디자인도 크기도 제각각

역사 영화나 드라마를 보면 가장 먼저 떠오르는 것은 바로 삿갓처럼 생긴 투구인 진가사(陣笠)를 쓴 아시가루들이다. 하나같이 똑같은 진가사를 쓴 모습이 인상적이지만 실제로는 각자 알아서 준비해왔기 때문에 디자인, 크기 모두 제각각이었다.

다양한 진가사

직접 준비해온 진가사는 동일 규격이 존재하지 않았으므로 저마다 다르게 생긴 진가사를 쓰고 전쟁에 참가했다.

진가사(陣笠)
머리를 보호하기 위한 방어구.
쇠로 만든 것도 있었지만
가죽이나 종이도 사용되었다.

햇빛가리개
햇빛가리개가 있는 것도 있었지만
없는 것도 있었다.

센고쿠 FILE

진가사는 냄비로도 쓰였다?
진가사를 뒤집어서 냄비로 사용한 때는 에도 시대로 접어든 이후로 알려져 있다. 센고쿠 시대의 아시가루들은 냄비까지 직접 준비해서 전쟁터로 향했다.

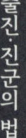

2장 출진 진군의 법도 51

도박에 돈을 잃고 의복을 빼앗기는 경우도 있었다!?

해당 인물: 다이묘 | 무사 | 아시가루 | 용병 | 농민

해당 시대: 무로마치 후기 | 센고쿠 초기 | 센고쿠 중기 | 센고쿠 후기 | 에도 초기

❖ 술, 도박, 매춘, 다양한 쾌락에 빠지는 병사들

전쟁은 몇 개월이나 지속되는 경우도 드물지 않았다. 특히 농성전이라도 벌어지면 몇 년이 넘어가기도 한다. 전투도 없이 장기간에 걸쳐 대치하는 상황에서 진중의 병사들은 무엇을 하고 보냈을까. 바로 도박과 매춘이었다.

당시는 주사위를 사용한 도박이 인기였다. 당장 내일 전투에서 죽을지도 모르는 그들에게 금전은 그다지 중요치 않았기에 판돈은 식량이나 옷가지, 전투 장비였다. 노름에 져서 장비와 옷가지를 모두 잃고 알몸에 죽창만 든 차림으로 전장에 나선 이도 있었다는 이야기까지 전해진다. 심지어 다이묘 가문으로부터 빌린 오카시가타나나 오카시구소쿠까지 노름으로 잃는 이들이 많아지자 급기야 진중에는 도박 금지령이 내려졌다고 한다.

한편 매춘은 헤이안 시대부터 이미 존재한 것으로 알려져 있다. 이는 지역의 유지 등이 창부를 고용해 진중으로 출장 보내는 방식으로, 당시의 아시가루들에게는 매춘부를 이용할 금전적 여유가 없었다. 하지만 이후로 더욱 낮은 값에 몸을 파는 오진조로御陣女郎라는 매춘부가 등장했다. 이를 계기로 매춘은 아시가루들의 진중에서도 오락으로 정착했다.

단체로 몸을 파는 오진조로는 전쟁이 진정될 때를 노려서 진중에 나타났다. 아무리 벌이가 좋다 한들 언제 전투가 시작될지 모르는 전장으로 향하는 셈이니 이들 역시 목숨을 걸었다고 볼 수 있다.

또한 진중에는 여러 상인들이 찾아와 다양한 상업 활동을 펼쳤다. 술이나 식량, 담배 판매, 장비 수리, 치료, 적병으로부터 빼앗은 장비의 거래까지 실로 다양했다. 하나같이 시세보다 비쌌던 모양이지만 물자가 부족한 전장에서는 고마운 존재였다.

죽음과 맞닿은 극한 상황 속에서 술을 마시고, 노름을 즐기고, 여자를 품는다. 당시의 진중은 흡사 축제처럼 왁자지껄했다고 한다.

심심풀이

센고쿠 시대라 해도 한가한 시간은 있었다

센고쿠(戦国) 시대는 그 이름처럼 전란이 끊이지 않는 시대였지만 그렇다고 하루 24시간 전투만 벌어지지는 않았다. 당연히 한가하게 빈둥거리는 시간도 있었다. 그럴 때 전쟁에 참가했던 이들은 무엇을 하고 보냈을까?

전장의 심심풀이   사람은 시간적 여유가 생기면 놀고 싶어진다.
센고쿠 시대의 사람들 역시 오락을 즐겼다.

도박
주사위를 이용한 도박이 인기가 많았다.
옷가지까지 잃는 경우도 있었다!

아시가루

상급직

매춘
아시가루들은 엄두도 낼 수 없었지만
상급직은 창부를 이용했다.

상인

음주
상인들이 술을 판매하면서 왁자지껄한
술판이 열렸다.

칼럼 ②

베인 상처에는 온천이 최고!
다케다 신겐이 사랑한 비밀 온천

지금까지도 지역 경제에 기여하고 있는 신겐 공

　센고쿠 시대 사람들은 전쟁터에서 부상을 입었을 때 온천을 이용했다. 가이 지방의 명장인 다케다 신겐 역시 그중 하나로, 신겐의 아버지인 노부토라 때부터 지금의 야마나시현에 위치한 시모베 온천에 몸을 담그고 치료를 했다고 한다. 또한 '신겐의 비밀 온천'이라 불리는 온천은 야마나시현과 나가노현을 중심으로 20여 곳이나 존재한다. 본래 가이 지방은 산악지대인 만큼 온천이 많기는 하나, 이렇게까지 신겐과 관련된 온천이 넘쳐나는 것을 보면 개중에는 아무런 상관이 없는 온천도 있을 법하다. 그럼에도 '신겐의 비밀 온천'이라는 광고 문구는 지금까지도 계속 사용되며 각지에 온천의 수요를 만들어내고 있다. 지금까지도 다케다 신겐이 야마나시현에서 '신겐 공'이라 불리며 추앙받는 이유는 어쩌면 여기에 있지 않을까?

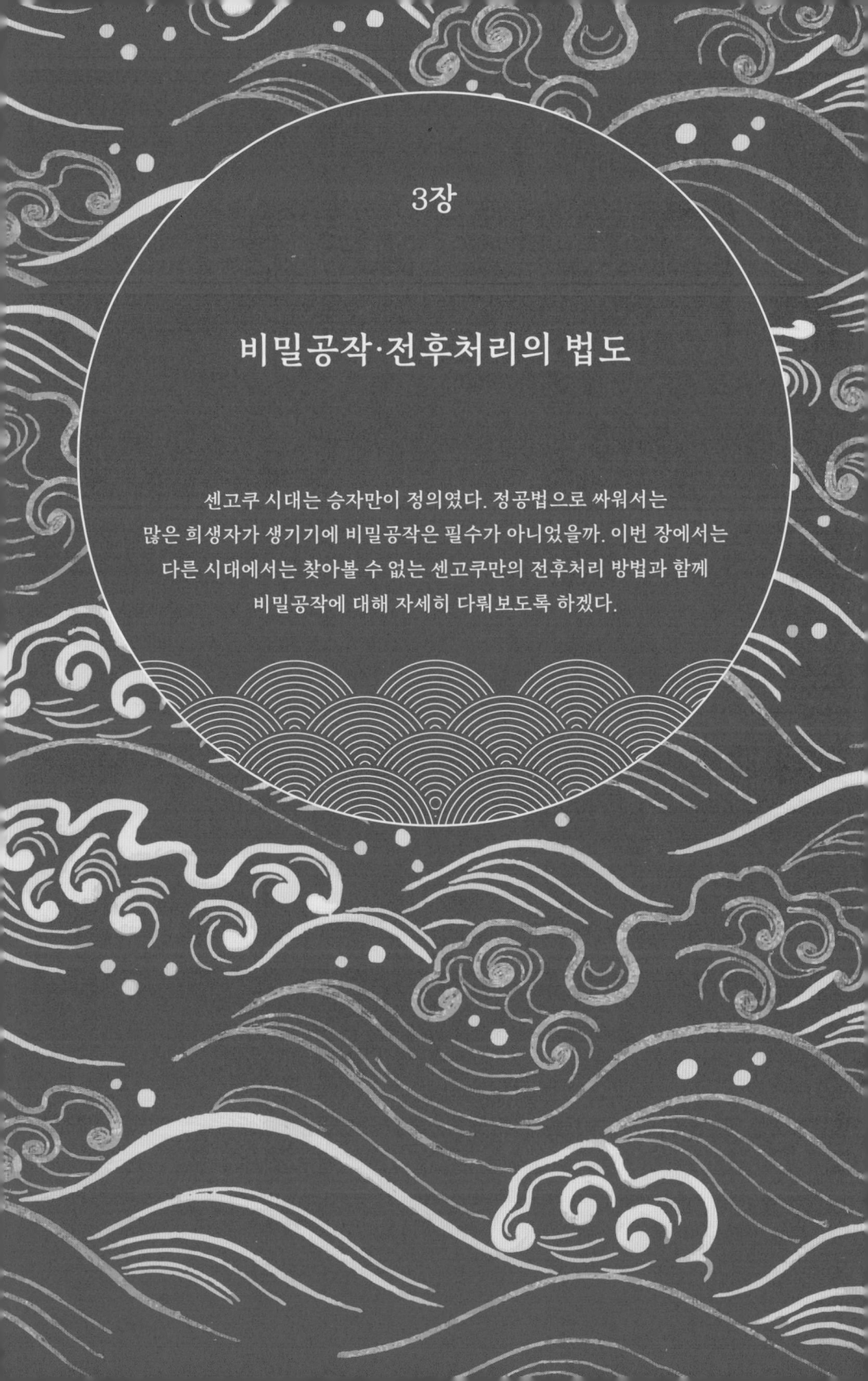

3장

비밀공작·전후처리의 법도

센고쿠 시대는 승자만이 정의였다. 정공법으로 싸워서는 많은 희생자가 생기기에 비밀공작은 필수가 아니었을까. 이번 장에서는 다른 시대에서는 찾아볼 수 없는 센고쿠만의 전후처리 방법과 함께 비밀공작에 대해 자세히 다뤄보도록 하겠다.

3장

비밀공작·전후처리의 법도

정보전략
전후처리

52 센고쿠 시대의 외교 전략은 지독하리만치 잔혹했다

해당 인물 | 다이묘 | 무사 | 아시가루 | 용병 | 농민

해당 시대 | 무로마치 후기 | 센고쿠 초기 | 센고쿠 중기 | 센고쿠 후기 | 에도 초기

❖ 혼인이나 인질 거래는 동맹 체결의 담보였다

　적으로 둘러싸인 센고쿠 다이묘들이 자신의 땅을 지키고 영지를 넓히기 위해서는 동맹이 반드시 필요했다. 이해가 일치하는 타국과 공동전선을 펼칠 때는 대부분 담보로 혼인이나 인질이 요구되었다.

　유명한 동맹으로는 가이의 다케다 가문과 사가미의 호조 가문, 스루가의 이마가와 가문이 맺은 고소슨 삼국동맹이 있다. 이때는 다케다 가문의 딸이 호조 가문에게로, 호조 가문의 딸이 이마가와에게로, 이마가와 가문의 딸이 다케다 가문으로 시집을 갔다. 이들은 정실부인으로서 동맹국에 들어갔지만 실질적으로는 인질이었기에 배신했을 경우는 가차 없이 살해당했다고 한다. 이 고소슨 삼국동맹은 다케다 가문이 오케하자마 전투로 쇠퇴의 길을 걷게 된 이마가와 가문을 배신하면서 무너져 내렸다. 당시 호조 가문은 다케다 가문의 딸을 곱게 돌려보내주었는데 이는 이례적인 일에 가깝다. 참고로 배후를 지키기 위해 인접 지방과 맺는 동맹은 근국近國동맹이라고 부른다.

　이러한 동맹과는 반대로 멀리 떨어진 지방과 손을 잡고 인접한 적을 협공하는 원교근공遠交近攻 동맹이 있다. 오다 노부나가가 인접한 사이토 가문을 공략하기 위해 아사이 가문과 맺은 동맹이 여기에 해당한다. 이때 노부나가는 여동생인 오이치를 아사이 가문에 시집보냈다.

　대등한 관계의 동맹에서는 대개 혼인이 이용되었으나, 자신보다 강대한 세력에 복종을 맹세하거나 가신의 배반을 막고자 할 때는 약자가 강자에게 인질을 보내기도 했다. 주로 자식이나 아내, 부모 등의 혈연자가 대상이었다. 도쿠가와 이에야스 역시 6세부터 19세까지 오다 가문과 이마가와 가문에 인질로 잡혀 있었던 것은 유명한 사실이다.

　상대 지방과의 관계를 강화하기 위한 또 다른 수단으로는 양자의 연을 맺는 방식이 있다. 장남은 가문을 상속받아야 하므로 보통은 차남이나 삼남이 대상이었다. 인질이든 양자든 다이묘나 무장의 집안에서 혈연자는 유력한 정치적 도구였다는 사실에는 변함이 없다.

동맹

이해가 일치하는 세력과의 공동전선

자신의 지역의 평온을 지키기 위해, 혹은 타 지방을 침략하기 위해 센고쿠 다이묘들은 서로 간에 군사동맹을 체결했다. 이는 약육강식의 시대에서 살아남으려면 필수적인 책략이었다. 또한 센고쿠 시대만의 '전쟁의 법도' 라고도 볼 수 있겠다.

근국동맹

지리적으로 가까운 국가 간에 체결되는 동맹. 연합군을 조직해 군사력을 높였다.

동맹을 맺는 목적은 타국을 공격할 때 자신의 땅을 침략당하지 않기 위함이기도 했다.

유명한 근국동맹

고소슨 삼국동맹(1554년)
가이의 다케다 신겐, 사가미의 호조 우지야스, 스루가의 이마가와 요시모토, 이 세 사람이 손을 잡은 동맹이다.

멀리 떨어진 지방을 공격할 경우에는 영토 경영 및 관리, 방어가 어려우므로 일단 손을 잡았다.

원교근공

지리적으로는 서로 떨어져 있는 국가가 손을 잡아 가까운 국가를 공격하기 위한 동맹이다.

연합군으로부터 공격을 받은 지역은 형세가 불리해질 수밖에 없다. 따라서 전략으로서는 유용했다.

유명한 원교근공

제1차 노부나가 포위망 (1570년)
다케다 신겐, 아사쿠라 요시카게, 아사이 나가마사가 손을 잡아 오다 노부나가를 포위한 것으로 알려져 있다.

정략결혼

장기 말로 이용된 센고쿠 다이묘의 딸들

다이묘의 딸들은 동맹을 보증해줄 도구였다. 이들은 본인의 의사와는 무관하게 여러 동맹국으로 시집을 가 정치적 흥정에 이용되었다. 동맹 관계를 강화하기 위해 여자들도 싸웠던 셈이다.

정략결혼의 패턴

정략결혼의 패턴은 주로 세 가지다. 다이묘의 딸은 정치적 도구로 이용되었다.

다이묘의 딸
자신의 뜻과는 무관하게 결혼 상대가 정해졌다.

센고쿠 FILE

양자를 보내기도 했다!
비단 딸만이 정치적으로 이용된 것은 아니다. 아들의 경우는 양국의 관계를 강화하기 위해, 혹은 영토를 탈취하기 위해 양자로 보내는 경우도 있었다.

적대 지방의 다이묘
적대관계인 지방과의 동맹을 보증하기 위해 딸을 시집보냈다.

뛰어난 가신
뛰어난 가신에게 딸을 시집보내 주종관계를 강화하고자 했다.

인접국의 후계자
우호관계인 지방의 후계자에게 시집을 보내 관계를 강화했다.

인질

배신당하지 않기 위한 담보물

센고쿠 시대에는 언제 누구에게 배신당하더라도 이상한 일이 아니었다. 이를 피하기 위해 다이묘는 동맹 상대나 가신들에게 담보로 인질을 요구했다. 혈연자는 관례처럼 인질로 보내질 각오를 하고 있어야만 했다.

인질의 패턴

아내나 육친, 아들 등, 여러 가족 구성원이 인질의 대상이었다.

모친
동맹을 강화하기 위해 모친 역시 정치적 도구로 이용했다.

측실
가족관계 안에서 지위가 낮은 측실은 인질의 대상이 되지 못했다.

센고쿠 다이묘
타 지역과의 관계를 강화하기 위해, 혹은 첩보원으로서 자신의 가족까지 정치적으로 이용했다.

정실
상대의 격을 높여주기 위해 정실마저 인질이 되기도 했다!

서자
측실의 자식이라 하더라도 무관하지는 않기에 인질이 되었다.

적장자
중요한 동맹일 경우에는 보증을 위해 적장자가 인질로 보내졌다.

column
가족은 정치적인 무기이기도 했다

다른 가문으로 시집을 가거나, 양자나 인질로 보내진 센고쿠 다이묘의 가족은 동맹의 보증인일 뿐 아니라 첩보원의 역할을 수행하기도 했다. 센고쿠 다이묘의 가족은 정치적 도구이면서 동시에 무기였던 셈이다.

3장 정보전략

비밀공작·전후처리의 법도

53 가능한 모든 수단을 총동원해라 — 센고쿠 시대의 첩보 활동

해당 인물 | 다이묘 | 무사 | 아시가루 | 용병 | 농민

해당 시대 | 무로마치 후기 | 센고쿠 초기 | 센고쿠 중기 | 센고쿠 후기 | 에도 초기

❖ 타국의 정보를 얻기 위해 닌자와 상인을 우리 편으로

'정보를 제압하는 자가 전쟁을 제압한다'라고 하듯이 예나 지금이나 전쟁에서 승리하려면 우선 상대방의 정확한 정보를 얻어야 한다. 패배가 죽음으로 직결되는 센고쿠 시대에는 현대 이상으로 적국의 정보를 수집하는 데 여념이 없었다.

적국의 정보를 얻기 위한 가장 효과적인 수단은 스파이였다. 바로 이러한 상황에서 다이묘들은 닌자들을 중용했다.

닌자는 독립 세력인 토착 무사들의 집단이었지만 인접 지방의 다이묘에게 고용되어 스파이로 활동했다.

참고로 닌자라는 명칭이 정착된 것은 현대로 접어든 이후의 일로, 당시는 지역이나 고용주에 따라 모두 다른 호칭으로 불렸다.

대표적인 닌자 집단으로는 도쿠가와 이에야스가 발탁한 이가모노伊賀者와 고가모노甲賀者, 호조 가문을 섬겼으며 후마 고타로를 리더로 하는 랏파亂波, 다케다 가문을 섬긴 슷파透破, 우에스기 가문을 섬긴 노키자루軒猿, 다테 마사무네가 조직한 구로하바키구미黒脛巾組 등이 있다.

이들은 농민이나 상인으로 변장해 첩보 활동을 펼쳤는데, 때로는 적국에서 가족을 꾸리고 부모 자식이 2대, 3대에 걸쳐 첩보 활동을 이어나가는 경우도 있었다고 한다.

닌자와 함께 첩보 활동에 빼놓을 수 없는 존재는 바로 상인이었다. 상인이라 하면 가게를 차리고 장사를 한다는 이미지가 강하지만 당시는 여러 지방을 돌아다니는 행상인들이 대부분이었기에 각국의 속사정에 정통한 이들도 많았다. 다이묘는 상인에게 독점 판매권을 인정하는 대가로 여러 지방의 정보를 얻어냈다.

그 외에 각각의 다이묘들은 저마다의 방법으로 타국의 정보를 손에 넣었다. 예를 들어 다케다 신겐이나 우에스기 겐신은 상인과 마찬가지로 전국을 돌아다니는 순회 무녀나 수도승, 승려 등으로부터 각국의 내정이나 지리, 다이묘나 가신단의 능력 등 귀중한 정보를 입수했다고 한다.

닌자는 인접 지방의 다이묘에게 고용되어 스파이로 활동했다.

간첩

정보=목숨! 센고쿠 시대의 스파이 전쟁

센고쿠 다이묘들은 평시에도 다양한 정보를 수집했다. 첩보 담당으로는 닌자가 유명하지만 그 외에도 상인이나 무녀 등을 통해서도 정보를 수집하는 데 여념이 없었다.

다양한 첩보 담당 — 센고쿠라는 시대를 살아남기 위해 다이묘는 스파이를 필요로 했다.

상인
독점 판매권을 획득하는 대신 정보를 제공했다.

닌자
농민이나 상인 등으로 위장해 각국의 정보를 수집했다.

센고쿠 다이묘
닌자를 고용하거나 상인과 손을 잡아 정보를 손에 넣었다

순회 무녀
전국을 순회하던 무녀. 여자 닌자로서 활동한 이들도 있었다.

유명한 상인 (증거자료)

자야 시로지로
(1545~1596년)
도쿠가와 이에야스의 어용 상인. 포목의 전매계약을 맺는 대신 교토와 오사카 등의 정보를 이에야스에게 제공했다.

---

column — 승려의 행색을 한 닌자도 있었다

주고쿠 지방의 지배자였던 모리 모토나리는 닌자를 사용한 첩보 활동이 특기였다고 전해진다. '세키(世鬼) 일족'이라 불리는 닌자 집단 외에도 '자토슈(座頭衆)'라고 불리는 닌자 집단을 거느렸다. 참고로 자토(座頭)란 맹인을 가리키는 말로, 표면적으로는 승려의 행색을 하고 있었다.

3장

정보전략

비밀공작·전후처리의 법도

전후처리

적을 기만하고 나락에 떨어뜨리는 센고쿠 시대의 정치공작

해당 인물 | 다이묘 | 무사 | 아시가루 | 용병 | 농민

해당 시대 | 무로마치 후기 | 센고쿠 초기 | 센고쿠 중기 | 센고쿠 후기 | 에도 초기

❖ 배반, 유도 공작이 전쟁을 승리로 이끈다

닌자나 상인들이 적국의 정보를 수집해오면 즉각적으로 분석해 다양한 책략 활동에 이용했다. 예를 들어 군주가 폭군이어서 가신단에 불만이 쌓여 있을 경우, 내통을 부추겨서 정보 제공자로 이용했다. 한편 뛰어난 무장에게는 대우가 높은 직책을 준비해 포섭 공작을 펼쳤다. 참고로 포섭에 응하지 않을 경우에는 유언비어를 퍼뜨려 상대 무장을 고립시킨 후 내란을 유도하기도 했다.

또한 자국에 잠입한 적국의 닌자에게 거짓 정보를 흘리거나, 적지에 헛소문을 퍼뜨려 상황을 자신에게 유리하게 이끄는 것 역시 전쟁 전의 첩보전에서는 중요했다.

첩보전의 전문가로 유명한 센고쿠 다이묘로는 주고쿠 지방을 평정한 모리 모토나리가 있다. 압도적인 전력 차를 뒤엎은 이쓰쿠시마 전투에서도 모토나리는 다양한 정보전을 구사했다. 전쟁이 벌어지기 전에는 '중신이 모반을 일으킬지도 모른다'라는 유언비어를 퍼뜨려 적 세력인 스에 군을 약체화시켰다. 또한 전쟁이 벌어지자 고의로 '모리 군에 배신자가 나왔다'는 정보를 흘려 스에 군을 끌어내는 데 성공했다. 그 결과, 다섯 배가 넘었다고까지 전해지는 압도적인 병력 차를 극복하고 승리를 거뒀다.

또한 사가미 호조 가문의 2대 당주인 우지쓰나 역시 세력을 확대하기 위해 성주의 지위와 광대한 영토를 미끼로 적 세력의 중신을 배반케 했다고 한다.

그리고 1600년의 세키가하라 전투에서는 도쿠가와 이에야스가 이끄는 동군이 '이시다 미쓰나리의 거성인 사와야마 성을 친다'는 거짓 정보를 퍼뜨려서 성에서 농성 중인 서군을 세키가하라로 끌어냈다. 이에야스는 자신의 특기인 야전으로 적군을 끌어들여서 전투를 유리하게 이끌었고, 단기간에 승리를 손에 넣었다.

이러한 비밀공작의 성공 사례는 첩보전이 얼마나 중요한지를 여실히 드러낸 좋은 사례라고 할 수 있으리라.

계략

아군의 병력을 잃지 않고 전투에서 승리하기 위한 방법

만약 정보공작을 통해 적대하는 두 세력을 싸움 붙인다면 피를 묻히지 않고도 승리할 수 있을 터…. 그렇게 생각한 당대의 센고쿠 다이묘들은 온갖 수단을 이용해 비밀공작을 펼쳤다.

내통

내부자가 비밀리에 적 세력과 결탁하는 것.

유명한 내통

다카나와하라 전투(1524년)
호조 우지쓰나가 오기가야쓰 우에스기 가문의 가신인 오타 스케타카를 배반케 해 에도성을 함락한 전투.

적 세력의 '중신을 감언이설로 유혹해' 적대하는 영주를 함정에 빠뜨리는 작전. 센고쿠 시대에 가신의 배반이나 모반이 유독 많았던 이유는 대부분 적과 내통했기 때문이다.

이간

내분을 조장해 사이가 좋았던 이들을 떼어놓는 교란전술.

유명한 이간

모리 모토나리의 이간계(1555년)
모리 모토나리는 거짓 소문을 사용해 스에 하루카타의 중신인 에라 후사히데로 하여금 하루카타를 죽이게 했다. 결과적으로 스에 가문은 약화되었다.

굳은 인연으로 맺어진 적 세력의 영주와 가신에게 거짓 소문을 퍼뜨려 '불화'를 유도하는 전략. 가신을 이탈케 해 세력 자체를 약화시켜서 치고 들어갈 허점을 만든다.

유언비어

근거 없는 소문과 중상모략을 유포하는 것.

유명한 유언비어

세키가하라 전투(1600년)
도쿠가와 이에야스가 서군에게 거짓 정보를 유포했다. 이 정보 때문에 이시다 미쓰나리는 세키가하라 전투에서 패배했다.

적 세력에 허위정보를 건네서 '자멸로 몰아넣는' 전술이다. 적의 지역 내부에 편지를 묶어놓은 화살을 쏘거나 닌자 등을 이용해 헛소문을 퍼뜨리는 등의 수법이 있었다.

55 재래식이지만 의외로 빠르다! — 마음을 전하는 봉화 릴레이

비밀공작·전후처리의 법도

해당 인물					해당 시대				
다이묘	무사	아시가루	용병	농민	무로마치 후기	센고쿠 초기	센고쿠 중기	센고쿠 후기	에도 초기

❖ **봉화로 지성을 연결하는 정보망을 구축했다**

전화나 우편 등이 없었던 센고쿠 시대에 다이묘들은 어떤 식으로 정보를 전달했을까.

일반적으로는 사자가 준마를 타고 서찰이나 정보를 전달했다. 하지만 당시의 말은 지금의 서러브레드와는 다르게 체구도 작고 다리도 짧아서 속도는 기껏해야 시속 30~40km였다고 한다. 전황처럼 시급한 정보를 전달하기에는 부적합했다.

신속하게 정보를 전달하는 데 가장 효과적인 수단은 봉화였다. 봉화는 복잡한 정보는 전달할 수 없지만 색깔이나 시간을 정해놓으면 정확한 정보를 한발 앞서 본성까지 전달할 수 있었다. 센고쿠 다이묘의 영지 내에는 본거지인 본성 외에도 일족이나 중신들이 성주를 맡고 있는 지성支城, 본성과 지성 사이를 연결하는 소규모 성들이 무척 많았다. 이러한 성을 효과적으로 배치해서 정보 전달용 네트워크를 구축한 것이다.

참고로 소규모 성에는 국경 경비를 위한 '경계성', 중요한 중계지점에 배치되는 '연결성', 연락용으로 설치되는 '연락성' 등이 있었다. 봉화를 피울 때면 멀리서도 확인할 수 있게끔 각각의 성은 가능한 한 높은 위치에 지어졌다고 한다.

다케다 신겐은 봉화를 이용한 정보망을 구축하는 데 심혈을 기울였다고 한다. 호적수인 우에스기 겐신이 가와나카지마로 진군했다는 급보가 불과 2시간 만에 본성에 있던 신겐에게까지 전해졌을 정도다. 가와나카지마와 가까운 시나노의 가이즈성에서 가이의 쓰쓰지가사키야카타(본성)까지는 약 160km나 되었다고 하니 봉화가 얼마나 유용한 연락 수단인지가 여실히 드러나는 대목이다.

참고로 바람이 강한 날에는 봉화를 쓸 수 없다. 그럴 때는 종이나 북, 호라가이 등을 사용해 소리로 정보를 전달했다고 한다. 또한 연기가 보이지 않는 밤중에는 불을 사용해 정보를 전달했다.

정보 전달

승리의 핵심은 신속한 정보 전달

당연한 일이지만 센고쿠 시대에는 이메일이나 휴대폰 등의 통신 수단이 없었다. 그렇다면 당시에는 어떤 정보 전달 체계를 사용하고 있었을까? 아마도 이는 일본 전국에 5만 채가 넘는 성이 존재했었다는 사실과 연관이 있을 것이다.

지성 연락망

영내에 수많은 성을 배치해 명령, 정보 전달망을 구축했다.

본성(本城)
지역 경영의 중심이 되는 본성. 센고쿠 다이묘가 거주하는 본영이다.

연결성(つなぎの城)
중요한 중계 지점 역할을 맡는 성. 넓은 주둔 공간을 보유하고 있었다.

연락성(伝えの城)
연락용으로 세운 통신기지. 전망이 좋은 장소에 위치해 있었다.

지성(支城)
센고쿠 다이묘의 일족이나 중신들이 거성으로 거주했던 중요 거점.

주요 전달 수단

봉화
각기 다른 인화물질을 이용해 연기의 색깔을 바꿔서 신호를 보냈다.

그 외의 전달 수단

사자 / 개 / 비둘기

봉화를 사용한 릴레이 방식 외에 사자를 이용하기도 했다. 개나 비둘기에게 문서를 묶어서 보내는 전달 방식도 존재했던 모양이다.

3장 비밀공작·전후처리의 법도

56 시체 따윈 아무데나 버려라!? 무척 난잡했던 시체 처리

| 해당 인물 | 다이묘 | 무사 | 아시가루 | 용병 | 농민 |
| 해당 시대 | 무로마치 후기 | 센고쿠 초기 | 센고쿠 중기 | 센고쿠 후기 | 에도 초기 |

❖ **모든 장비를 벗겨낸 후 한꺼번에 처리하는 것이 기본**

대규모 전쟁이 벌어졌을 경우 헤아릴 수 없을 만큼 많은 전사자가 발생한다. 오사카 여름의 진에서는 도쿠가와 군의 맹공으로 도요토미 군에서만 무려 2만 명의 전사자가 발생했다고 한다.

수십 구 정도의 시체라면 상관이 수습할 수도 있겠지만 수백, 수천 구 규모라면 그것도 쉽지 않은 일이다.

양군이 물러난 후, 전장에 남겨진 엄청난 숫자의 유해는 해당 지역의 유력한 상인 등이 정리하는 경우가 많았다. 이때 보수는 시체가 몸에 걸치고 있던 장비품이다. 당시는 '시체 처리비로 돈 되는 것은 무엇이든 받는다'가 암묵적인 합의였던 모양이다. 수거한 장비들은 수리한 뒤 팔아치우고, 시체는 대개 큰 구덩이를 판 뒤 적군, 아군 상관없이 묻어 버리고는 했다.

조직적인 시체 처리가 실시되지 않을 때는 인근 농민들이 모여서 무기나 갑옷, 옷가지를 벗겨냈다고 한다. 이러한 행위는 삶의 터전인 논밭을 짓밟은 것에 대한 대가였다. 참고로 모조리 벗겨지고 알몸만 남은 시체는 그대로 방치되어 짐승의 먹이가 되는 경우도 드물지 않았다. 다행히 일본의 토양은 산성도가 높기 때문에 방치되거나 짐승들이 헤집어놓은 시체는 비교적 빨리 분해되었으리라.

참고로 시체를 마구잡이로 처리하던 센고쿠 시대에도, 도쿠가와 이에야스는 사망자를 정중히 대했다고 전해진다. 세키가하라 전투나 앞서 언급한 오사카의 진에서도 그날 중으로 전장을 치우고, 시체는 피아를 따지지 말고 깊이 매장하라는 지시를 내렸다고 한다.

여담이지만 사망자를 매장한다는 뜻의 일본어 '호무루葬る'의 어원은 '버리다'라는 뜻인 '호루放る'였다고 한다. 당시 일본에서는 먼 옛날부터 시체를 강에 흘려보내거나 야산에 버리는 관습이 있었으므로 전쟁이 끝나고 시체를 처리할 때에도 딱히 이상한 방식은 아니었으리라.

시체 처리

전장에 남겨진 시체는 어떻게 처리했을까?

전투에서 전사자는 발생하기 마련인데, 전장에 남겨진 시체는 어떻게 처리했을까? 시체를 처리하는 여러 방법과 시체 처리를 담당했던 사람들을 함께 소개하겠다.

시체 처리법 시체의 처리에는 다양한 패턴이 존재했다.

늪에 가라앉힌다
습지가 많은 일본 특유의 지반을 활용해서 늪에 가라앉혔다.

강에 흘려보낸다
가까운 강까지 시체를 운반해서 흘려보내기도 했다.

방치한다
매장한다는 뜻의 일본어 '호무루(葬る)'의 어원은 '버리다'라는 뜻인 '호루(放る)'로, 시체는 까마귀 등의 먹이가 되었다.

매장한다
센고쿠 시대 후기로 접어들면서 구덩이를 깊게 파서 땅에 묻었다.

구로쿠와구미(黒鍬組)
구로쿠와구미라고 불리는 인부들이 시체 처리를 담당했다.

57 패배의 대가는 영지 몰수에서 그치지 않았다

비밀공작·전후처리의 법도

해당 인물: 다이묘 | 무사 | 아시가루 | 용병 | 농민
해당 시대: 무로마치 후기 | 센고쿠 초기 | 센고쿠 중기 | 센고쿠 후기 | 에도 초기

❖ 패군의 장병을 기다리는 비참한 말로

전쟁에서 패배한 다이묘나 그 휘하의 무장들에게는 불행한 운명이 기다리고 있었다.

우선 첫 번째는 전사戰死다. 끝까지 남아서 싸우다 적에게 사망하는 경우다. 다이묘나 이름 있는 무장의 경우는 <u>쓰러뜨렸다는 증거로 목을 잘라서 본국에 보냈다. 이후 본보기로 내걸리는 경우도 드물지 않았다.</u>

두 번째는 자결이다. 궁지에 몰려 패색이 짙어졌을 경우, 적에게 생포당할 바에야 죽음을 택하는 다이묘나 무장이 많았다. 이는 살아서 수치를 당하는 것보다 낫다는 당시의 미의식에서 유래한 행위였다. 전장에서 자결을 택했을 때는 적에게 머리를 도둑맞지 않기 위해 부하가 머리를 잘라서 자국으로 보냈다고 한다. 또한 농성전에서는 <u>성주나 유력 무장의 할복과 맞바꾸어 병사들의 목숨을 보장해준 사례가 여럿 존재했다.</u>

세 번째는 적에게 사로잡히는 상황이다. 이때 운명은 적장의 손에 맡겨진다. 참수당하거나 섬으로 유배되는 경우가 많았지만 신하가 되어 적 다이묘를 섬긴 사례도 있다. 실제로 시코쿠의 조소카베 모토치카는 패배한 후 도요토미 히데요시에게 순종을 맹세하고 도사 지방의 지배권을 인정받았다.

뿐만 아니라 재기를 다짐하고 전장에서 도주를 꾀하기도 했다. 기타시나노의 맹장인 무라카미 요시키요는 다케다 신겐에게 패배한 후 우에스기 겐신에게 의탁해 에치고로 도피, 객장으로 대우를 받았다. 다만 이는 운이 좋은 경우로, <u>피난 과정에서 낙오무사 사냥을 당한 이도 적지 않았다.</u>

낙오무사 사냥이란 적 세력의 아시가루나 인근 농민이 패잔병을 살해해 장비품이나 금품을 빼앗는 행위를 말한다. 특히 농민들은 논밭을 짓밟힌 울분을 풀고자 집요하게 낙오무사를 추격했다.

신하가 되어 적 다이묘를 섬긴 사례도 있다.

패배

전투에서 패배한 이들의 말로를 철저하게 고찰해보자

전투에는 언제나 '승리'와 '패배'라는 두 가지 패턴이 함께한다. 승자는 영토를 확대하고 부를 축적하게 되는데, 패자는 어떤 길을 걷게 될까. 센고쿠 시대의 패배자의 말로를 살펴보자.

패배자의 운명

패배한 이를 기다리는 가혹한 운명에는 몇 가지 선택지가 존재했다.

화친
지방의 일부를 할양하는 조건으로 항복을 받아들였다.

인질을 제공
여력을 남긴 채 항복할 경우에는 인질을 보내 정전을 맺었다.

신하의 맹세
적장의 신하가 된다. 새로이 휘하로 들어가면 목숨은 보장받을 수 있었다.

유배
멀리 떨어진 곳으로 옮겨진 후 감시하에 유배 생활을 했다.

column

센고쿠 시대의 승패는 '합의'가 중심

센고쿠 시대의 전투는 양군이 합의 끝에 항복하는 결말이 대부분이었다. 하지만 개중에는 끔찍하게도 성내의 모든 인원을 몰살해버리는 경우도 있었다. 1585년에 벌어진 다테 마사무네의 '오데모리성 몰살 사건'은 그 대표적인 사례다.

정보전략

전후처리

전장에서의 죽음

적장의 죽음으로 전쟁이 끝나기도 했다!
전투에서 패배한 병사들은 운 좋게 살아남기도 했지만 '죽음'이라는 최악의 결말이 기다리는 일도 적지 않았다. 그 죽음은 어떠했을까?

다양한 죽음
전사나 자결, 처형 등, 패배자의 죽음과 관련된 사례를 정리했다.

전사
총대장이 전장에서 사망하는 경우.
이 시점에서 패전이 확정된다.

> **유명한 전사**
>
> **오키타나와테 전투(1584년)**
> '히젠의 곰'이라 불리며 규슈의 최강자로 두려움을 샀던 류조지 다카노부가 목숨을 잃은 전투.

센고쿠 FILE
대장이 전사하는 경우는 드물다?
센고쿠 다이묘가 전장에서 전사하는 경우는 사실 별로 많지 않았다. 애당초 최전선이 아닌 후방에 있기도 했지만, 전황이 악화되었음을 깨달으면 부하를 방패로 삼아 빠르게 퇴각했기 때문이다.

자결
전사는 치욕적이었으므로 적병에게
살해당하기 전에 자결했다.

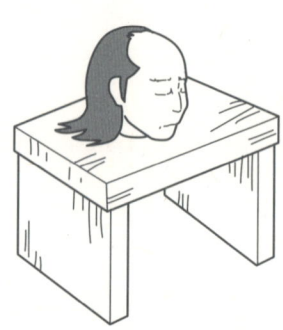

처형
사로잡힌 후
처형당하기도 했다.

| 낙오무사 사냥 | **패잔병을 습격하는 농민들**
전사하거나 생포되는 결말을 피했다 하더라도 자국으로 귀환할 때까지 안심할 수는 없다. '낙오무사 사냥'에 나선 적의 잡병이나 농민들과 마주칠 위험이 있기 때문이다. 패잔병은 죽음의 그림자를 두려워하며 퇴각해야 했다. |

농민들의 복수
논밭을 짓밟힌 분노를 가슴에 품은 채 농민들은 패잔병의 목숨을 노렸다.

농민
전장 인근의 농민. 패잔병을 가차 없이 습격했다.

패잔병
적병을 피했다 하더라도 도주극은 끝나지 않았기에 방심은 금물이었다.

유명한 낙오무사 사냥 [증거자료]

아케치 미쓰히데의 죽음 (1582년)
오다 노부나가에게 모반을 일으킨 것으로 알려진 아케치 미쓰히데는 낙오무사 사냥을 당해 최후를 맞이했다.

전쟁 중, 농민은 어디에 있었을까?

산
전쟁이 끝날 때까지 험한 산으로 들어가 몸을 숨겼다.

사찰
농촌 부근의 사찰은 비교적 안전했다. 적국의 습격을 피할 수 있었다.

성
적이 공격하기 전에 자국의 성으로 도망친다. 전장에 동원되기도 했다.

센고쿠 FILE

죄인도 낙오무사 사냥의 대상이었다
전승국과의 합의를 통해 유배가 확정된 후 유배지로 이송되는 과정에서 낙오무사 사냥을 당하는 경우도 있었다. 참고로 낙오무사 사냥이 사라진 때는 도요토미 히데요시가 천하를 통일한 뒤였다. 히데요시는 이 관례를 금지하는 공고를 내걸었다.

패배한 센고쿠 무장을 기다리는 할복이란 이름의 서글픈 운명

해당 인물: 다이묘 | 무사 | 아시가루 | 용병 | 농민
해당 시대: 무로마치 후기 | 센고쿠 초기 | **센고쿠 중기** | **센고쿠 후기** | **에도 초기**

❖ **할복이 명예의 상징이 된 것은 센고쿠 시대 이후**

일본의 독특한 자결 방식은 바로 할복이다. 그 역사는 헤이안 시대로 거슬러 올라가는데, 당시는 자살 수단 중 하나에 불과했다고 한다.

그런 할복이 명예로운 죽음으로 비춰지기 시작한 때는 센고쿠 시대였다. 빗추 다카마쓰성에서 농성하던 시미즈 무네하루는 도요토미 히데요시의 수공을 당하자 병사들의 목숨과 맞바꿔 할복하기로 결심했다. 성을 에워싼 물 위로 조각배를 타고 나온 무네하루는 히데요시가 지켜보는 가운데 아름답게 춤을 추고는 마지막 시를 읊은 뒤 할복했다고 한다. 그 훌륭한 최후에 히데요시는 감탄했고, 이후로 할복은 명예로운 죽음이라는 인식이 확산되었다. 참고로 할복의 예법이 탄생한 것 역시 이때부터였다고 한다.

통상적으로 할복은 배를 일자로 긋지만, 일자로 그은 후 다시 명치부터 배꼽까지 십자로 그어 내리는 방식이 좋게 받아들여졌다. 하지만 실제로는 상상을 초월하는 고통 때문에 십자 긋기를 수행해낸 사람은 적었다고 한다. 참고로 고통을 덜어주기 위해 목을 쳐주는 가이샤쿠

진介錯인은 당사자와 친한 사람 중에서 선발되는 경우가 많았다.

그런데 할복하는 쪽은 과연 어떤 심경이었을까. 살아서 오명을 남길 바에야 당당하게 죽겠다는 마음이 있었던 것은 분명하나, 실제로는 그 외에도 또 다른 의도가 있지 않았을까.

하나는 앞서 언급한 시미즈 무네하루처럼 자신의 목숨과 맞바꾸어 가신을 구하려는 목적이다. 또한 장렬하게 자결해 후세에 이름을 남기고자 한 이들도 있었다. 시즈가타케 전투에서 할복한 시바타 가쓰이에는 십자로 배를 그은 후 스스로 내장을 꺼냈다고 한다.

그 외에도 자신의 자식이나 가신을 보살펴주기를 바라며 할복한 사례도 있었다. 오다와라 공격 당시, 장렬한 최후를 맞이한 나카야마 이에노리에게 감명을 받은 도쿠가와 이에야스는 그의 아들인 나카야마 노부요시에게 미토水戶번의 가로家老 직책을 수여했다고 한다.

할복의 법도

전투에 패배한 다이묘가 배를 가르며 부탁한 것
패군의 총대장이 할복하면서 전쟁이 막을 내리는 경우가 있었다. 할복이라는 행위의 배경에는 자손을 살펴주기를 바라거나 자신의 목숨과 맞바꾸어 병사들의 생명을 보장받는 등, 다양한 목적이 존재했다.

할복의 법도

할복에는 입회인이나 가이샤쿠진 등이 함께하는 등, 의식적인 요소가 존재했다.

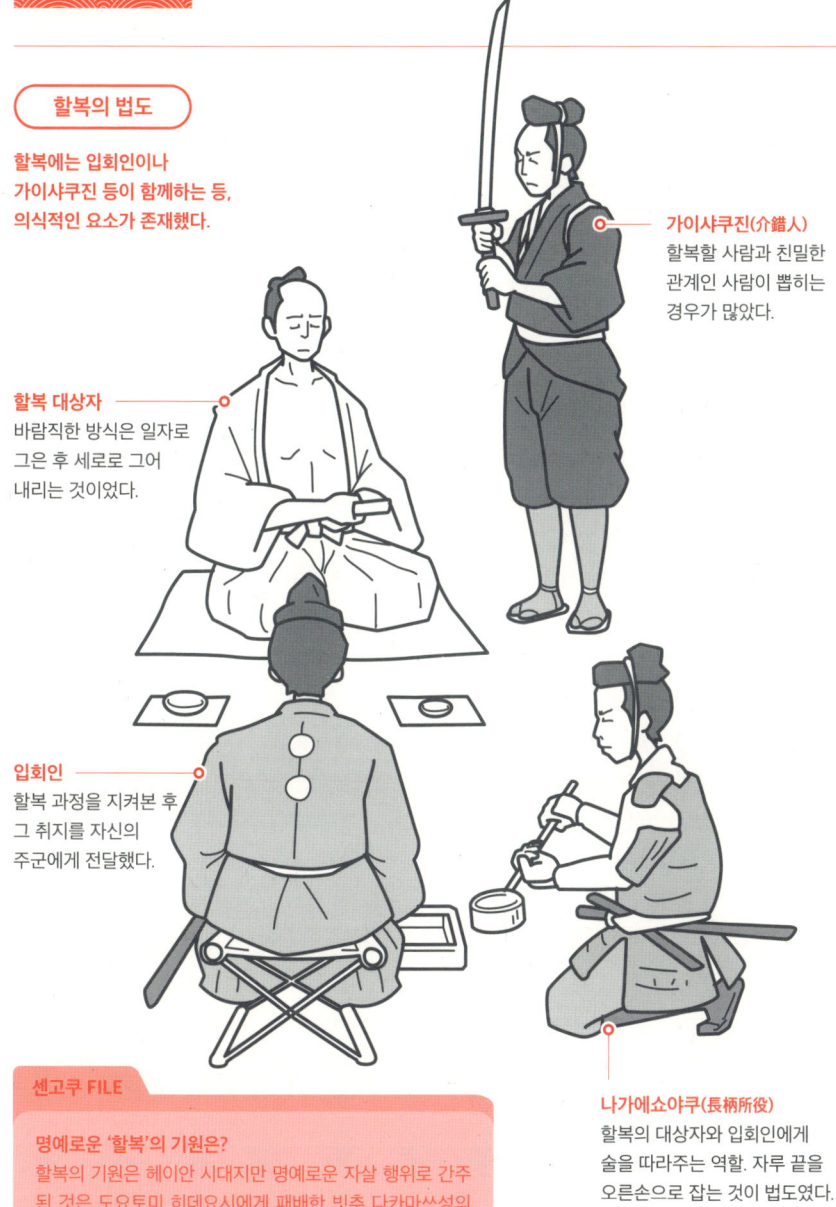

가이샤쿠진(介錯人)
할복할 사람과 친밀한 관계인 사람이 뽑히는 경우가 많았다.

할복 대상자
바람직한 방식은 일자로 그은 후 세로로 그어 내리는 것이었다.

입회인
할복 과정을 지켜본 후 그 취지를 자신의 주군에게 전달했다.

나가에쇼야쿠(長柄所役)
할복의 대상자와 입회인에게 술을 따라주는 역할. 자루 끝을 오른손으로 잡는 것이 법도였다.

센고쿠 FILE
명예로운 '할복'의 기원은?
할복의 기원은 헤이안 시대지만 명예로운 자살 행위로 간주된 것은 도요토미 히데요시에게 패배한 빗추 다카마쓰성의 성주 시미즈 무네하루가 할복했을 때부터였다고 한다. 무네하루의 할복이 너무나도 훌륭했기 때문에 그 이후로 관례처럼 자리를 잡았다.

3장

비밀공작·전후처리의 법도

59 공을 세운 병사들의 전공은 어떻게 확인했을까

해당 인물 다이묘 | 무사 | 아시가루 | 용병 | 농민
해당 시대 무로마치 후기 | 센고쿠 초기 | **센고쿠 중기** | **센고쿠 후기** | **에도 초기**

❖ 무공은 베어낸 머리를 확인하는 구비짓켄에 좌우되었다

전쟁이 끝나면 무공에 따라 포상이 수여되는 논공행상이 실시되는데, 이를 판단할 근거는 구비짓켄首実検이었다.

구비짓켄이란 베어난 적의 수급을 진중에 모아놓은 뒤 누구의 목인지를 확인하는 작업이다. 당연히 신분이 높은 무사를 쓰러뜨렸을수록 무공 역시 높게 평가되었다.

이 의식은 병사들의 무공을 조사한다는 목적 외에도 전쟁의 승리를 확인하고 전사자의 넋을 달래준다는 의미도 있었기에 가까운 사찰에서 정해진 절차에 따라 실시되었다고 한다.

한 자리에 모인 머리는 구비짓켄에 앞서 정중하게 씻어 피나 진흙을 닦아낸 후, 머리카락을 정돈하고 백분과 입술연지, 오하구로お歯黒[1]로 화장까지 했다. 이러한 '머리 화장'은 무장의 딸들이 담당했다.

화장을 마치고 잘 정돈된 머리는 누구의 머리이며 누가 쓰러뜨렸는지 명확히 알 수 있게끔 표찰을 걸었다. 전공을 확인할 때 가장 중요한 작업이기 때문에 허위 신고인지 아닌지를 신중하게 살폈다.

참고로 표찰이나 머리를 올려두기 위한 받침대는 신분에 따라 다른 것이 사용되었다. 예를 들어 대장의 머리는 길이 5촌(약 15cm)의 뽕나무 표찰을, 장수들의 머리는 4촌(약 12cm), 아시가루의 머리는 3촌(약 9cm)의 동백나무 표찰을 사용하는 식이었다.

이후 총대장이나 중신들이 앉아 있는 자리까지 머리를 하나씩 대령하는데, 이 때 참석자들은 모두 원칙적으로 완전무장을 해야 했다. 이는 머리를 되찾으려는 적의 습격을 막기 위해, 그리고 원한이 담긴 머리가 습격할 때를 대비하기 위함이었다고 한다.

참고로 전사자의 격식에 따라 공물이 준비되는데, 대장의 머리에는 술이나 다시마가 바쳐졌다. 구비짓켄이 끝난 머리는 본보기로 내걸리기도 했지만 아시가루의 머리 등 대부분은 모두 통에 넣어서 적에게 돌려주거나 머리 무덤을 만들어서 공양했다고 한다.

---

1 이를 물들이는 데 쓰이는 검은색 액체

구비짓켄

쓰러뜨린 적의 수급을 확인하기 위한 의식

격렬한 전투가 막을 내리면 전승국은 가까운 사찰에서 적의 수급을 확인했다. 이것이 바로 '구비짓켄'이라는 의식이었다. 구비짓켄은 아군의 사기를 고취하는 의미뿐 아니라 사망자에 대한 예우이기도 했다.

구비짓켄의 모습

구비짓켄은 의식적인 측면도 있었기에 대장 이하의 참석자들은 모두 무장한 채 자리에 임했다.

무장한 병사
당시는 머리가 공격해온다고 전해졌기 때문에 활을 장비하고 있었다.

총대장
왼쪽 눈으로 곁눈질해서 확인했다. 두 번 보지 않는 것이 원칙이었다.

거리는 4~5미터

가신
머리를 취한 자가 속한 부대의 장수가 머리를 가져가 총대장에게 내보였다.

센고쿠 FILE

대장의 머리에는 공물이 준비되었다
구비짓켄은 전사자의 등급에 따라 공물이 준비되었다. 대장의 머리에는 다시마나 술 등을 공양해 특단의 경의를 표했다. 또한 구비짓켄이라고 한데 묶어서 설명했지만 대장급의 머리일 경우는 '구비다이멘(首対面)', 중신급일 경우는 '겐치(検知)'라는 표현을 썼다.

수급의 대우

대장의 머리
뽕나무 표찰을 사용했으며 가장 큰 노송나무 받침대가 사용되었다.

장수의 머리
동백나무나 삼나무 표찰을 사용했으며 받침대는 대장용 받침대보다 한 사이즈 작았다.

잡병의 머리
동백나무나 삼나무 표찰을 사용했으며 한꺼번에 줄지어놓는 것이 통례였다.

수급의 취급 방식

머리를 이용한 독특한 의식
베인 순간의 표정이 그대로 남기 때문에 모든 머리가 눈을 감고 있는 것은 아니다. 그 때문인지 참수된·자의 표정을 확인해 아군에게 길조인지 흉조인지를 점치는 풍습이 있었다.

수급의 상(相)
수급의 상에는 몇 가지 패턴이 존재한다.
얼굴에 강한 원한이 맺혔을 경우에는 액막이를 실시했다.

오른쪽으로 향한 눈
오른쪽을 쳐다보는 표정은
아군에게 길조. 적에게는 흉조.

왼쪽으로 향한 눈
적에게는 길조지만 아군에게는
흉조로 받아들여졌던 표정.

치켜뜬 눈
일반적으로는 불길하게
여겨졌지만 가이의
다케다 가문에는 길조였다.

내리깐 눈
일반적으로는 길조로
받아들여졌지만 가이의
다케다 가문에는 흉조였다.

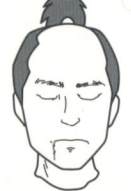

감은 눈
차분하고 얌전한 인상의 표정은
일반적으로 길조였다.

반만 뜬 눈·이를 악 문 표정
이를 악문 표정은 불길하게
여겨지므로 공양을 올려서
액운을 내쫓았다.

머리 화장
적병의 머리는
무가의 부녀자들이
머리카락을 정돈하고
화장을 했다.

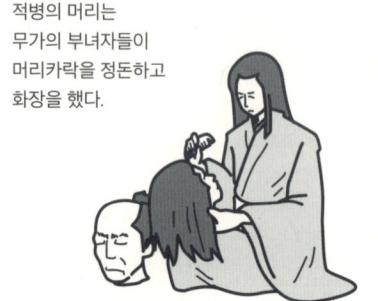

구비추몬(首注文)
참수된 머리는 증거 자료로
명부에 기록했다.

수급의 처리

경의와 두려움이 혼재된 구비짓켄의 뒤처리

구비짓켄이 끝나면 머리는 어떻게 처리했을까. 새로운 영주의 탄생을 주지시키기 위해 효수대에 올렸다고 한다. 또한 지체 높은 무장의 머리는 예의를 중시에 적국으로 돌려보내기도 했다.

머리를 처리하는 방법들 — 구비오케에 넣거나 본보기로 내거는 등 다양한 방법이 존재했다.

구비오케(首桶)
참수한 머리를 넣어두는 관인 구비오케에 넣어서 정중하게 적국으로 돌려보냈다.

효수
머리가 움직이지 않게끔 고정한 뒤 효수대에 얹어서 본보기로 삼았다.

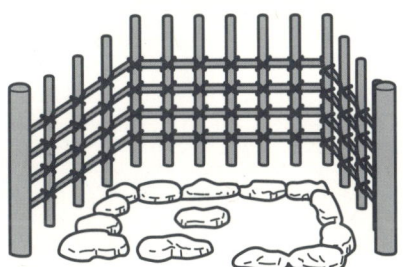

머리 무덤
머리 무덤을 지어서 정중하게 장사지내주는 경우도 있었다. 지금까지 각지에 여러 머리 무덤이 존재한다.

센고쿠 FILE

남은 몸통은 어떻게 했을까?
머리를 베면 몸통만 남게 된다. 화장에는 시간뿐 아니라 연료도 필요하며, 애당초 당시는 매장이 기본이었다. 아무래도 남은 몸통은 땅에 파묻거나 그대로 방치하지 않았을까.

3장

정보전략

비밀공작·전후처리의 법도

전후처리

60 용감한 자가 칭송받았던 전투 이후의 시상식

해당 인물				해당 시대				
다이묘	무사	아시가루	용병	농민	무로마치 후기	센고쿠 초기	센고쿠 중기	센고쿠 후기	에도 초기

❖ **최고의 전공은 대장의 머리!**
다양한 무공이 평가 대상이었다

구비짓켄으로 무공이 확정되면 이어서 논공행상이 실시된다.

논공행상이란 가신이 참석한 가운데 무공이 높은 자부터 순서대로 포상을 주는 의식이었다.

가장 높은 공적은 적 대장의 머리다. 다음으로 높은 공적은 처음으로 베어낸 머리인 '이치반쿠비—番首'였고, 다음으로 '니반쿠비二番首', '지휘봉을 든 무장의 머리', '산반쿠비三番首'로 이어진다.

그 외에도 가장 먼저 적진에 뛰어들어 적장과 창으로 합을 겨룬 자에게 주어지는 공적인 '이치반야리—番槍', 마찬가지로 가장 먼저 칼로 합을 겨룬 '이치반타치—番太刀'가 있으며, 이치반야리를 지원한 자와 아군이 공적을 세울 수 있게끔 창으로 거든 자에게도 무공이 인정되었다. 그리고 아군이 후퇴할 때 최후미를 지킨 자, 부상당한 아군을 도우며 후퇴한 자, 패주하는 적을 누구보다도 많이 쓰러뜨린 자 등에게도 모두 높은 평가를 내렸다. 또한 장렬하게 전사한 경우는 죽은 본인뿐 아니라 그 일족까지 높게 평가받은 사례도 있을 정도로 무공은 무척 세분

화되어 있었다.

이런 무공을 세운 가신들은 어떤 포상을 받았을까. 가장 기본적인 포상은 영지로, 전쟁을 통해 적국으로부터 빼앗은 토지를 가신에게 봉토로 지급했다. 또한 다이묘가 애용하던 칼이나 말 등의 물품, 감사장 등이 수여되기도 했다. 감사장은 군주가 가신을 평가하고 칭찬하는 문서로, 엄청난 명예로서 가문의 보물로 여겨지는 일이 많았다. 그 외에 다이묘가 내리는 포상으로는 비단 외투의 일종인 진바오리나 다기茶器도 있었다.

구비짓켄으로 무공이 확정되면 이어서 논공행상이 실시된다.

이치반

일등상은 센고쿠 시대부터 존재했다

논공행상에서 가장 높은 점수를 받았던 것은 적장의 머리였다. 다음으로 높게 평가된 것이 이치반(一番)이었다. 전쟁에서 가장 먼저(一番) 공격한다는 것은 죽음을 두려워하지 않는 용감한 행위의 증표였다. 따라서 '이치반'을 높게 평가했다.

주된 이치반

'이치반'에는 몇 가지 종류가 있는데, 모두가 평가의 대상이었다.

이치반야리(一番槍)
창으로 가장 먼저 적 무장과 합을 겨룬 자에게 내리는 전공.

이치반타치(一番太刀)
칼을 들고 가장 먼저 적을 공격한 자에게도 포상이 주어졌다.

이치반노리(一番乗り)
위험을 무릅쓰고 적의 성으로 가장 먼저 뛰어든 자에게 내려지는 포상.

이치반쿠비(一番首)
가장 먼저 적의 수급을 벤 자는 당연히 높게 평가를 받았다.

퇴각시의 공훈

퇴각시의 행동 역시 평가 대상

공격할 때뿐만 아니라 퇴각할 때의 행동에도 전공이 매겨졌다. 이치반의 경우와도 마찬가지지만 위험한 행동임을 알면서도 솔선수범하는 것이야말로 평가를 높일 지름길이었다.

위험과 공훈

전쟁에서 위험은 언제나 함께한다. 그런 와중에서도 특히 눈에 띄는 자가 높은 평가를 받았다.

전사
장렬하게 전사했을 경우 본인뿐 아니라 가문 전체가 높은 평가를 받았다.

후위
아군이 퇴각할 때 최후미를 맡아 후퇴를 돕는 행동 역시 평가 대상이었다.

부상자의 퇴각을 지원
부상당해 움직일 수 없게 된 아군을 도우며 퇴각한 경우 역시 평가 대상이었다.

---

column

아시가루는 '이치반'에 성공하더라도 평가를 받지 못했다

공훈을 평가받는 대상은 무사 이상의 신분으로, 아시가루와 같은 잡병들은 아무리 무공을 세운들 평가를 받지 못했다. 또한 대장급이 '이치반'의 공훈을 세웠을 경우에는 가신의 업적을 가로챈 것으로 간주되어 오히려 처벌의 대상이 되었다고 한다.

포상

전공을 인정받으면 받게 되는 것

전투에 참가한 이들은 전공에 따라 포상을 받았다. 대부분의 무사는 이 포상을 바라고 싸웠다 해도 과언이 아니다. 왜냐하면 포상으로 지위나 명예, 그리고 돈을 얻을 수 있었기 때문이다.

포상의 종류   다이묘는 전공을 세운 자들에게 토지나 값비싼 물품 따위를 나눠주었다.

다이묘가 아끼는 칼
다이묘가 아끼는 칼을 받는다는 것은 가신에게도 명예로운 일이었다.

봉토
적에게서 빼앗은 영토.
농민이 바치는 공물이 수입원이었다.

그 외의 포상

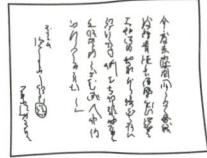

감사장
다이묘가 내리는 표창장으로, 봉토의 증감에 대한 내용 등이 적혀 있다.

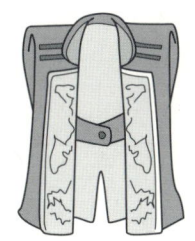

진바오리
위엄을 드러내기 위한 진바오리는 가문의 명예로 소중히 여겨졌다.

다기
센고쿠 시대에는 가격이 폭등해 한 지역 이상의 가치를 지니기도 했다.

61 전승국의 병사들은 약탈행위가 용인되었다

해당 인물: 다이묘 / 무사 / 아시가루 / 용병 / 농민
해당 시대: 무로마치 후기 / 센고쿠 초기 / 센고쿠 중기 / 센고쿠 후기 / 에도 초기

❖ 다이묘도 묵인한 전쟁의 약탈행위

자웅이 결정된 전장에서 승자의 특권으로 행해진 일은 아시가루들의 약탈이었다.

논밭을 짓밟고 민가에 쳐들어가 가축이나 돈 될 것은 모조리 빼앗았으며 여성은 겁탈하고 저항하는 자는 살해했다. 또한 여자나 어린아이를 납치해 노예로 팔아치우는 것 역시 당연한 일처럼 자행되었다고 한다.

란도리乱取り라고 불리는 이러한 약탈행위는 현대인의 관점에서는 비도덕적으로 보이겠지만 당시는 전국에서 일상적으로 발생하던 일로, '전장에서 얻은 금품은 자신의 자산으로 삼을 수 있다'는 사고방식이 일반적이었기 때문이다.

대부분의 아시가루는 전쟁 때마다 징집되는 농민들이었기에, 본래대로라면 소중한 농작물을 내팽개치면서까지 생사가 오가는 전쟁터에 참가하고 싶을 리 없다. 그럼에도 불구하고 그들이 손수 무기까지 장만해 전쟁에 나간 이유는 란도리로 일확천금을 노렸기 때문이다. 당시 인신매매의 시세는 지금 기준으로 30만 엔. 농사일의 연 수입은 140만 엔 정도였으니 상당한 거금이었음을 알 수 있다.

또한 다이묘의 입장에서 보더라도 이렇다 할 포상도 내릴 수 없는 아시가루들의 전의를 고취시키기 위해 약탈행위는 용인하는 것이 일반적이었다. 개중에는 란도리를 장려하는 다이묘도 있었는데, 우에스기 겐신은 함락시킨 성 아래에서 인신매매 시장을 열었다는 기록까지 남아 있다.

한편으로 약탈을 일절 금한 인물이 있었으니 바로 오다 노부나가였다. 노부나가는 부하들에게 '잇센기리一錢切'라는 공고를 전달했는데, 이는 한 푼一錢이라도 남의 것을 훔친 자는 용서 없이 참수하겠다는 엄명이었다. 당시는 천하통일을 목전에 둔 상황이었기에 국가 건설의 지침을 내외로 드러냈던 것이다.

당시는 '전장에서 얻은 금품은 자신의 자산으로 삼을 수 있다'는 사고방식이 일반적이었다.

란도리

이기기만 한다면 무엇이든 허용되는 무시무시한 관례
전쟁의 승패가 결정된 후, 다이묘는 종군한 병사들에게 내리는 포상처럼 적지에서의 약탈행위를 용인했다. 병사들은 전장 부근의 마을을 습격해 농작물이나 가축, 가재도구 등을 빼앗았다. 이를 '란도리'라고 한다.

란도리의 종류 패배한 지방은 약탈이나 강간, 방화 등이 발생하며 순식간에 무법지대로 변했다.

방화
가옥에 불을 질러
패전국이 다시 세력을
키워 반격하지
못하게끔 했다.

약탈
작물이나 가재도구는
물론 온갖 물건들을 약탈했다.

납치
여성뿐 아니라
어린아이까지
사로잡았고 저항하면
살해했다.

강간
패전국의 여성을
겁탈한 후
노예로 팔았다.

센고쿠 FILE

노예는 외국으로까지 팔려갔다
'란도리'에서는 농작물을 송두리째 빼앗았을 뿐 아니라 여자나 아이들까지 납치했다. 그리고 당시 교역하던 포르투갈을 통해 태국이나 캄보디아, 서구 국가들에 노예로 팔려간 이들도 존재했다.

칼럼 ③

적이었던 도쿠가와 이에야스도 찬사를 보낸 기무라 시게나리의 아름다운 죽음

구비짓켄 현장을 가득 채운 향긋한 향기

　기무라 시게나리는 도요토미 히데쓰구의 중신인 기무라 시게코레의 아들로 태어났다. 용모가 단정해 센고쿠 시대 최고의 미남자로 알려진 시게나리는 1615년에 벌어진 오사카 여름의 진에서 23세의 젊은 나이에 세상을 떴다. 일군의 장수가 전사하는 경우는 센고쿠 시대에서는 흔한 일이었지만 시게나리의 죽음은 다른 경우와는 확연히 달랐다. 적군의 총대장인 도쿠가와 이에야스에게 목을 바쳤을 때, 시게나리의 머리카락에는 향이 심어져 있었기 때문에 향기로운 냄새를 풍겼다고 한다. 이에야스는 "5월 초순인데 어떠한 악취도 나지 않게끔 향을 심어두다니 훌륭한 마음가짐이다"라며 가신들에게도 향 냄새를 맡게 했다. 시게나리는 용모뿐 아니라 죽음마저도 아름다웠다.

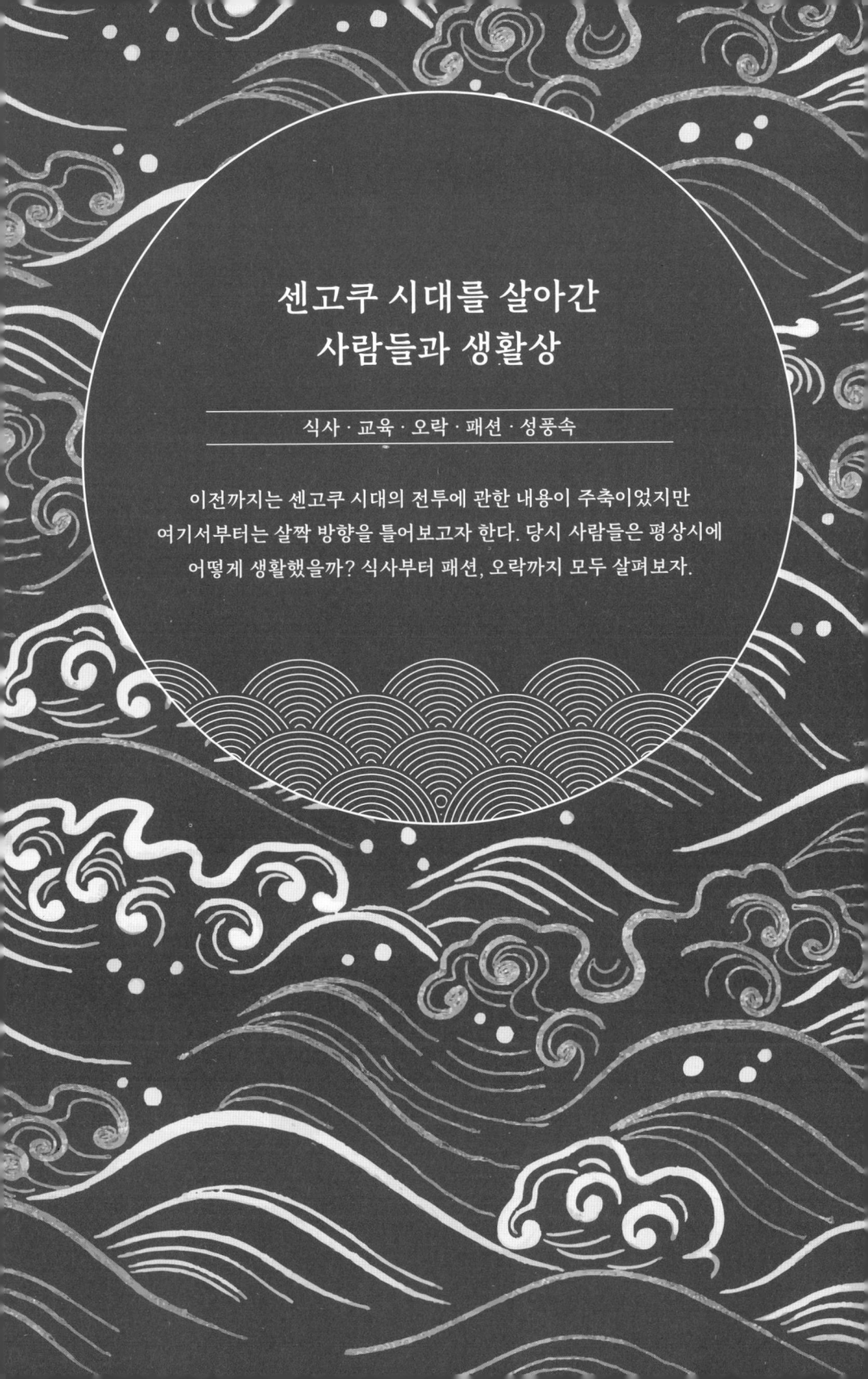

센고쿠 시대를 살아간 사람들과 생활상

식사 · 교육 · 오락 · 패션 · 성풍속

이전까지는 센고쿠 시대의 전투에 관한 내용이 주축이었지만 여기서부터는 살짝 방향을 틀어보고자 한다. 당시 사람들은 평상시에 어떻게 생활했을까? 식사부터 패션, 오락까지 모두 살펴보자.

이름 없는 평민들의 실태를 파헤친다!

센고쿠 시대를 살아간 사람들

센고쿠 시대라 하면 무장들만 주목을 받을 뿐 서민들이 어떻게 살아갔는지는 잘 알려진 바가 없다. 여기서는 그 생활상에 초점을 맞춰보고자 한다.

농민

논밭을 일구고 수확한 쌀이나 채소를 팔아 생계를 꾸렸다. 농한기에는 산에서 숯을 굽거나 땔감을 모으고, 노역으로 사철을 채취하는 등 부업에도 종사했다.

농한기에는 병사로 활약

센고쿠 시대 후기로 접어들어 병사와 농민이 분리되었지만 센고쿠 시대 초기에는 전투에 참여하는 이들도 있었다.

괭이
봄갈이나 경작에는 빼놓을 수 없는 농기구. 무기로도 쓰였다.

상인

식품, 생활 잡화의 판매부터 금융업까지 폭넓은 상행위가 확립되었다. 개중에서도 다이묘 가문에 고용된 상인은 여러 지방의 정보 수집이나 무기 조달을 맡기도 했다.

주판
사료에 따르면 1570년경에는 주판이 있었다고 한다.

전쟁터까지 출장 서비스

전쟁터에서는 언제나 물자가 부족하기 마련이었다. 상인들은 위험을 무릅쓰고 진중에서도 장사를 했다.

반조(番匠)

사찰이나 가옥을 건설하는 목수. 현대 일본에서는 이들을 '다이쿠ㅊㅗ'라고 부르지만 가마쿠라 시대부터 센고쿠 시대까지는 반조라고 불렸다. 성곽의 보수나 도시 건설에서도 빼놓을 수 없는 존재였다.

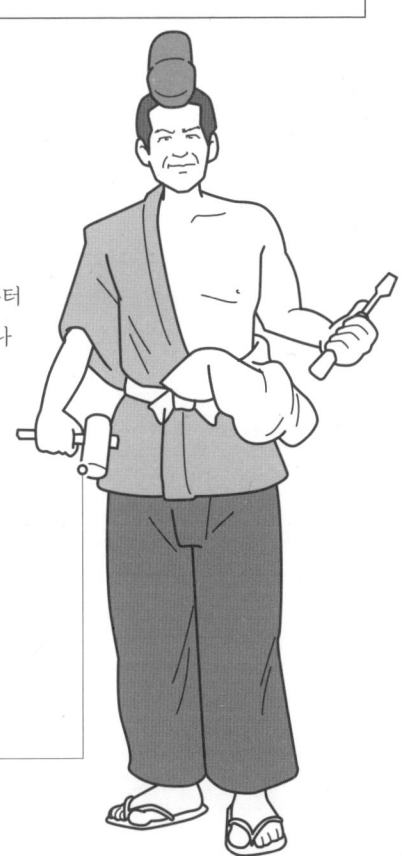

거주지는 성 주변의 마을

반조는 도시 건설에 없어서는 안 될 존재였다. 따라서 세금의 일부를 면제받는 등 우대를 받았다.

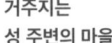

나무망치
나무망치 외에도 끌이나 톱 등을 사용했으며 뛰어난 목공기술을 보유하고 있었다.

석공

석재를 자르고 가공해서 건축용 자재나 도구 따위를 제작했다. 성곽 건축이나 토목공사 등에 수요가 많았으므로 센고쿠 다이묘에게 고용된 이들도 여럿 있었다.

석공용 끌
지금까지도 사용되는 도구.
돌을 깎는 데 필수적이다.

석재를 다루는 기술은 천하제일!

성의 축벽뿐 아니라 돌다리, 정원석, 석등롱, 조즈바치(手水鉢)*, 돌절구까지 폭넓게 제작했다.
* 손 씻을 물을 받아두는 돌로 된 그릇

대장장이

무사들의 무기나 방어구뿐 아니라 농민의 농기구 등, 다양한 철제품을 제작했다. 유명한 대장장이는 다이묘의 부름을 받아 칼이나 갑옷, 철포 등을 대량으로 만들어냈다.

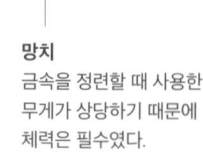

망치
금속을 정련할 때 사용한다.
무게가 상당하기 때문에
체력은 필수였다.

시대의 흐름에 따라 세분화

센고쿠 시대로 접어들면서 칼, 철포, 생활용품 등 품목에 따라 대장장이 역시 전문화 및 세분화되었다.

병법가

무기에 관한 전문적인 지식이나 기술을 보유했으며 이를 가르치는 것을 생업으로 삼고 있었다. 고명한 병법가 중에는 다이묘나 쇼군의 시범을 맡는 이들도 있었다.

칼
신분제가 확립되지 않은 센고쿠 시대에는 평민도 칼을 찰 수 있었다.

무사들의 무예 선생

무예에 뛰어난 병법가들은 다이묘로부터 봉토를 받았다. 다만 봉록은 높지 않았던 모양이다.

매부리

매를 풀어 사냥감을 잡는 전통적인 매사냥을 생업으로 삼고 있었다. 야생 매를 길들여서 조교하는 데에는 몇 년의 시간이 걸렸기 때문에 고도의 전문기술이 필요했다.

매
평범한 매뿐 아니라 송골매나 수리 같은 새도 조교 대상이었다.

무장들에게도 인기가 많았던 매부리

오다 노부나가나 도쿠가와 이에야스도 매사냥을 즐겼다. 매부리는 유력한 무장들에게 고용되어 있었다.

의식주부터 성풍속까지

센고쿠 시대의 생활상

센고쿠 시대는 언제나 전쟁의 불길이 휘몰아쳤을 것 같지만 평온한 일상도 존재했다.
당시를 살아간 사람들은 평소에 어떻게 살아갔을까?

> 센고쿠 다이묘의 저택

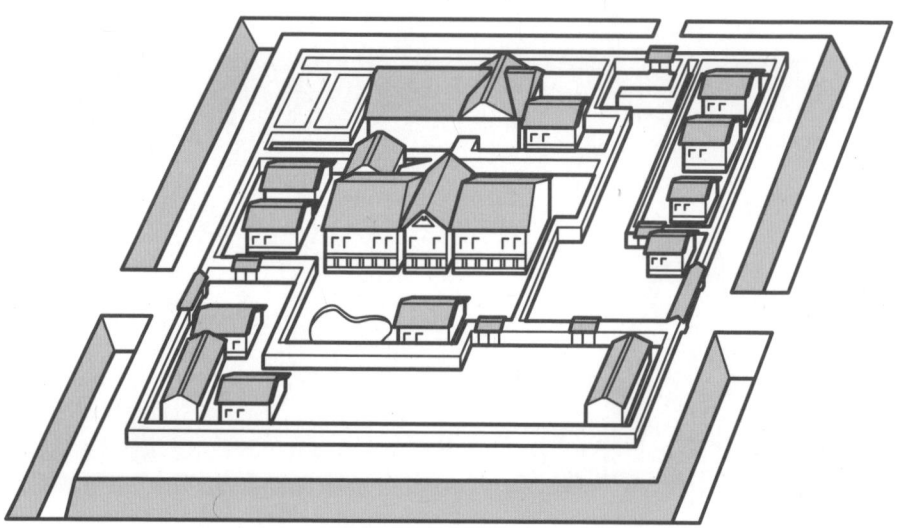

성곽에 지어진 센고쿠 다이묘의 호화 저택

센고쿠 다이묘가 거주하는 저택은 다이묘야시키大名屋敷라고 불렸다. 주변에는 방어를 위한 토담을 쌓았고, 문으로 들어가면 경호 무사들의 대기소인 '토호사부라이遠侍'가 나온다. 저택 앞쪽은 공적인 장소로 방문객과의 회담이 열리는 '주전主殿'이다. 이와 반대로 안쪽은 센고쿠 다이묘가 생활하는 처소로, 침실이나 처자식과 함께 보내는 사적인 공간이었다. 성 안에 편입된 형태로 지어져 있었다는 사실 역시 특징이다.

센고쿠 시대의 교육

다이묘의 자녀는
사찰에서 학문을 배웠다
대부분의 무장은 어릴 적부터
다양한 교양과 학문을 배웠다.
학교는 없었지만 이를
사찰이 대신했다. 수 년 동안
맡겨졌다고 한다.

읽고 쓰기
읽고 쓰기 외에도 학업으로
일본이나 중국의 고전문학을 배웠다.

무사의 식사

식사 횟수는 적었지만 영양은 충분
센고쿠 시대는 '1일 2식'이 기본이었다.
주식은 현미로, 반찬은 말린 생선이나
조류, 채소 조림 등이었다.
콩이 귀했으므로 국물 요리에는
겨를 발효한 겨된장이 쓰였다.

쌀
현미나 적미가 중심. 아침저녁으로
두 번으로 나누어 5홉의 쌀밥을 먹었다.

무사의 취미

바둑
무사 가문이나 서민에게
인기가 많았던 오락.
다케다 신겐 같은 무장들도
즐겼다.

축국
귀족들이 즐겨 했던
놀이로 가죽으로 된 공을
차는 경기. 무사들에게도
급속도로 퍼져나갔다.

새 사냥
전쟁을 하는 짬짬이
산으로 들어가 철포로
산비둘기나 꿩 등의
새를 잡았다.

센고쿠 시대의 결혼식

**현대와 비교하면 길다!
사흘에 걸친 혼례 의식!**
다이묘 가문 사이의 결혼은 동맹 강화의 증표였다. 이를 주위에게 어필하기 위해 성대한 출가 행렬이 편성되었다. 혼례 의식은 사흘 동안 치러졌는데, 이틀째까지 신랑 신부는 흰 옷을 입고 있다가 사흘째에 색과 무늬가 들어간 옷으로 갈아입었다.

예식의 모습

시중을 드는 시녀
실내에는 신랑 신부의 시중을 들 시녀들뿐이다. 그 외의 참석자는 아무도 없었다.

신랑 신부
신랑이 상석, 신부가 하석에 앉고 둘은 살짝 비스듬하게 마주 앉았다.

무사 가문의 패션

가타기누(肩衣)
소매가 없는 윗옷. 추울 때는 도후쿠(胴服)라는 외투를 걸쳤다.

고소데(小袖)
현대에서 말하는 기모노에 해당한다. 소맷부리가 좁은 것이 특징.

하카마(袴)
말에 탈 때 거추장스럽지 않도록 일반적으로 옷단을 바짝 조였다.

사무라이에보시(侍烏帽子)
예식용 모자인 에보시(烏帽子)를 복잡하게 접은 것. 신분에 따라 생김새가 달랐다.

히타타레(直垂)
상반신용과 하반신용으로 구성되어 있다. 끈으로 조여서 고정했다.

무사의 사복
'가타기누'라고 불리는 소매가 없는 윗옷에 지금으로 따지면 기모노에 해당하는 '고소데', 그리고 '하카마'를 입은 가벼운 옷차림.

무사의 예복
'히타타레'라고 불리는 기모노에 '사무라이에보시'를 착용한 예복 스타일. '사무라이에보시'는 무사의 상징처럼 여겨졌다.

무사 가문의 여성용 헤어 메이크업

눈썹을 깎고 오하구로를 칠하는 헤이안 시대의 명문가 스타일

여성은 8세 무렵부터 오하구로お齒黒로 이를 검게 물들이는 가네쓰케鉄漿つけ를 실시했다. 또한 14세 무렵에는 눈썹을 깎고 가짜 눈썹을 그렸다. 머리 모양은 길게 늘어뜨린 스타일이 일반적으로, 다른 형태는 거의 없었다.

가짜 눈썹
눈썹을 깎는 화장은 헤이안 시대의 명문가에서 시작되었다. 먹으로 눈썹을 그렸다.

길게 늘어뜨린 머리
자신의 키만큼 기른 머리카락을 어깨 부근에서 끈으로 묶었다.

가네(鉄漿)
처음 오하구로를 바를 때는 '가네쓰케의 의식'을 치렀다.

센고쿠 시대의 성풍속

매춘업은 도시부를 중심으로 활기를 띠었다

시가지의 골목길 등에 어설픈 가게를 차려서 매춘을 하는 '쓰지기미つじ君', 길모퉁이에 서서 손님을 끌어들이는 '다치기미たち君', 춤을 선보이면서 매춘으로도 생계를 꾸리는 '시라뵤시白拍子' 등, 다양한 창부가 존재했다.

쓰지기미(つじ君)
가게를 차린 '쓰지기미'가 '다치기미'보다 저렴했다.

센고쿠 시대의 기호품

센고쿠 무장들 사이에서 인기를 끈 살담배

일본에 담배가 전래된 때는 센고쿠 시대였다. 특히 애연가로 잘 알려진 다이묘로는 독안룡獨眼龍이라는 별명으로 유명한 다테 마사무네가 있다. 아침에 일어나면 무조건 한 대 피웠고, 자기 전까지 다섯 대를 피웠다고 한다.

담배
센고쿠 시대에는 썰어놓은 담배인 살담배를 담뱃대에 채워서 피웠다.

센고쿠 시대 연표

1467년	오닌 원년	호소카와 가쓰모토와 야마나 소젠이 '오닌·분메이의 난'을 일으키다
1493년	메이오 2년	호조 소운이 호리고에고쇼를 습격해 이즈(伊豆)를 정복하다
1500년	메이오 9년	호조 소운이 오다와라성을 공격, 오모리 후지요리를 추방하다
1513년	에이쇼 10년	무로마치 막부의 10대 쇼군 아시카가 요시타네가 오미로 도망치다
1519년	에이쇼 16년	호조 소운, 니라야마성에서 병사
1524년	다이에이 4년	'다카나와하라 전투'에서 호조 우지쓰나가 에도성을 함락시키다
1534년	덴분 3년	오다 노부나가, 오와리에서 태어나다
1537년	덴분 6년	도요토미 히데요시, 오와리에서 태어나다
1541년	덴분 10년	모리 모토나리가 아마고 하루히사를 격파하다
		다케다 신겐이 아버지인 노부토라를 스루가로 추방해 영주가 되다
1542년	덴분 11년	도쿠가와 이에야스, 미카와에서 태어나다
1543년	덴분 12년	포르투갈인을 태운 중국의 배가 다네가시마에 표류, 일본에 철포가 전래되다
1545년	덴분 14년	이마가와 요시모토가 다케다 신겐과 동맹을 맺고 호조 우지야스를 공격하다
1547년	덴분 16년	모리 모토나리가 장남인 다카모토에게 가문을 물려주다
		도쿠가와 이에야스가 오다 가문의 인질이 되다
1548년	덴분 17년	오다 노부나가, 노히메와 결혼하다
1549년	덴분 18년	'구로카와사키 전투'에서 이주인 다다아키가 기모쓰키 가네히로에게 승리하다
1553년	덴분 22년	이후 11년 동안 다섯 번에 걸쳐 벌어지는 다케다 신겐과 우에스기 겐신의
		'가와나카지마 전투'가 시작되다
1554년	덴분 23년	다케다 신겐·호조 우지야스·이마가와 요시모토에 따른 '고소슨 삼국동맹 성립
		도요토미 히데요시, 오다 노부나가를 섬기다
1555년	고지 원년	모리 모토나리가 '이쓰쿠시마 전투'에서 스에 하루카타를 격파하다
		모리 모토나리의 계략으로 에라 후사히데가 스에 하루카타를 살해하다
1556년	고지 2년	사이토 도산이 '나가라가와 전투'에서 적장자인 요시타쓰에게 패배하다
1557년	고지 3년	도쿠가와 이에야스가 쓰키야마도노와 결혼하다
		모리 모토나리, 세 아들에게 교훈장을 내리다
1559년	에이로쿠 2년	오다 노부나가, 오와리를 통일하다. 수도인 교토로 상경해 아시카가 요시테루와
		면담하다
		우에스기 겐신, 상경해 아시카가 요시테루와 면담하다
1560년	에이로쿠 3년	오다 노부나가, '오케하자마 전투'에서 이마가와 요시모토를 격파하다
		이시다 미쓰나리, 오미에서 태어나다

연도	연호	사건
1561년	에이로쿠 4년	도요토미 히데요시, 오네와 결혼하다
		다케다 신겐과 우에스기 겐신의 '제4차 가와나카지마 전투'가 발발하다
1562년	에이로쿠 5년	오다 노부나가와 도쿠가와 이에야스의 '기요스 동맹'이 맺어지다
1563년	에이로쿠 6년	다케다 신겐과 호조 군이 마쓰야마성에서 두더지 전술을 실시하다
1565년	에이로쿠 8년	마쓰나가 히사히데가 13대 쇼군인 아시카가 요시테루를 살해하다
1566년	에이로쿠 9년	모리 모토나리가 '제2차 갓산토다성 전투'에서 아마고 요시히사를 격파하다. 아마고 가문 멸망하다
1568년	에이로쿠 11년	오다 노부나가가 여러 지방의 관문을 폐지하다
		오다 노부나가, 아시카가 요시아키를 쇼군으로 옹립, 교토로 상경하다
		스루가만에서 소금을 채취하던 다케다 가문에 맞서 이마가와 우지자네가 소금 차단을 지시하다
1569년	에이로쿠 12년	오다 노부나가가 루이스 프로이스에게 기독교 포교를 허가하다
1570년	겐키 원년	오다 노부나가와 정토진종 혼간지의 '이시야마 전쟁'이 발발하다
		'아네가와 전투'에서 오다·도쿠가와 연합군이 아사이·아사쿠라 연합군을 격파하다
		포르투갈 상선이 나가사키에서 최초로 교역을 실시하다
		'가네가사키 전투'에서 오다 노부나가가 아사쿠라 요시카게에게 패배하다
		오다 노부나가가 다케다 신겐, 아사쿠라 요시카게, 아사이 나가마사에게 포위당하다
1571년	겐키 2년	오다 노부나가가 히에이산을 불태우다
		모리 모토나리, 아키(安芸)의 고리야마성에서 사망하다
		호조 우지야스, 오다와라성에서 사망하다
1572년	겐키 3년	'미카타가하라 전투'에서 다케다 신겐이 이에야스·노부나가 연합군에게 승리하다
1573년	덴쇼 원년	다케다 신겐, 시나노에서 병사하다.
		오다 노부나가, 아시카가 요시아키를 교토에서 추방하다
		무로마치 막부 멸망, 노부나가가 아사쿠라 요시카게와 아사이 나가마사를 멸망시키다
1574년	덴쇼 2년	오다 노부나가, 이세나가시마의 잇코 잇키*를 평정하다
		* 하나의 뜻을 공유하는 이들로 구성된 집단과 해당 집단의 무장봉기를 의미하는 표현으로, 잇코 잇키는 당시 불교의 종파 중 하나인 일향종의 신도들이 일으킨 무장봉기를 가리킨다
1575년	덴쇼 3년	'나가시노·시타라가하라 전투'에서 오다·도쿠가와 연합군이 다케다 가쓰요리를 격파하다
1577년	덴쇼 5년	오다 노부나가, 기이의 사이카 잇키를 평정하다
		도요토미 히데요시, 주고쿠 공격을 개시하다
		오다 노부나가가 우다이진(右大臣)의 자리에 오르다
1578년	덴쇼 6년	우에스기 겐신이 가스가야마성에서 병사하다. 가게카쓰가 가문을 상속하다
		시마즈 요시히사가 '미미가와 전투'에서 오토모 소린을 격파하다

1580년	덴쇼 8년	도요토미 히데요시가 모리 군의 돗토리성을 공략하다
1581년	덴쇼 9년	도요토미 히데요시가 이나바 돗토리성을 포위하고 보급로를 차단하다
1582년	덴쇼 10년	도요토미 히데요시가 빗추 다카마쓰성에 수공을 실시, 함락시키다
		오다 노부나가가 혼노지에서 아케치 미쓰히데의 모반으로 자살하다
		도요토미 히데요시가 셋쓰와 야마시로의 경계인 야마자키에서 아케치 미쓰히데를 격파하다
		아케치 미쓰히데, 낙오무사 사냥에 살해당하다
		'기요스 회의'에서 오다 노부나가의 후계자로 노부타다의 적남인 산보시가 결정되다
		도요토미 히데요시, 일본 전토의 측량 조사를 실시하다
		오다 노부나가의 장례가 다이토쿠지에서 거행되다
1583년	덴쇼 11년	'시즈가타케 전투'에서 시바타 가쓰이에가 도요토미 히데요시에게 패배하다
		도요토미 히데요시가 다키가와 가즈마스를 격파하다
		도요토미 히데요시가 오사카성 축성을 시작하다
1584년	덴쇼 12년	오다 노부카쓰가 히데요시와 결별하고 도쿠가와 이에야스와 손을 잡다
		도요토미 히데요시가 히에이산의 엔랴쿠지 재건을 허가하다
		오키타나와테 전투에서 류조지 다카노부가 전사하다
		'고마키·나가쿠테 전투'에서 사카키바라 야스마사가 도요토미 히데요시에게 승리하다
		'이와야성 전투'에서 시마즈 가문이 다카하시 조운에게 승리하다
1585년	덴쇼 13년	도요토미 히데요시가 네고로·사이카 잇키를 평정하다
		도요토미 히데요시가 조소카베 모토치카를 굴복시키고 시코쿠를 평정하다
		도요토미 히데요시가 간파쿠(関白)에 취임하며 후지와라로 성을 바꾸다
		다테 마사무네, 오우치 사다쓰나를 격파하고 '오데모리성 몰살 사건'을 일으키다
1586년	덴쇼 14년	'헤쓰기가와 전투'에서 시마즈 요시히사가 도요토미 세력에게 승리하다
		도요토미 히데요시가 다이조다이진(太政大臣)의 자리에 오르다
		도요토미 히데요시와 도쿠가와 이에야스가 화친을 맺다
1587년	덴쇼 15년	시마즈 요시히사가 도요토미 히데요시에게 항복하다. 규슈 평정.
		도요토미 히데요시가 가톨릭 선교사 추방령을 내리다
1588년	덴쇼 16년	히데요시가 가타나가리를 실시하다
1589년	덴쇼 17년	'스리아게하라 전투'에서 다테 마사무네가 아시나 요시히로를 격파하다
		도요토미 히데요시가 기독교를 금지하다
1590년	덴쇼 18년	다테 마사무네가 도요토미 히데요시에게 항복하다
		호조 우지마사·우지나오가 도요토미 히데요시에게 포위당해 항복하다
		도요토미 히데요시, 천하를 통일하다

연도	연호	사건
1591년	덴쇼 19년	센노 리큐, 도요토미 히데요시의 명으로 자살하다
		도요토미 히데요시가 전국의 호구조사를 실시하다
1592년	분로쿠 원년	도요토미 히데요시가 조선으로 출병하다. 임진왜란
1593년	분로쿠 2년	히데요시가 명의 사신에 화친을 위한 일곱 가지 조건을 제시하다
		조선으로부터 활자인쇄술이 전래되다
1595년	분로쿠 4년	도요토미 히데쓰구가 히데요시에게 추방당하고 고야산에서 자결하다
		히데쓰구의 일족이 잇달아 살해당하다
1596년	게이초 원년	도쿠가와 이에야스가 나이다이진(内大臣)의 자리에 오르다
		도요토미 히데요시, 명의 사신과 후시미에서 회담하다.
		화의는 성립되지 않고 끝나다
		도요토미 히데요시가 기독교도 26명을 책형에 처하다
1597년	게이초 2년	도요토미 히데요시가 다시금 조선을 침공하다. 정유재란
1598년	게이초 3년	도요토미 히데요시, 후시미성에서 병사하다
1599년	게이초 4년	고요제이 덴노, 죽은 히데요시에게 도요쿠니다이묘진이라는 신호(神号)를 내리다
1600년	게이초 5년	이시다 미쓰나리가 거병하다. 세키가하라에서 도쿠가와 이에야스와
		싸우지만 패배하다
1603년	게이초 8년	도쿠가와 이에야스가 정이대장군으로 임명되다. 에도 막부가 개설되다
1609년	게이초 14년	시마즈 이에히사가 류큐 왕국을 지배하다
1614년	게이초 19년	'오사카 겨울의 진'에서 도요토미 히데요리가 도쿠가와 이에야스에게
		오사카성에서 포위당하다
1615년	게이초 20년	'오사카 여름의 진'에서 도쿠가와 이에야스가 다시금 오사카성을 포위하다.
		도요토미 히데요리가 자결하며 도요토미 가문이 멸망하다
1616년	겐나 2년	도쿠가와 이에야스가 슨푸성에서 병으로 사망하다
1636년	간에이 13년	다테 마사무네가 에도의 저택에서 병으로 사망하다
1637년	간에이 14년	기독교인이 일으킨 일본 최대의 반란인 '시마바라의 난'이 일어나다

참고문헌

- 『당신은 모른다! 리얼 센고쿠 독본』 '역사의 진상' 연구회 지음(다카라지마샤)
- 『재미만큼 알기 쉬운 센고쿠사』 스즈키 아키라 지음(니혼분게샤)
- 『학교에서는 가르쳐주지 않는 센고쿠사 수업』 이자와 모토히코(PHP분코)
- 『의문투성이의 센고쿠사』(신진부쓰오라이샤)
- 『도해! 센고쿠 시대』 '역사 미스터리' 클럽 지음(미카사쇼보)
- 『센고쿠 전쟁 매뉴얼』 도고 류 지음, 우에다 마코토 그림(고단샤)
- 『센고쿠 무장 기사회생의 역전술』 에노모토 아키 지음(매거진하우스)
- 『센고쿠 무장의 수지결산서』 아토베 반 지음(비즈니스샤)
- 『센고쿠 무장 잡학사전』 나라모토 다쓰야 감수(주부와 생활사)
- 『지도로 읽는다 ― 일본 전국시대 130년 지정학』 야베 겐타로 감수(이다미디어)
- 『지리를 알면 진형과 전쟁을 알 수 있다 ― 센고쿠의 지정학』
  나이시 마사히코(짓피컴팩트신쇼)
- 『속성 센고쿠사』 도가와 준 지음(니혼지쓰교출판사)
- 『무기와 방어구 일본편』 도다 도세이 지음(들녘)
- 『무사의 가훈』 구와타 다다치카 지음(고단샤학술문고)
- 『보고 즐기는 센고쿠의 전쟁과 무장의 그림사전』
  오와다 데쓰오 감수, 다카하시 노부유키 지음(세이비도출판)
- 『역사·시대소설 팬 필독― 그림으로 알아보는 아시가루들의 싸움』
  도고 류 지음, 우에다 마코토 그림(고단샤분코)

61가지 주제로 알아보는
센고쿠 전쟁 이야기 (戦国 戦の作法)

감수 오와다 데쓰오(小和田哲男)
옮긴이 곽범신

초판 1쇄   2023년 2월 16일
초판 2쇄   2025년 4월 24일

펴낸이   유승훈
디자인   위앤드(정승현)
펴낸곳   마나북스
주소   서울시 중구 을지로 12길 28 R259
전화   02) 735-1639
팩스   02) 6918-0896
이메일   manabooks01@gmail.com
Copyright ⓒ 마나북스, 2023, Printed in Korea.
출판등록   제2021-000005호
ISBN   979-11-975052-0-1 (03910)

책값은 뒤표지에 있습니다.
잘못 만들어진 책은 구입하신 서점에서 교환해드립니다.
이 책은 저작권법에 의하여 보호를 받는 저작물이므로 무단 전재와 복제를 금합니다.